主编 厉以宁 武常岐

创新发展与经济转型

"北京大学三井创新论坛"系列丛书·第三卷

北京大学出版社
PEKING UNIVERSITY PRESS

图书在版编目(CIP)数据

创新发展与经济转型/厉以宁,武常岐主编. —北京:北京大学出版社,2015.10
(北京大学三井创新论坛系列丛书·第三卷)
ISBN 978-7-301-26358-7

Ⅰ.①创⋯ Ⅱ.①厉⋯ ②武⋯ Ⅲ.①中国经济—研究 Ⅳ.①F12

中国版本图书馆 CIP 数据核字(2015)第 240094 号

书　　名	创新发展与经济转型 Chuangxin Fazhan yu Jingji Zhuanxing
著作责任者	厉以宁　武常岐　主编
策划编辑	贾米娜
责任编辑	赵学秀
标准书号	ISBN 978-7-301-26358-7
出版发行	北京大学出版社
地　　址	北京市海淀区成府路 205 号　100871
网　　址	http://www.pup.cn
电子信箱	em@pup.cn　QQ:552063295
新浪微博	@北京大学出版社　@北京大学出版社经管图书
电　　话	邮购部 62752015　发行部 62750672　编辑部 62752926
印刷者	北京宏伟双华印刷有限公司
经销者	新华书店
	730 毫米×1020 毫米　16 开本　15 印张　231 千字 2015 年 10 月第 1 版　2015 年 10 月第 1 次印刷
定　　价	42.00 元

未经许可,不得以任何方式复制或抄袭本书之部分或全部内容。
版权所有,侵权必究
举报电话:010-62752024　电子信箱:fd@pup.pku.edu.cn
图书如有印装质量问题,请与出版部联系,电话:010-62756370

序 一

世界经济正经历着深刻的调整,国际局势风云变幻,中国经济平稳较快地发展。与此同时,整体需求偏弱、通缩预期上升、经济下行压力加大等一系列问题也深刻制约着中国乃至世界经济的进一步发展,推进经济结构战略性调整成为经济发展的关键。中国已经步入创新驱动发展阶段,如何推进理论创新、实践创新、制度创新是中国经济乃至世界经济未来增长面对的重要挑战,也是提升中国企业核心竞争力的核心内容。创新受到党和国家前所未有的重视。2012年,中共中央、国务院在十八大报告中提出要"实施创新驱动发展战略",加快建设国家创新体系,以全球的视野谋划和推动创新,提高原始创新、集成创新和引进消化吸收再创新能力,使中国迈入创新型国家行列;通过实施国家科技重大专项,突破重大技术瓶颈,加快新技术、新产品、新工艺研发应用,加强技术集成和商业模式创新,以推动经济进入新常态。

北京大学作为中国最早传播马克思主义和民主科学思想的发祥地,是国家培养高素质、创造性人才的摇篮,是科学研究的前沿、知识创新的重要基地、国际交流的重要桥梁和窗口。为了促进中国企业界、学术界与世界一流企业之间就创新问题开展交流与合作,2006年北京大学与三井物产株式会社经协商决定设立冠名讲座"北京大学三井创新论坛"。该论坛以创新为主题,围绕国家在科学技术发展方面的政策和规划、高新技术产业发展的新趋势、中外优秀企业在知识创造和科技创新方面的经验及成功案例、创新和创业以及企业研发能力等议题展开讨论,目的是推动以创新为基础的经济增长和社会进步。

"北京大学三井创新论坛"的演讲嘉宾主要为国家部委副部长级以上专家型领导、中国和日本在创新方面卓有贡献的优秀企业总裁及国内外知名学者专家。受邀演讲者都具有极高的学术水准、卓著的创新思想、丰富的实践经验、宽阔的国际视野和杰出的管理能力。

"北京大学三井创新论坛"自创立之日起,已有四十多位专家、学者和企业界人士参与演讲,收效颇丰。论坛为中国决策层、企业管理层与世界一流企业之间的交流及相互了解提供了机会,特别是对于中日企业和学术界有关创新方面的交流与合作搭建了平台。

"北京大学三井创新论坛"由北京大学国家高新区发展战略研究院和三井物产(中国)贸易有限公司联合承办。呈现在读者面前的这套系列丛书由北京大学国家高新区发展战略研究院根据各位演讲者的发言整理,由北京大学出版社出版。其目的主要是使更多的读者能够从这些杰出人士的演讲中汲取关于创新的新知识和新思想,受到新启发,为建设创新型国家发挥更大的作用。

厉以宁
"北京大学三井创新论坛"理事长
2015 年 1 月

序 二

21世纪以来,世界政治、经济形势日趋复杂,国际秩序加快演变,世界经济面临新的挑战。中国经济稳中有升,进入发展新常态。推进经济结构战略性调整,着力解决制约经济持续健康发展的重大结构性问题;改善需求结构、优化产业结构,推动战略性新兴产业、先进制造业健康发展,加快传统产业转型升级,推动服务业特别是现代服务业发展壮大;这些都成为经济健康、持续发展的关键。在经济全球化、科技飞速发展、竞争日趋激烈的"超竞争"环境下,产业升级换代的步伐明显加快:移动互联网、大数据、新能源、3D打印等新技术、新思想、新理念更迭迅速;新产品、新服务、新的商业模式不断涌现;企业生态链整合、重构加速,跨界融合发展成为企业新常态;企业持续发展面临严峻挑战,知识成为推动一个国家社会经济发展的第一生产力。国家之间的竞争从以能源、要素为支撑逐渐转变为以效率和创新为基础的较量,中国经济发展也稳步进入由要素驱动向效率驱动和创新驱动迈进的新阶段。当今世界,欧美、俄罗斯、日本等国家和地区几乎无一例外地将创新作为提升战略竞争力的重要内容,并积极创造有利于自主创新的环境,促进各行业自主创新。

改革开放三十多年以来,中国经济持续快速发展,取得了举世瞩目的成就。但中国人口众多,人均资源、能源与发达国家还有比较大的差距。以往粗放型的经济发展模式给资源、能源与环境带来沉重负担;发展中不平衡、不协调、不可持续问题依然突出;科技创新能力不强;产业结构不合理,农业基础依然薄弱;资源环境约束加剧,制约科学发展的体制机制障碍较多;深化改革开放和转变经济发展方式任务艰巨。推进经济结构战略性调整,强化需求导向,推动战略性新兴产业、先进制造业健康发展,加快传统产业转型升级迫在眉睫。实现由粗放型经济增长方式向资源节约型经济增长方式转变,建立国家创新体系,是中国当今和以后一段时期经济发展过程中一项紧迫而十分艰巨的任务。因此,十八大报告中指出:我们要实施创新驱动发展战略,以全球视野谋划和推动创新,提高原始创新、集成创新和引进消化吸收再创新能力,加快建设国家创新体系,着力构建以企业为主体、市场为导向、产学研相结合的技术创新体系,建设创新型国家;要坚持走中国特色自主创新道路,把全社会的智慧和力量凝聚到创新发展上来。

中国高新技术产业开发区是以智力密集和开放环境条件为依托,主要依靠国内的科技和经济实力,充分吸收和借鉴国外先进科技资源、资金和管理手段,通过实施高新技术产业的优惠政策和各项改革措施,实现软硬环境的局部优化,最大限度地把科技成果转化为现实生产力而建立起来的集中区域,是中国政府调整产业结构、推进产业结构升级、提升产业竞争能力、鼓励并推动企业自主创新的重大举措,是中国经济和科技体制改革的重要成果,在中国调整经济结构、转变经济发展方式中充分发挥了标志性的引领示范作用。国家高新区在党和政府的领导下,坚持改革开放和自主创新,积极推进科技和经济的融合,经过20多年的发展,目前国家高新区总数已达114家,2013年实现营业总收入20.3万亿元,其中55家成为"千亿俱乐部"成员。国家高新区表现出卓越的发展质量和稳健的增长态势,已成为中国深入实施创新驱动发展战略、走中国特色自主创新道路的一面旗帜。历史赋予高新区的功能也不断拓展,最初,国家设立高新区的目的是使其成为对外开放的窗口、深化改革的实验区和向传统产业扩散高新技术及其产品的辐射源。如今,高新区在传承最初的功能基础上还承担着汇聚高端人才、推动知识创新、促进新兴产业发展、拉动经济发展等全新功能。

经济结构战略性调整是加快转变经济发展方式的主攻方向,国家高新区是经济结构调整的试验田和风向标。为构建全国高新区规划、升级、产业发展的理论体系,进一步从战略高度推动和指导全国高新区的"转型升级",

2002年10月,科技部决定与北京大学共建服务于全国高新区的发展战略研究基地——国家高新技术产业开发区发展战略研究院,著名经济学家厉以宁教授为首任院长,北京大学光华管理学院众多知名教授以及科技部若干专家领导也分别承担研究院的重要工作。国家高新技术产业开发区发展战略研究院整合北京大学、其他高校和研究单位的专家资源,联合全国各高新技术产业开发区内的专家学者和管理者,从事有关高新技术开发区和高新技术发展的高水平学术研究,为中国高新技术产业开发区提供服务。为进一步推动高新技术产业的发展、积极致力于促进知识创新、传播创新思想理念的活动,2006年3月,北京大学国家高新技术产业开发区发展战略研究院开始承办"北京大学三井创新论坛"。此论坛由北京大学与三井物产株式会社合作承办,每年举办六次,演讲者均为国内副部级以上政府领导,国内权威专家,世界500强企业、大型央企、知名民企总裁。论坛紧紧围绕创新主题,围绕当今世界创新趋势深入论述与创新相关的新产品、新技术、新方法、新模式、新思想,为社会各界通往创新之路架起一座桥梁。至今"北京大学三井创新论坛"已在北京大学成功举办四十六次,听众达两万余人,每次论坛的成功举办都在社会上产生了不同程度的积极影响。为了更好地传播创新思想,使得"北京大学三井创新论坛"惠及更多致力于创新的人,应广大听众的强烈要求,北京大学国家高新技术产业开发区发展战略研究院决定对以往论坛嘉宾演讲内容进行整理,编撰成"北京大学三井创新论坛"系列丛书。

"北京大学三井创新论坛"系列丛书发布之时,亦为国家"十三五"发展规划即将开启之际,也处于党中央、国务院深入贯彻落实科学发展观、构建社会主义和谐社会的重要时期。为应对国内外错综复杂的经济环境,实现中国经济继续保持又好又快的发展,实现中华民族伟大复兴的中国梦,中国经济的发展将在未来一定时期内面临资源消耗多、结构失衡等诸多困难。要克服这些困难,就要求党和国家不断追求创新革新的新思想,不断开创创新革新的新局面,所以我们比以往任何时候都需要创新。借助"北京大学三井创新论坛",以政府领导、专家学者和企业家的创新思想、实践为基础,希望"北京大学三井创新论坛"系列丛书能为广大政界、商界、教学科研机构的创新活动提供坚实的理论和实践基础,为体制机制创新、新产品新服务创新、新思想新理念创新提供借鉴。

在从大国向强国迈进的过程中,创新已经成为中国经济发展新的驱动力,创新工作必须摆在国家战略全局的核心位置,正如十八大报告所说,坚持走中国特色自主创新道路,以全球视野谋划和推动创新。创新不仅关系着企业综合竞争力的提升,还肩负着国家振兴、民族崛起的重要使命。

武常岐

北京大学国家高新技术产业开发区发展战略研究院院长

2015 年 1 月

目录

第一篇　中国经济与创新 / 1
　　蔡洪滨：北京大学光华管理学院院长

第二篇　创新兴国：创新管理与国之兴衰 / 27
　　周寄中：中国科学院研究生院管理学院教授

第三篇　多样化是经济增长的关键词 / 45
　　佐佐木香：E-woman 株式会社总裁兼首席执行官

第四篇　低碳经济和中国林业 / 61
　　李育才：国家林业局原副局长、中国林业经济学会理事长

第五篇　转型、科技创新与新农村建设 / 79
　　贾敬敦：科技部中国农村技术开发中心主任

第六篇　新型城镇化：从概念到行动 / 103
　　仇保兴：住房和城乡建设部副部长

第七篇　一样的土地，不一样的生活
　　　　——以华明示范镇为例，探索城乡统筹发展新路径 / 129
　　张有会：天津市政协副主席

第八篇　天津滨海新区开发开放的创新实践　/　145
　　宗国英：天津市副市长兼滨海新区区长

第九篇　未来互联网及其应用　/　165
　　张宏科：国家"973"首席科学家、北京交通大学下一代互联网互连设备国家工程实验室主任

第十篇　建设智能电网，服务经济社会发展　/　187
　　栾军：国家电网公司副总经理

第十一篇　支撑日本经济的电力事业
　　　　　——不断创新的北陆电力　/　205
　　新木富士雄：日本北陆电力株式会社董事长

作者简介　/　221

后记　/　227

第一篇
中国经济与创新

蔡洪滨：北京大学光华管理学院院长

一 对经济增长方式的理解

1. 经济学中的经济发展阶段

对中国来说，特别有意义的一种划分方式是把经济发展分成三个阶段：第一个阶段是要素驱动阶段，相对应的人均 GDP 大概在 3 000 美元以下；第二个阶段是效率驱动阶段，相对应的人均 GDP 为 3 000—17 000 美元；第三个阶段是创新驱动阶段，相对应的人均 GDP 达到 17 000 美元以上。在要素驱动阶段，经济增长受要素投入的影响比较大，其贡献率至少占 60%，而效率提升大概占 35%，创新的贡献在 5% 左右。在效率驱动阶段，要素投入对经济增长的贡献率降到 40% 左右，效率提升的贡献占 50%，创新的贡献占到 10%。在创新驱动阶段，要素投入的贡献进一步下降到 20% 左右，效率提升的贡献占到 50%，创新的贡献占到 30%。以上对三个阶段驱动因素贡献比例的划分并非完全准确——实际上，也不存在这样一条十分清晰的红线，只是以此说明这些驱动因素在三个阶段经济发展中的占比不同。

与要素驱动阶段相对应的特征是人均GDP达到3 000美元,跨越贫困陷阱。从世界各国经济增长的经验来看,第二次世界大战之后大部分国家都能够顺利跨过贫困陷阱,顺利走过要素驱动阶段,只有少数国家陷在这一阶段,走不出来。要素驱动阶段经济增长的特征是依靠低成本的劳动力与自然资源的投入实现增长。除此之外,这个阶段的增长也需要一定的基本条件:基本的产权保护,基础设施的建设,宏观经济的相对稳定,一个比较健康的劳动力队伍,初等教育的普及,等等。

跨过要素驱动阶段之后,就进入效率驱动阶段。关于这一阶段的另外一个说得非常多的词是"跨入中等收入陷阱"。此时的人均GDP约为15 000美元。"中等收入陷阱"这一概念的来源是,基于世界各国的经济增长经验,人们发现很多发展中国家进入中等收入时期以后,随着人均GDP超过3 000、5 000乃至6 000美元,在很长时间内,就失去了原来的增长动力,在中等收入的区间内徘徊着,在几千美元到1万美元之间徘徊着,这就是"中等收入陷阱"。也有少数国家成功走过了效率驱动阶段,最典型的是东亚的一些邻国地区,如日本、韩国等。这个阶段经济增长的主要特征是所谓的效率驱动,而市场经济的效率提高需要持续的改革,以降低交易成本,改变商业环境,同时不断提高企业的竞争力,提高劳动生产率。

从效率驱动阶段的初期慢慢地发展,一直到人均GDP达到10 000乃至15 000美元的过程中,创新驱动的力量逐渐加强。效率驱动阶段经济增长的基础是什么?市场效率提高,市场力量加强,市场竞争比较充分,劳动力市场富有活力和弹性,技术准备更加充分,市场规模不断扩大……这些都是效率驱动阶段需要的一些基本条件。在人均GDP达到3 000美元以后,一些国家顺利走过了这个阶段,慢慢过渡到高收入国家,进入下一个阶段,但有不少拉美国家长期陷在中等收入发展阶段,即长期在中等收入的区间内徘徊。如果一个国家成功跨过"中等收入陷阱",就进入了所谓的创新驱动阶段,这个时候它所面临的挑战是什么呢?有很多国家进入效率驱动阶段以后,创新能力下降。对应前面的几个词,也可以说是进入了创新能力衰退的陷阱。创新能力的衰退可能发生在不同的经济发展水平下的国家。以日本和一些欧洲国家为例,它们成为中等收入甚至高收入国家以后,其创新能力、经济发展的活力在下降。南欧出现的很多问题也与之类似。真正保持持续创新能力的发达国家不是很多，美国、德国等国家在这些方面做得非常好。从创新驱动阶段的增长特征可以看出，经济效率的持续提升非常重要；另外，创新驱动变得越来越重要，在此阶段，创新在经济增长中的比重达到30%。这个阶段需要的基本条件是全民教育素质的进一步提高。此时，人力资本投入变得更加重要。同时，产品的市场要素要更加高效，不断提升市场效率和资源配置效率。此外，创新的重要性还体现在一个国家的全面创新能力上，它需要制度的创新，商业组织、技术、产品等全方位的创新。那么，一个国家的全面创新能力需要什么条件呢？它需要良好的创新生态环境和创新文化。接下来我便谈谈这些因素体现在哪些方面。

这是从一个视角看不同经济增长阶段背后的驱动力量及其背后要求的必要条件。我们从这个视角来理解中国转变经济增长方式。转变经济增长方式提了很长时间，它在不同阶段有不同的意义，过去一段时间被提到得尤其频繁。不同的人提到的转变经济增长方式的意义其实不尽相同，有的是泛泛一说，有的谈到的角度则比较具体。从经济增长阶段三分法看转变经济增长方式又意味着什么呢？过去三十几年，中国改革开放的成就巨大。到2012年，中国成为世界第二大经济体，按照当时的汇率计算，中国的经济总量达到8.2万亿美元，基本上是美国的一半。中国改革开放的成功使13亿人口摆脱了贫困陷阱，经过这三十几年的发展，人均GDP从300美元、400美元达到6000美元。如果按照经济增长三阶段的划分，过去这些经济成就对应的是什么阶段？是成功跨过了贫困陷阱，也就是说走过了要素驱动阶段。如果从这个角度去看，我们过去做到了什么？主要是在要素驱动阶段经济增长的基本条件得到了满足。从经济发展阶段来看共性是什么？在刚刚提到的初等教育普及、产权保护、基础设施改善等要素方面，过去三十几年中我们都做得很好，这些条件逐渐得到满足。

中国过去三十几年的发展不是简单的经济增长的故事，我们跟其他国家相比还有一个不同的地方，就是改革。我们从计划经济转变为一个以市场为导向的经济体制，这中间就有改革和制度的红利。怎么去看这个问题？我们可以通过过去经济增长的数据去分析一个国家经济增长背后要素投入的贡献、效率提升的贡献、技术进步的贡献。从1978—2007年的数据中,我们可以看到这么多年来通过价格的调整以及其他的因素影响,人均GDP年均增长7.58%,其中人均资本增长率的贡献是3.66%。效率提升既包括市场效率的提升,也包括创新的贡献(占3.92%)。总体来说,效率提升和创新的贡献加在一起占了52%。

我们把1978—2007年分成三个10年来看,效率提升、技术进步和创新对经济增长贡献的比例从62%降到过去两个10年的不到50%。如果把三十几年作为一个整体看,中国效率提升、技术进步对经济增长的贡献比在此阶段的一般的发展中国家要大。因为我们的这个阶段是所谓的要素驱动阶段,在这个阶段,一般要素投入贡献比较大,而技术进步、效率提升的贡献没这么大。前面提到,在要素驱动阶段大部分国家要素投入的贡献占60%,效率提升、创新的贡献加起来占40%;而中国这三十几年要素的贡献大概占50%,效率提升、技术进步大概占50%。怎么去理解这一点呢?一部分是我们的效率驱动,另一部分是效率提升对经济增长的贡献来自制度改革和改革红利,这二者使得各个要素对中国经济增长各自贡献的百分比跟其他同处于要素驱动阶段的国家有所差别。中国跟其他国家的经验也非常不同,按道理讲,从要素驱动逐渐进入到效率驱动阶段、经济增长水平越来越高的时候,效率提升和创新对经济增长贡献的比重应该越来越高。而中国正好相反:效率提升和创新的贡献在第一个10年占60%多,第二个、第三个10年占了不到50%。这反映的是什么?中国逐渐从要素驱动阶段进入到了效率驱动阶段,但经济增长依靠的这些基本因素没有改变。也就是说,我们在效率驱动阶段需要的那些因素方面可能做得不是那么好。

我们看一下其他国家的经验。因为第二次世界大战对这些国家经济的毁灭性打击,几个发达国家在战后都经历了经济高速增长的阶段。日本GDP的年均增长率在这个阶段达到了9.5%,其中资本的贡献占到百分之三点几,劳动贡献占了百分之二点几,TFP(全要素生产率)贡献占了百分之四点几。而在德国、法国、英国等国家,效率提升对GDP的贡献越来越大。

所谓转变经济增长方式,就是说只靠增加要素投入不能维持长期经济增长,经济发展要逐渐转变到靠效率驱动。效率驱动增长的基础是高等教育的扩大和广泛的培训,即人力资本提升和劳动者素质提升,还有市场力量的加强、更加充分的市场竞争——这些都使得各种资源配置更加有效。劳动力市场需要被赋予弹性和活力,金融市场要逐步深化,技术准备要更加充分,市场规模要更加扩大,这些是中国为了转变经济增长方式需要做的,需要在这些方面找到经济增长的源泉。这需要做两方面的事情:一是通过深化经济体制改革,持续改变市场环境,提高企业竞争力和劳动生产率;二是提高自主创新能力,使得创新驱动变得更加重要。有人可能会说,其实创新驱动阶段对应的经济发展水平比较高,人均GDP达到15 000美元、17 000美元以后,创新驱动的地位会越来越重要。

为什么一方面强调改革一方面强调创新呢?中国经济有巨大的区域差异、行业差异。有的区域从人均GDP来看可能是刚刚进入效率驱动阶段,而有的区域已经进入到必须靠创新来驱动经济增长的阶段。中国经济的区域差异到底有多大?从2010年基于汇率测算的结果来看,比较发达的地方人均GDP达到了12 000美元、15 000美元甚至17 000美元;如果用购买力评价测算,这些地方的人均GDP都在20 000美元左右,已经进入到必须靠创新驱动的第三阶段。反过来我们看另外一些地级市,即一些相对贫穷落后的地方。这里的人均GDP只有几百美元,还处于贫困陷阱中,需要靠要素投入作为主要的经济增长手段。这是城市之间经济发展的差异。若将统计单元缩小,这种差异就更大。假如我们把中国的2 000多个(将近3 000个)县的人均GDP拿来做比较,会发现很多"十强县""百强县"的人均GDP已经达到了30 000美元、40 000美元,这跟世界上最发达的国家(比如美国)基本是同一水平;但另外一些县人均GDP还是几百美元,这又跟世界上比较落后的国家处于同一种经济发展水平。所以中国经济区域间的巨大差异对未来经济发展的挑战很大。

中国经济发展水平的差异,必然要求在不同地方、不同行业用不同的经济增长方式去驱动这个地区经济的增长,使中国整个经济增长方式得到更好的优化。从这个角度去理解经济增长方式的转变,是比较合理和科学的。我们有很多不同的经济增长方式转变的说法,包括在很多政府文件里也出现过。而说得最多的是我们经济增长方式的转变需要从外需转到内需,又从内需的投资转到消费,从官方到民间、从国内到国外都是类似的说法。最近我在成都参加美国《财富》杂志举办的财富论坛。这个论坛请了很多国外跨国公司的CEO和国外的学者,说来说去都是说中国要靠消费,完全靠出口这条道路走到头了。因为世界经济的市场容量和形势不容许中国再靠出口,中国已经在世界出口每年增长10%的基础上每年增长20%,大家都有共识。然后这些人的关注点是中国经济中投资贡献的比重太大,因此要靠消费拉动。这些国外的CEO也在谈论中国未来消费的增长对经济的拉动有多大;学者和政府官员也在谈论作为一个消费大国,未来要靠消费拉动经济;这同样反映在我们的政府文件和一些讨论里面。但我个人认为从这个角度去讨论经济增长方式不一定是最合适的,为什么?经济学基本原理认为消费、投资或出口是一个国家经济的需求。需求要么从国外来,就是出口;要么从国内来。但是国内经济增长在哪些方面有需求?一方面是投资需求,一方面是消费需求。从供给的角度即从一个国家经济的供给能力来看,考虑的是它持续增长的创造能力需要哪些要素来驱动、以什么样的方式能够做得更好,即利用同样的资源能够生产出更多的东西来。从供给的角度看经济增长方式更合适。因为从经济学角度看,需求的结构和变化是相对短期的因素。比如宏观经济主要的理论之一"凯恩斯主义"认为,只要搞市场经济就一定会有波动,就会有经济周期。如果政府试图通过宏观调控政策熨平经济周期,以减少经济周期给经济带来的效率损失,那需要做什么?由于短期之内一个国家的供给能力没法调整,所以就调整需求。我们不关心长期问题,就关心短期的需求变动。需求在短期之内可以被调节,但供给能力很难调节。长期经济增长更需要关注供给能力和一个国家的创造能力。从经济增长方式转变的角度讲,更要关注经济的长期增长,不应该简单地从需求角度去看。需求角度是短期角度,而供给能力提升是长期角度。也就是说,国家消费占GDP的比重、投资占GDP的比重、出口占GDP的比重是现在的结构指标,这些结构指标随着经济增长阶段和发展的改变有一个自然改变的过程,这个问题不是说不重要,但是我们不应该完全从需求角度去理解所有的经济增长方式转变。

如果这么去看经济增长方式,为了有所转变,总需求的调节主要靠调控、供给能力的增强或者经济持续增长能力的提升,更主要靠改革,把市场机制建立得更好,使自主创新能力做得更好,这是长期的功夫,短期的功夫是需求的调控。如果我们总是从总需求的角度讲调控、讲经济增长方式的转变,就很容易落入用调控带动改革的怪圈中:经济不好就找一个行业拉动一下,一会儿通过教育拉动,一会儿通过房地产拉动,现在又有人说通过城市化拉动。其实这些都是把长期问题当作短期问题来审视。

我们换一个角度来思考这个问题。其实它就像一辆车的结构一样,需求、消费、投资和出口像车的轮子。轮子不好肯定不行,但轮子无法决定车跑得多远,决定跑多远的是发动机。从供给能力的角度来看,经济增长方式的转变需要提高改革效率和组织创新能力,这是经济持续增长的核心。从需求角度去考虑经济增长问题只关注到了一辆车的轮子,没有真正关注到经济发展动力的源泉。所以到底是从哪个角度看经济增长方式的转变对于我们理解中国的政策和未来长期的经济增长走势非常重要。

2. 当前改革重点

"两会"之后大家对新一轮改革充满期待,一个重要的关注点是秋季的三中全会上新政府将提出的一系列施政方向和改革措施。关于未来改革方向,全国从官方到学术机构再到公共舆论都从不同的角度进行了很多讨论,也有很多期待。以前取得的成绩巨大,但是问题也很多。既然问题很多,提的看法也很多,就需要区分事情的轻重缓急,一些关键问题必须马上解决。

在讨论中关注较多的问题是中国未来的城镇化战略。一方面是关于中国过去的城镇化趋势的讨论,另一方面是对未来中国城市化发展的预期。现在对未来城市化发展预期的一种观点是未来城镇化使经济一年要增长1%,这意味着一年要有1 000多万人从农村到城市。很多人认为这会带来很多商机。这次财富论坛上大多数企业家也在讨论城镇化带来的商机。还有一个原因使大家对城市化和城镇化非常关注:李克强总理以前在光华管理学院读硕士研究生时写的毕业论文是关于城镇化的,这篇论文收在《走向繁荣的战略选择》一书里,这本书出版于20世纪90年代初,他从那个时候开始就在研究中国城市化问题。新总理对于城镇化一直多有研究和关注,大家很自然地就想到城镇化是中国未来改革的一个重要领域。但是在关于城镇化、城市化的讨论中有很多不同的看法和认识。如何理解未来中国的新城镇化战略?这需要从一些基本的认识开始。首先需要理解城市化是一个什么样的过程。简单说就是大规模的人口从农村到城市,他们的生存方式和生活方式得到转变。人类历史上真正大规模的城市化是工业化带来的。古代的中国也好,外国也好,都有不少的城市。但是这些城市的定位目标大部分是政治城市或者商业城市。比如西安、洛阳,那里的古城非常壮观雄伟,当时在世界上都是最大的城市。但是不管在中国历史还是世界上其他国家的历史中,工业化之前的城市化率(即城市人口占总人口的比例)非常低。政治城市也好,商业城市也好,都不能使得整个社会的大部分人口在城市里生活,它缺乏这种经济的动力。

工业化为什么必然会带来城市化?这是所有国家的经验,道理非常简单:工业社会跟农业社会的区别是分工越来越细致,带来所谓的聚集效应。生产方式决定生活方式,聚集效应要求人们不能像在农业社会中一样。工业生产聚集效应体现在三个概念上:一是规模经济。工业生产的工厂和企业组织需要一定的规模,有了规模以后通过适当的分工提高效率。它跟农业生产不一样:农业生产中,只要一个两人就可以种一亩三分地,而工业生产中一两个人做不成一个工厂,所以工厂需要一定的规模。此外还有一个概念——范围经济。一个工厂生产一种纺织品没有用,最重要的是将其做成衣服或是其他的东西,所以工业生产有上、下游。一个企业的效率很大程度上取决于它周围和其他范围内的上游、下游企业。除了范围经济以外,还有一个更大范围的概念叫外部经济。外部经济跟单个企业没有直接联系,但是这些企业在一起后对地方的市场环境起到推动作用,使所有的企业效率提升。比如一个地方有足够多的企业之后,它的劳动力生产才会更加有效,资本市场才能发展起来,这就是所谓的外部经济。三种经济加在一起的工业化就要求人们在城市里面聚集劳作而不是散落在各处。工业化必然要求城市化。当然,一个好的城市化能促进经济进一步发展,直接对工业生产带来效率的提升。反过来,人们生活方式的改变又促进城市商业和服务业的发展,由此城市公共设施、城市文化教育、体育事业才能发展起来。所以生产方式的转变带来生活方式的转变,但是生产方式的转变需要生产的力量带来效率的提升,这是所有国家整个城市化进程的规律。

在城市化和工业化互相推动过程中的一个基本条件是农业现代化。农业现代化保证了合理的粮食和农产品供给价格;更重要的是,农业现代化使得农业生产率和工业生产率能够同步提高。这一点的重要性何在?只有这样,城市化、工业化过程才有扎实的基础,才能有序地去进行这种城市化的过程,实现农村人口向城市转移,实现生产方式和生活方式的转移。

城市化过程或者城镇化进程中会出现所谓的大城市病。对于大城市贫民窟,拉美一些国家还有其他发展中国家非常恐惧。很多人从农村来到城市,没有固定工作,就挤在贫民窟,生活境况非常凄惨。这种现象给我们的启示是什么呢?中国千万不能有这样的大城市病。那么为了防止这种大城市病,应该怎么去做呢?就是尽可能把这些人堵在大城市之外,希望这些人不要进到大城市中来?从这个角度理解大城市病是有问题的。问题在哪?你需要考虑:为什么这么多人明明知道城市里贫民窟条件这么恶劣,还愿意背井离乡蜂拥到大城市中?答案非常简单:他们在农村更惨!他们在农村的生活条件比现在城市里的贫民窟还要差,而且在农村没有任何希望——他们一辈子都是这样,他们下一辈还是这样。很多人说自己现在到了贫民窟,没准未来自己的小孩会比自己好,还能看到一线机会。这是贫民涌入贫民窟的根本原因。大城市病产生的根本原因是什么?农村的现代化没有跟上,生产率太低,收入太低。这种情况下必然出现大城市病,靠堵是堵不住的。如果靠堵,农村和城市机会的差距会越来越大,这个国家就治理不好。

从这些角度来看中国城市化的道路,发现改革开放之前的三十年是以计划和行政手段抑制城市化进程,建立二元体制,即所谓"农村反哺城市"。在此种条件下,城市就不能建得太大,所以就建立了户口制度来限制人们的流动。改革开放之后,市场机制的逐步建立和快速工业化导致了城市化的加速——城市化率从1978年的百分之十几增到了2012年的52.7%。而这52.7%的城市化率是用常住人口计算的,用户籍人口来算我们的城市化率只有百分之三十几!这百分之十几的差距意味着我们有两亿多无户籍的城市人口,这体现了中国城市化中最大的行政扭曲力量。在纯粹的自然市场经济随着工业化的发展而变化的条件下逐步实现城市化,同时农业现代化也得跟上,这是标准的市场经济的城市化过程;而中国的城市化过程不是这样。中国经济属于转型经济,是一个改革开放的过程。我们的城市化道路上有非常多的行政扭曲力量;而最大的扭曲力量是二元体制,它压制了城市化进程,阻止2亿—3亿人真正成为城市的市民。

除此之外,城市化进程还有其他行政扭曲力量。在中国,什么地方是城市、什么地方是农村不是由这个地方的发展水平和人口密度决定的,不是由生产方式和生活方式决定的,而是由新中国成立后确立的行政区划决定的。行政区划规定是城市就是城市,规定是农村就是农村。沿海很多地区的村或镇已经高度工业化和城市化,但从行政区划的角度讲,它们不是真正的城市。与之密切相关的是,整个行政资源分配是由行政力量、政治力量来决定的。因为中国现在还处在转轨经济阶段,所以很多社会资源的分配还是通过行政体制来进行,行政资源高度集中。在高度集中的行政体制之间怎样分配行政资源?按照城市行政级别,首都具有独一无二的地位,直辖市、省会城市、地区(市)、县级市的地位各自不同。按照行政区划分配行政资源,很大程度上扭曲了以市场力量推动城市化的过程。

我给大家举个例子。在座各位可能对美国有所了解,美国有50个州,在这50个州里你能数出来多少州府?我在美国待了十几年,我数不出来10个州府。其中的道理非常简单:美国各州的行政中心、政治中心跟经济中心是彻底分开的。纽约州的州府不在纽约,而在纽约边上好几个小时车程才能到达的地方;首都华盛顿是纯政治中心,不是经济中心和金融中心。所以美国把市场力量决定的城市化跟政治力量分开,包括公立大学之类的场所都不放在主要大城市,而是放在其他小地方,就是为了推动那些地方的发展,这是它们配置公共资源的方式;而在中国公共资源的配置中,从土地到教育、医疗等方面,行政级别越高的城市一定更好。这造成的影响是什么?为什么这是很大的行政扭曲力量?就是指有的城市本身的经济活力非常强,人口密度也很大,经济效率很高,按道理来讲这些城市应该对整个经济水平的提升很有帮助;但是它的行政级别太低,没有相应的行政资源,这就抑制了这些地区城市化的发展。反过来说,有些地方本身经济集聚的力量没这么大,但是行政资源很多,公共设施、医疗、教育条件都很好,导致它的规模已经过大。因此,行政资源分配在城市化过程中占了相当大的主导力量,这就扭曲了城市化。城市化要是真正有效地推动经济的增长,必然会带来效率的提升,但这种扭曲力量很大程度上扭曲了资源的配置。

还有便是 GDP 政绩的导向。地方政府最重要的考核指标是 GDP,为了实现 GDP 政绩，相关的政府行为就出现了扭曲。这表现在重建设、轻治理，重房地产、轻文化环境等方面，使得城市治理水平大大落后于城市化进程，抑制了城市发展，而且影响经济结构升级。从这些角度思考中国城市化道路，可知一个国家的城市化道路和经济增长方式是密切相连的。如果经济增长都是以 GDP 政绩为导向，必然重投资轻消费。如果不注重城市的商业环境、生活环境的改善，这种二元体制的 GDP 绩效导向一定是重工业轻服务业，行政资源和政治力量的分配必然导致收入差距拉大，导致房地产市场的混乱。所以城市化过程对中国来讲非常重要，我们需要扭转这些行政扭曲力量。只有这样，经济才能持续增长，才能成功转变经济增长方式。

现在很多人都在提"新城镇化"。什么叫"新城镇化"？从政府的角度来讲，是从"土地的城市化"到"人的城市化"。但到底什么叫"人的城市化"？它的具体内容是什么？还有一个说法是，到底是"城市化"还是"城镇化"？这个讨论只在中国出现，是完完全全的中国特色，无法被翻译成英文，英文中没有"城镇化"这个词。其实这个讨论包含了两个误区：首先，这两个词反映的是我们行政体系的级别，"市"比较大，"镇"比较小，镇在整个行政级别里面数不上数，就没有什么资源被分配过来。这是一个误区。另外一个误区是什么？就是中国地方经济发展差异这么大，怎么可能设想出一种标准的城市规模？"镇"应该有 5 万—10 万人，"市"应该有 10 万—15 万人？显然没有任何道理。未来关于"城市"和"城镇"的讨论，我个人觉得没有太大意义。从规模上来讲，一定是要走多元化、特色化的道路。政府引导的城镇化方向是对的。从赶农民进城上楼，到为他们提供安居乐业的条件，这是理念上的问题。现在国家发改委动辄便出台关于城镇化的规划，其中讨论的很多都是要规划中国未来"十大城市群"之类的问题，包括这个城市群做什么、那个城市群做什么。口号提得很好，但是他们都限于用计划的方式做城市化，规划城市规模有多大，其实还是没法摆脱用计划行政的方式理解城市化进程的思维。

从所有这些角度去看，最大的一个误区是什么？归根结底，我认为最大的一个误区就是刚才讲到的一点——从需求结构的角度看转变经济增长方式。过去两三年来我们的经济增长速度一直在下滑，经济增长的势头越来越衰退。在这样一种经济形势下，很多人都提出把城市化作为种靠增长拉动内需的说法,说城镇化是未来拉动内需的主要力量:城镇化意味着一年1 300万或者1 500万人进城,他们能买多少双鞋、吃多少顿饭、创造多少需求。我认为这是最大的误区。这个误区从逻辑上讲非常简单:如果按照这种逻辑,简单地把更多人轰到一起,经济不就自然起来了?这是把因果关系搞反了。城市化进程、工业化进程很好,随着效率越来越提高,相应地人们也从农村到城市,这是一个因果关系。城镇化一定是经济增长的一个结果,而不是可以拉动增长的一个外在因素。另外,为什么这个问题不能从需求角度看?现在内需不足,要拉动城镇化。那么难道经济过热时就要把这些人赶出去?显然不是这个道理。不能把改革的过程当作宏观调控。前些年说,经济增长不行了怎么办?把教育产业化。但现在教育产业化有一些弊端——上了大学毕业后却找不到工作。现在又说这十几年来房地产调控出现了乱象、内需不足了所以要搞城镇化……不吸取这些教训,把这些长远的制度建设当作短期的修补,一定会出问题。

所以应该怎么理解城镇化战略?我个人认为当前一定要把它当作改革的战略。城镇化是一个趋势,在这个趋势中必须以城镇化为核心,通过支撑系统的设计来进行城镇化。一个国家的城镇化道路在很大程度上跟经济增长方式转变有关,那么我们就去梳理中国城镇化过程中的扭曲力量。通过改革改掉这些扭曲力量,使城镇化进展顺利,同时也能够推动经济增长方式的转变和经济结构的调整,这需要将政府职能转变作为核心,解决政府与市场的关系问题。中央已经对此有很明确的认识。市场在城镇化过程中间发挥什么作用?也要发挥基础的作用,不能以计划的方式做城镇化。政府和社会的关系更是在城镇化过程中需要理顺的,社会管理在城市管理中要发挥更好的作用。中央政府和城市地方政府的职责定位是在改革战略中需要思考的问题。从中央政府来讲,需要解决体制问题,二元体制在城镇化过程中的很多行政扭曲力量是从中央政府的体制开始的。

关于二元体制的问题,很多人又说,如果把北京、上海户籍门槛放开,城市不就被挤爆了吗?这就是把城市的资源分配跟其城市化结合在一起了,比如新增大学的指标、医疗的资源、土地的指标、资金的指标等,跟这个城市接纳外地人挂钩在一起。教育均等是整个城市化中的核心,农村土地和宅基地流转是重要的问题。前面提到,城市化基本的保证是农业现代化。农业现代化就必须有土地的规模经济,土地的规模经济就要求农村土地能够流转。另外是解决农民入城的后顾之忧。户口没有特别的好处,同时又可能失去拥有宅基地的权利,所以不解决这个流转问题农民进城就会有后顾之忧。中央政府的职责是实现覆盖全国公民的均等的社会保障体系。改革行政区划制度的过程中,地方政府改革是至关重要的。中央政府放权相对容易,权力下放到地方后,如何约束地方政府的行为?现在中央政府的一些官员说省级权力管得这么死都是重复建设,都是产能过剩;但如果放开的话它会更加产能过剩,比原来过剩的程度高出好几倍。这里的核心问题是什么?不是简单的中央政府的放权,而是地方政府的职能转变。地方政府必须彻底抛弃 GDP 的政绩导向,转向城市管理和服务。国际上发达国家的政府也有很多竞争,但不是 GDP 高就可以升官,竞争的标准是地方政府要发展当地的经济,也需要去吸引资金和人才。这些要靠什么做到呢?靠改进这个地方的商业环境和生活环境。未来地方政府的行为必须要转到这方面来,如果不转到这样一种行为模式,其实所有的问题都是解决不了的。定位和职能转变后,同时要改变地方的财税体系,建立公开、透明、可持续的城市体系,还要提高城市综合管理水平、改革文化体育体制、独立发展文化体育娱乐事业。前面提到,如果按照购买力评价标准测算,很多城市的人均 GDP 已经是两三万美元了。但是看消费结构,会发现中国的消费结构跟人均 GDP 为两三万美元或者一万五千美元的国家和地区很不一样:除了吃、喝、穿就是买奢侈品,比如买一大堆 LV 的包,或者到国外疯狂购物。这个消费结构跟世界其他国家很不一样,其他国家的居民在衣食满足以后,很大一部分消费在什么地方?看体育比赛、演出等。这种区别出现的一个重要原因是我们的文化、教育、体育事业太不发达了。

二 创新能力提升的制约因素

中国智力资源的潜力是巨大的。我们有 1 000 万的天才,但我们创新的能力和成果确实对不起这 1 000 万的天才,中国本土没有培养出科技方面的诺贝尔奖。我们不说美国等国家,只看以色列。世界上创新能力独特的国家以色列有700多万人,一部分人是阿拉伯国家的人,在以色列没有多大的权力;还有200万人是神职人员。所以相比起来中国和以色列的人均创造差异确实非常大。跟世界平均水平比,我们的专利数在不断上升。从现在的"十二五"规划来说,2010年1万人专利数达到了1.7个,2015年要达到3.3个。看上去很多,但这就像很多地方的GDP一样,并不知道里面具体的内容是什么。"十二五"规划指标定在人均三点几甚至四点几五点几都没关系,总能实现的——只要专利局审批的时候标准放松一点即可。但这些数字没有什么实际意义。与发达国家的专利数量相比——尚且不提人均数量,总数差距都很大!如果我们按照"十二五"规划的标准来看,"十二五"规划结束的时候中国专利总数就会跟日本一样多,专利数量齐平,但质量有差距。我们呼吁,要从"中国制造"到"中国创造"。大家认为这些因素如果有了,一个国家的创新能力就会很强。然而我们有很多创新的条件——有1 000万的天才,但是创新成果少得可怜。

　　制约我们创新能力的因素是什么？首先,我们智力资源的潜力明摆着。那是不是资源投入不足？我国居民平均受教育的年限确实跟发达国家有一定的差距,但这个差距在逐渐缩小。在教育经费投入方面,2013年"两会"期间,温家宝总理非常自豪地宣布我国教育支出占了GDP的4%。教育支出的增长当然对我国的人力资本投入有巨大帮助。但从日本、韩国、欧盟、美国来看,发达国家总的教育投入占GDP的比重也是非常高的,甚至比我们还高。教育经费方面我们总可以通过调整政策来不断地增加投入,但更重要的是投入的效果和质量。如果按照教育部使用经费的方式,很多教育经费多投少投影响可能都不大。如果教育部的理念没有转变,教育经费的增加对国家的教育发展是否有正的推动作用都很难说。比如现在有人出主意,说教育经费花不完怎么办呢？现在MBA、EMBA的高学费引起社会的很多批评,不如国家都包了这些学费！所以说,即使教育经费增加,若是使用观念不转变也不能解决教育质量问题。即使现在教育经费逐渐增加,每个孩子的人均教育经费跟发达国家依然差得很远。比如跟美国比,我国人口是美国的4倍,GDP是它的一半,所以人均GDP相当于它的1/8;美国花在教育上的经费所占的比重是7.5%,我国政府的投入加起来占4%,私人占百分之一点几,所以投入比例比美国又低了2个百分点。总计算起来美国教育经费是我国的10倍左右。在教育投入方面,我国还有很多其他事情可以做,例如这几年研发投入逐渐提升,研发经费越来越多——占到了 GDP 的 1.8%,根据"十二五"规划,研发经费还要占到 GDP 的 2.2%,所以研发投入越来越多。虽然投入得越来越多,但是投入的效果现在还没看出来。这就要思考其背后的原因,包括制度原因和其他的文化原因。制度方面的原因是什么呢?我国规模以上工业企业研发投入占主营业务收入比在 2004 年是零点五几,现在慢慢提升到零点七几,甚至不能跟这些企业用来做招待费的比例相提并论,这说明我国企业研发动力不足。印度、菲律宾、泰国这些国家的工业企业研发投入占到了主营业务收入的百分之零点几,欧盟的企业研发投入占销售收入的 3.6%,日本和美国都占了百分之四点几。所以我国的企业研发动力和研发投入跟欧盟、日本和美国差距很大。

一个国家的研发投入包括企业研发投入、政府研发投入、学术机构研发投入,最重要的是企业研发投入,因为只有企业研发投入对经济增长有持续的推动力。基础研究、纯理论研究和经济模型需要政府支持,但推动一个国家经济持续增长的基础研发是企业研发,创造的核心是企业创造。但为什么我国企业没有动力去做研发?首先是资源配置问题:国有企业规模很大,确实有这种研发能力和大量的资源,但它不一定有那么多动力做创新,而且做创新的效率也不一定很高;小企业没有太大的能力做研发,很多中小民营企业有创新的动力但是缺乏资源。此外,研发投入有更多不确定性、风险且见效时间更长,所以企业家和企业一定是对长远的未来有足够的信心时才愿意投入研发,所以我们需要良好的制度环境和长远稳定的预期。如果没有这些动力,企业不会做长期的研发投入。这就让我们思考怎样才能提升企业研发的积极性。

分析规模企业 2011 年的研发经费和专利申请,就会发现主要的研发投入是国有企业投入,但是国有企业每项专利需要的经费达到了 250 万元,也就是说投入 250 万元平均得到一个专利,还不知专利的质量如何。但是其他的私营企业一个专利平均只要 84 万元,说私营企业研发的效率比国有企业高,但是私营企业研发投入很少,因为没有研发动力。所以研发方面不仅仅是总投入的问题。总投入需要增加,但更多地需要考虑体制因素,要提升企业尤其是私营企业的研发积极性。

此外是我国的科技体制方面。科技部等很多政府部门拿了很多钱去支持、关心企业,但是其做法基本上是政府里面的科长、处长的做法。在做风险投资时,政府有资金,企业来申请项目,政府如果认为项目不错,就给你投入500万元,给他投入300万元。好的风险投资失败与成功概率的比例能达到10:1就很不错了,而这些政府人投资的成功概率有万分之一就算不错了。所以即使投入再多,更多时候也是在浪费钱。因此,我国科技体制不改变不行。

教育体制同样需要改变。我国高考制度扼杀创造力,所有学生都成了一个模子。我们中国人的创造力不行,这是一般的说法。另外,就是高等教育体制高度行政化。北大的校长是副部级还是处级并不是教育行政化最大的问题,最大的问题在于教育体制管理模式和资源配置方式。如果它是一个行政化的方式,改不改变学校的级别没有任何意义。

在这些因素之后还有其他因素。一个国家如果进入创新驱动阶段,要全面提升创新能力就需要有一个好的创新生态系统。关于这个生态系统的建设,国际上比较典型的例子是硅谷。从中关村开始,中国建设了很多高新区:据统计,中国已经建设105个国家高新区,还有好多省级开发区。那么建设这些开发区都是在打造高科技的园区,从某种意义上它们是在建立生态系统,但这样的道路可能是完全错误的。中关村被列入国家的创新战略,有很了不起的成就,但中关村培养出了什么样的真正的高科技企业?这不是我提出的问题,这是中关村的领导——管委会主任在反思的问题。再看看其他的很多高新区,各个都建立得富丽堂皇,都在招商引资,都制定了基础设施等各个方面的优惠政策。然而政府到底应该怎么建设生态系统?真正去过硅谷的人发现,到了硅谷你反而找不到硅谷,为什么呢?硅谷没有招商引资的大牌子,没有广告,没有高楼大厦,只有看上去很安静的一些社区。投资最集中的地区比如 Palo Alto,就是咖啡馆和餐馆,就是大家聊天的地方,但这些地区集中了世界上相当比例的最高级的风险投资和最好的企业。这么多年来,改变我们生活的创新型企业绝大部分都是在硅谷成长起来的。它的生态跟我国高新区的生态完全不一样——很多人到了硅谷说"硅谷在哪儿"?我自己还有点小得意,我知道的一个地方几乎是唯一一个能看到硅谷的地方:斯坦福大学有一个地方叫胡佛纪念塔,建得很高,可以游览。只有到纪念塔的顶层你才能看到整个硅谷。这个地方很多美国人不知道,中国人也不知道。中关村跟光华管理学院有一个合作项目,他们挑选了一些优秀的企业家去硅谷培训,光华管理学院帮他们负责培训的项目,带他们去斯坦福大学和硅谷。我问我原来斯坦福大学的老师们,你们知道在哪里看硅谷效果最好吗?没有一个人知道,我说在塔顶。发现果然如此,只有在那个高点才能看到硅谷,能看到雅虎在哪儿、Google在哪儿。所以你真正到了硅谷时,其实看不到硅谷。

我想说,政府在创新方面发挥作用,其实是要尽可能减少干预,造就风调雨顺的自然环境。如果由政府决定谁来谁不来、给不给优惠政策,所有这些创新最后就都会变成房地产、GDP工程。政府的另一个作用是什么?大家对硅谷的了解来自Google、思科等企业,但经常被忽略的是,硅谷了不起的地方不是这些大企业,而是它有千军万马的创新型小企业。事实上企业太大了以后就没有了创新能力。美国曾经有一段时间在争论:东海岸的创新区和西海岸的创新区,哪一个会是未来高科技的真正中心?当时大家有不同看法,现在这个争论自然解决了,公司该倒闭的就倒闭了。原因在于,支持这些大企业是没有办法持续创新的,硅谷了不起的地方是支持小企业而不是大企业。所以我国支持的重点应该在小企业上面。真正的生态环境创新是将想法、技术、资金、管理结合在一起——如果这些要素能够无缝对接,一个生态系统就风调雨顺了。政府在这个过程中应该承担的任务,应该是着重支持这些环节的连接点。硅谷的成功很大程度上归功于斯坦福大学等学校。这些学校的计算机系都很强,但是它们的商学院的作用也很重要。商学院作为创新思想的集聚地,能够起到把这些要素联系在一起的作用,所以斯坦福大学在创新方面有很多经验。哈佛商学院在美国国内确实很好,但在创新方面一直处于落后的状态。哈佛大学有点像北大,说得多做得少,各个系的教授、科学家得到的专利可能是世界上所有大学里最多的,但是转化成产业的非常少,所以哈佛大学也认识到这一点,成立了一个哈佛创新试验室,设在什么地方?设在哈佛商学院,我们光华管理学院成立创新中心也是希望通过这个整合平台推动创新。

最后,讲一下文化上的创新。有制度、有投入、有生态系统,还有一个重要的方面是什么?就是创新文化。创新文化为什么特别重要?先从一个看上去不太相关的东西说起,一个学者在IBM做了很了不起的社会学研究。他研究了什么？研究不同国家的文化对于管理的影响。文化的问题很难研究，但是他想了巧妙的办法，IBM 是跨国公司，在很多国家都有分公司。分公司的员工做的事情都差不多，他就对分公司的员工做了大量调查，然后发现了什么？员工做的事情都差不多，IBM 整个公司的文化差不多，但是在不同的分公司里其所在国家的文化对这些人行为有很大的影响。研究中提出了一个概念，叫做权力距离的指数，聚焦于不同国家人与人之间的平等程度。研究这种平等程度不是指探究等级的差别，例如我们跟主席之间有多少等级差别、一个处长与部长之间有多少等级差别，而是对于权力与财富引起的层级差异的接受和容忍度有多高，比如一个科长和处长在不同国家人民的观念里有多大的差异。按照他的说法是，权力距离指数越高的国家等级观念越强，等级观念强表现在人们对这种差异自然的接受和容忍，这样就使自上而下的沟通遇到障碍，你不敢向你的上级说实话和真话，下级也不能质疑和挑战上级，这是高等级权力的国家。为什么提这个概念？你会发现，一个国家的创新能力和一个国家的权力距离成反比，国家等级观念越强的国家创新能力越差。拿特定的国家来比，权力距离越小的国家，也就是说等级观念越弱的国家，它的创新能力普遍比较高。与之相对，权力距离越大的国家其创新能力越差。我国排在哪？创新权力距离以 100 为指数，我国排在 80，跟中东国家是一个水平，也就是说我国是等级观念非常强的国家。创新能力最强的国家之一是以色列，它的权力距离是最小的，只有百分之十几，其他一些发达国家是二十几、三十几。按照指数的创新排名对我国是有利的，因为指数里有很多指标，比如市场容量、基础设施等，它不完全反映结果。如果用其他更客观的衡量创新能力的指标，没有办法做这些相关分析。虽然没有办法做衡量指标与创新能力之间的相关分析，但是包括权力距离在内的其他更加客观的指标与创新能力的相关性应该更强，所以一个国家的创新能力跟它的等级观念和权力距离成反比。

对于企业是同样的道理。大量文献与很多不同的研究都表明，一个企业的文化等级观念越弱，它的创新能力越强。比如现代管理咨询之父麦肯锡公司，它的创始人 James O'McKinsey 早期研究企业的破产——这些企业家都很精明强干，为什么企业会破产？原因在于管理者不了解一些真实情况，下级不敢跟上级汇报。所以他认为，企业的等级制度是对企业创新能力甚至企业生存能力最大的威胁,用他自己的话说"做管理咨询一辈子都是在跟企业内部的官僚体系、官僚思想作斗争"。另外一个管理方面的大师是通用电气的杰克·韦尔奇博士,他对通用电气最大的贡献是什么?就是把通用电气打造成"无边界的企业",鼓励一级员工发表意见,并且亲自听取一级员工的意见,积极跟员工交流。为什么会这样?这需要理解创新的过程。我们对于创新的理解可能经常有一些不完全正确的看法,比如说前一段时间讨论乔布斯很热门,全国都在讨论,甚至我们的总理都说中国未来要培养 1 000 个乔布斯,但这其实是把创新的过程理解错了。中国为什么创造不出 iPhone 来?因为没有乔布斯?乔布斯是天才,他喜欢佛学,喜欢闭门思考和打坐,就做出了 iPhone,所以我们要给这些天才成长的空间,想打坐就去打坐,他想登喜马拉雅山就登喜马拉雅山。我们以这样的想法来提高中国的创新能力,这对创新过程的理解是完全错误的。创新过程最重要地在于交流和思想碰撞,乔布斯天才的想法不是他一个人闭门想出来的,都是在车库里与发烧友的聚会中、在与各种各样的人的交流之下碰撞出来的,他伟大的地方不在于他享受所有这些了不起的想法,把不同的东西串在一起做成一个产品,而在于对好的想法的判断,坚持把技术和艺术完美结合在一起。

  前面为什么说商学院很重要?商学院是提供这种交流机会的平台,连乔布斯与他的爱人都是在商学院听讲座的时候认识的。人类需要交流,对创新来讲交流尤其重要,不同思想的碰撞是创新产生的原因,所以国外都特别强调创新的空间。我个人认为,高科技企业有一个非常值得我们学习的地方:它为员工的思想交流提供最大的空间和环境,比如说公司内部空间的设计,大家参观 Google 和苹果公司时发现它们共同的特点是每个人的办公室特别小,交流的空间特别大,倒杯咖啡都可能碰撞出思想的火花。雅虎经历了顶峰时期之后,这么多年来一直走下坡路,它们便从 Google 挖了一个女的 CEO 去拯救雅虎。她在雅虎最早做的一个改革是什么呢?硅谷的这些企业尤其是雅虎,过去这么多年实行员工自由上班的政策,给员工提供很多自由。这从效率角度看非常合理,既节约了员工的交通成本又节约了公司的办公成本。因为现在通信太发达了,随时可以交流。此外,女性员工还可以照顾家庭。于是,这成了高科技公司的一个潮流。但是雅虎的这位女 CEO 做了反潮流的事情——跟员工说"我们的政策改了，不允许在家上班，都得到办公室来"。这是为什么？她说"如果我们要重振雅虎的创新能力，一定要面对面交流，发 e-mail 解决问题不是创新的源泉。创新的源泉是大家面对面的交流、思想的碰撞"。大家一说到创新，都会提起 Google、雅虎、思科等高科技企业，其实还有一个非常了不起的创新企业值得我们借鉴。100 多年来这家企业的创新能力在美国制造业企业中一直排在前三名，创可贴就是它们做出来的。这家公司了不起的地方在于，鼓励员工想各种各样的办法进行创新。有人采访它们公司的高管，问公司的创新能力到底来自哪里，他说到了很多方面。他说的这些方面其他公司都在做，但是其中有一条其他公司没有做：要说话、要交流。公司通过各种各样的方式鼓励员工交流，这非常值得我们借鉴。创新的过程是一个思想碰撞、交流的过程，交流在于什么？在于平等。真正的思想交流，一定要让交流的人感到人格和地位上的平等。面对非常森严的等级观念和制度，人们无法自由地交流。如果见到一个大领导都哆嗦的话，怎么能够把自己的想法跟他说出来呢？所以思想的交流碰撞需要破除等级观念。

大家都知道乔布斯是个天才也是个暴君，脾气非常火爆。在他引领下的企业，每年都会颁布一个挑战乔布斯奖，谁敢顶撞他谁就得这个奖，苹果公司允许挑战。

以色列另外一个很了不起的地方是它强大的军队。以色列周围有几亿的敌人，但是它能生存发展得这么好、科技这么发达，是因为其军队有很了不起的地方。以色列总结军队强大的原因，说并不是因为军队的设备、武器好——叙利亚的武器也不错。我们有时候强调军队不错，都会说它们是"铁军"——纪律强，而以色列军队好的原因恰恰在于纪律不强。以色列的士兵都觉得他们应该有权决定当时的情况；以色列的军队鼓励下级挑战上级，鼓励当场解决问题和当场做决策。这是军队了不起的地方，也是最独特的地方。

说到创新，我们也会提到诺贝尔奖。我们感到国外与中国最大的差别在哪？在国外一个所谓的学术讲座中，你会发现这里坐的不管是诺贝尔奖得主还是年轻人，大家可以为一个学术问题争得面红耳赤。但是在中国的学术演讲，如果这里坐着一个院士，大家都一声不吭，等着院士发表高见。现在很多院士很了不起，但是不少人的岁数已经很大了，已经离开学术前沿好几十年了。可他不说话别人就不敢说话,这个讲座就没有交流,只有单向的信息输送。最大的权威说什么,其他人就说"对对对,您老太高明了"。所以国外有一种说法:在学术上就要接受不同的看法,只有这样才有真正的交流。我有一个同事,他在所谓的制度学派里是大佬,他的很多书也被翻译成了中文,属于芝加哥学派。我们经常会产生学术争论,到最后他说"今天我们的争论很好。你是共产主义国家来的人,芝加哥学派说服不了你。这个讨论很有意思,我今天学到了一些东西,你可能也学到了一点东西"。从交流和争论中间可以互相学东西,这是学术进步的基本条件。

回到中国的创新文化和我们的等级观念。在美国"9·11"之后历史性的时刻——剿灭了本·拉登时,所有的高层都在观看实况指挥,副总统、国务卿、将军……这些领导人该坐的坐,该站的站,你放眼一看找不到总统在哪儿——奥巴马伸长脖子坐在沙发上。我们所有亚洲国家都不敢想象在这么一个历史时刻,国家领导人们居然是这样一番景象。亚洲国家的基本套路是:老大肯定坐在中间,其他人一字排开,这就是等级观念。再看美国,这些人的级别、地位可能差别很大,但是大家坐在一起并不觉得有等级观念。而在我们县的政协会议上,主席台上坐了好几十号人,底下有的人埋头看iPhone,有的人听领导的讲话。这是两个不同的社会,存在东西方文化等级观念上的差别。我们讲到一个国家、一个企业的创新能力跟它的等级观念正好成反比,原因在于真正的创新需要真正的思想交流,思想交流需要人们的观念平等,见到上级该怎么说就怎么说,只有在这样一种文化中才能有创新。而我们在这样等级森严的观念下很难有思想交流,即使蹦出一两个天才也没有持续创新能力。

在中国几千年儒家文化的熏陶下,我们讲究"君君、臣臣",讲究等级、地位、不同社会关系距离感的认同,这种文化对我们的行为有深刻的影响。这种影响常使得我们潜意识里希望国家、组织、企业有一个领袖,能够把所有的问题都想清楚。我们潜意识里有很强烈的强者崇拜:很多老大就要摆出老大的姿态;下面的人毕恭毕敬,底下的人对老大也非常憧憬,觉得老大说的每一句话都是对的。有了强者崇拜,做了强人就觉得要像一个老大,基层的人也希望组织有这样一个人,这使我们在上下级等级观念上影响中国创新文化的建立。

我们很讲究交往，但是不讲究交流；我们建立各种各样的社会关系，但是对交流思想没有太多重视。喝酒吃饭是建立社会关系主要的渠道。我们很多地方的文化和传统是什么？一上来主人先来三杯，客人再来三杯，人还没认齐基本上已经糊涂了。吃饭不是为了交流，而是为了认识人，建立哥们关系、朋友关系。所以说中国对交往非常重视，但是没有交流。国外很多人不习惯，吃饭时都是细声细语地讨论问题，讨论你的想法跟他的想法，互相提供新的信息；而我们就是拼酒，看谁能成为知心朋友，谁靠得住，谁讲义气。我们花在交往上的时间很多，但是我们思想交流的内容非常少。

所以需要积极推动创新的投入，制度、生态环境的打造，文化的改造，只有这些方面不断地改善，创新能力才能真正提高。谢谢大家！

互动环节

问：蔡老师，鉴于您刚才提到去行政化的问题，您是更希望我叫您蔡老师、蔡博士、蔡教授还是蔡院长？

蔡洪滨：可以叫我洪滨。比如在美国，除了65岁以上的老人，其他人都直接叫名字，否则会觉得你把他叫老了。这是我们反映在文化上的一些东西。以色列没有等级观念体现在什么地方？所有人从总统到总理都直呼其名，还会给他起一个外号、昵称之类的。他们在报纸上不写什么总统、什么总理，是直接写这个人的名字。称呼背后反映了文化等级观念的烙印。

问：刚才蔡老师讲的问题非常好，创新在于交流，交流在于平等，其实在很多企业当中也会出现这个问题。可以看到，日本企业的等级制度是非常森严的，但是它的创新能力确实也挺强的，请问您对这个问题怎么看？

蔡洪滨：日本企业的创新能力确实很强，但是很多人总结日本20年的创新时，发现它的整体创新能力是衰退的。关于创新我其实没有太多研究，加入国家高新技术产业开发区发展战略研究院还不一定有资格。不过我们可以从另外一个角度看日本的创新。日本在制造一个同样的产品的整个过程中不断创新改进、不断细化的能力比较强。日本在新产品早期、经济起飞的阶段是不错的,但后来其实也反映不出它有过人之处。所以日本的创新能力强还是不强,可能具体要看从哪个维度和参照度来说。

问:蔡老师,您刚才讲创新,我也看过斯坦福大学一些关于创新的著作,就创新和文化的特点来讲,基本上西方文化好像在创新上有更多优势。而我们老提"文化自信""道路自信",您怎么看这个问题?

蔡洪滨:你读文件读得不透。说到道路自信、制度自信和理论自信,但没有说到文化自信。不是说东方文化或者东方人就没法创新。任何一个社会都有等级,这是自然的,任何一个组织、任何一个国家,包括学校都有一定的等级。但是等级观念不一定要跟等级完全联系在一起。创新这一点我自己很坚信,好的思想确实是通过交流产生的,没有好的交流渠道,思想不能真正地碰撞,靠个别天才,国家的持续创新能力是建立不起来的。不管是学术上,还是高科技企业、国家层面的创新,逻辑和原则一定是成立的。从东方文化来讲,我们需要做的是保留好的东西,但一些对创新能力发展不一定有利的东西我们是可以调整的。文化是动态的,跟我们的肤色或其他东西不一样,文化本来就是演变的。我们现在的文化跟秦朝的文化一样吗?这很难说,现在的年轻人跟我们这一代人的文化观念已经有差别了,文化是动态变化的。在这个变化中间我们要提倡更平等的理念,这种平等不是说不需要等级、组织架构、指令的传递,而是说人格的平等。如果大家都处于底层,级别不高,但是可以自己思考,可以做出自己的判断,甚至敢于提出自己的意见,这也会有利于创新。作为上级应该容忍下级提反对意见,只要出发点是好的,就应该鼓励提出不同的意见。如此下来,慢慢地就会形成这样的文化,无论在小的组织还是在国家层面都会促进创新。

问:从创新角度讲,在博弈主体之间的地位本来就很不平等的情况下,弱势群体要想通过创新方式改变它的主体地位是很难的,更重要的是博弈主体的强势往往压制弱势群体的创新,我觉得这是观念问题。讨论别的东西有用,但是没有太大的作用,这是最核心的问题。

蔡洪滨:这听上去是阶级斗争论,跟博弈论也没啥关系。大家本质上利益互相冲突的时候确实很难有交流的基础。如果我心里想的是你在害我,你说什么我也不会听,反过来也一样,那么大家就是在斗争。我们可能存在一定的利益竞争,但更大程度上是怎样谋求更好的合作,在这种情况下交流才有基础。然而有交流基础并不一定能够有新的想法的出现，实现共赢。有的交流不一定是共赢：一些人在交流中得益，一些人受损。但我们讨论的是全面提升社会的创新能力，提升国家、组织、企业、学校的创新能力，直接矛盾和利益冲突是比较小的。比如学术讨论的时候，有些人会想，我的想法会不会被别人拿去？但是有些人就是公开地跟大家讨论。如果你有贡献我也有贡献怎么办？大家合作。有一个流浪汉是数学家，他没有家，到处流浪，在这个地方写篇文章，在另一个地方又写篇文章，所有的数学问题就都以他的文章为中心联系起来。说到数学家，很多人第一个就想到陈景润。陈景润是坐在小屋子里面搞学术，而国外的数学家是到处游行、跟不同的人交流写文章。坦率地讲，陈景润的贡献在我们当时的政治宣传下很了不起，但他研究的其实不是国际数学界真正关心的问题。我说的意思不是贬低陈景润，而是我们理解的创新都是这一类创新，无论你理解乔布斯还是陈景润，都是这个角度的创新。整个数学界的活跃、整个学术界的活跃需要大家不停地交流思想。从我多年观察研究的经历来看，不跟人讨论，就没有什么想法。而平时看文章、微博跟讨论完全是两回事。

问：您刚刚说到创新和交流，您是怎么把创新和交流应用在学术研究与学院的日常管理当中的？能否给我们举几个例子？

蔡洪滨：我刚刚讲到了很多学术交流。从学院来讲，我觉得一个健康的学术机构需要大家有特别平等的关系。北大有很好的传统：北大教授不觉得院长了不起，没人理这个院长；别说院长，校长来了又怎样？没有人紧张。这些教授见了校长绝不会哆嗦，他们想批评校长就批评，北大就是有这样的传统。真正对创新有利的文化就是大家平等、积极参与，所以学院的教学管理、项目管理、后勤管理、财务管理、职称评定全部是由教授委员会投票决定。作为院长，评职称时我只有一票。不管在学术交流还是学院事务上，我认为光华管理学院都可以真正地建成平等的交流环境。

问：洪滨您好，我是清华大学的员工。在您的讲座里边提到交流和平台都在咖啡厅，您感觉咖啡厅的数量和创新指数是不是成正比？光华管理学院什么时候开咖啡厅？

蔡洪滨：我是每天要喝很多咖啡的。喝咖啡有一个文化的因素，中国有接受的过程。在西方，咖啡厅是大家交流的地方，所以一定程度上交流跟咖啡厅的数量可能有关系。我们学院楼下其实有很好的地方。你们的咖啡厅我以前也经常去,确实不错。我们学院的咖啡厅有一个小小的故事:搬到光华新楼以后学院有一个咖啡厅,咖啡质量不错,但定价有问题:一小杯咖啡按照五星级标准要收42块钱。那时我还不是院长。第一个月在那里喝咖啡的就我一个人,我离不开那儿,所以我每天去喝,每天花好几个42块钱。哪里有压迫哪里就有反抗,于是我们就不停地跟学院抗争,抗争到最后我们有了内部价。学院咖啡厅的内部价有一定的竞争力,所以去你们的咖啡厅就比较少了。谢谢你的这个问题。

问:我是某个机场杂志的记者编辑,想问一下我们行业里的一个问题:民航局长李家祥说,虽然国家很多小地方都在大力地兴建机场,但是那些中小机场都是在亏损的。如何运用创新来解决这个问题?

蔡洪滨:你的这个问题需要很多行业知识,所以这个问题我回答不了。我们有一些校友在这个行业工作,可能会帮你回答,哪位同学对这个问题有特殊的理解?

学生1回答:支线机场之所以不赚钱是因为客流量和货运量的问题。刚刚老师说到为什么要兴建机场,是因为它是政绩的一部分,在新建机场的时候没有很好地规划。所以它最终赚不赚钱是规划的问题而不是创新的问题。

问:我觉得要是有更好的规划也算是一个创新吧。

学生2回答:美国小型机场可能有三四万个,我不知道中国现在有多少个。中国现在有很多的航空管制,所以这也可能影响支线的发展。

问:航空管制一般都是大型机场。

学生2回答:小型机现在放开了管制,但是没有完全放开。特别是在国外飞行员培训很多,但是中国想拿到驾照不是很容易。

(时间:2013年6月14)

第二篇
创新兴国:创新管理与国之兴衰

周寄中:中国科学院研究生院管理学院教授

首先感谢"北京大学三井创新论坛"给我这次机会,也感谢武院长、蔡院长、陈院长及为这次论坛付出很多辛劳的工作人员。最近完成一本题为《创新兴国:创新管理与国之兴衰》的书,题目很大,需要很多的知识积累才能完成。我原来和出版社签的协议里写的不是这个书名,而是《科学技术创新管理》。签了协议过后,我就住院动了手术,出院后看到了几本外国人写的关于中国崛起、创新的书,发现国外关于中国崛起和创新的研究已经形成了看中国的模式和框架,我觉得有很多问题需要讨论。原来我想用英文写,但是后来觉得还是先用中文写比较好,可以与国内的人先讨论一下。大概下个月出版社就准备去英国伦敦推介这本书,我希望世界上有更多的人能够了解来自中国学者关于中国崛起和创新的看法。同时,我选了美、英、德、法、日、意这六个发达国家和印度、俄罗斯、巴西这三个新兴国家做比较。大家都知道,哈佛商学院的迈克尔·波特教授在20年前写了一本书——当然他不是从创新的角度而是从国家竞争力的角度来写的。他选了十个国家,没有中国。在20年前,那个视野中还很难看到中国,但是今天不一样,所以我也选了十个国家,这是第一点。

第二点,在这本书里有一个和我们以往谈创新不一样的地方。我的专业是创新管理。创新管理在国内已经是一个有建制的专业:在中科院管理学院管理科学工程一级学科下面就有一个二级学科——创新管理。这个学科当时也是我提议开设的,我们通常所指的狭义的创新管理就是科学技术创新管理。当我要回答这个问题的时候,发现仅凭科学技术创新管理很难谈清楚创新管理本身,因为有很多制度设计是和广义的创新管理有关系的。所以我在这本书里特别地把广义的创新管理和狭义的创新管理做了比较,同时又想建立它们之间的联系。

另外,我演讲的副标题叫"创新管理与国之兴衰","兴衰"在我这本书里是一个相对动态的概念。本书的第一章为中国百年,其中有四节,即第一节制度设计、第二节创新管理、第三节创新文化、第四节创新管理与国力简评。第二节的"创新管理"就是狭义的创新管理,即科技创新管理。第一节的制度设计和第三节的创新文化是广义的概念。我的意思是,科技创新管理实际上和广义的制度设计、创新文化是密切相关的。

第二章是美国危机。这一章也是四节。从第三章一直到第十章,都是按照这个框架布局。最后有一个结语,把这十个国家做了一个简单的比较。比较的方法也很简单,用的数据基本上是 IMD,就是洛桑管理学院《世界竞争力年鉴》的指标和世界经济论坛的全球竞争力指标。它们都是年度的数据。还有世界银行的数据。世界银行的数据有个好处,就是其中有很多人文指标。一个国家人文的指标是很重要的。除了这些数据之外,此书更多的是我自己的一些分析。

第一章"中国百年"当然不是说中国只有一百年,这是我对中国崛起大致时间段的估计——纯粹是我个人的估计,大致是从 1978 年开始到 2078 年这一百年。现在对于中国什么时候能够在 GDP 总量上赶上美国,有各种各样的估计。最乐观的一种估计大概是在 2027 年左右。我觉得这太乐观了,我个人的估计在 2030—2050 年。如果要考虑人均 GDP 赶上甚至超过美国的话,时间就要更长了。所以我估计在 2078 年左右,也就是正好从改革开放开始一百年的时间。这一百年我认为是需要的,不能太短。我们有些人现在非常乐观。当然这涉及评估的指标——有些人不是用 GDP,而是用购买力评价来算,这样当然可能会稍微快一点。但是这还涉及很多很难预测的问题,比方说大陆和台湾什么时候统一。因为如果大陆和台湾统一的话,按大中华经济圈的经济规模来测算,情况可能会有一些不同。

另外,刚才讲到国家制度设计的广义创新,我认为我们国家可以谈的就是举国体制。其实有人说美国的罗斯福新政也算举国体制,不过我觉得罗斯福新政和我们国家体制的作用还是有区别的,由于时间关系就不多讲了。举国体制的案例有很多,包括西部大开发,三峡工程,对口援疆、援藏等。但这些和罗斯福新政是有区别的,因为这种举国体制的背后是一党执政——这也是欧美国家诟病我们国家发展的一个方面。但是我想来想去,觉得举国体制还真是中国崛起背后的一个原因。我在里面列了举国体制的几个优点。这里面很多观点都不是我自己的,书上做了说明。我特别举出了西方的学者也这么看的例子,比如"可以制定国家的长远规划,并保持制度的稳定性,不因两党或多党轮流执政产生方针、政策的大变甚至颠覆,而致国家发展倒退甚至分裂;对内外环境出现的挑战和机遇,特别是在应对突发事件时,能够做出及时有效的反应,体现执政的高效率,建立更负责任的政府;在社会转型这一特殊时期内,可以比较有效地遏制腐败的泛滥;可以避免轮流执政导致的选拔人才的偏颇,而在全民范围内选贤,以至人尽其才,从而真正代表全民;但是局限是难以监督自身,所以要持续改革"。

因此我在书里提到了第二次改革。那是 20 世纪 80 年代初邓小平领导的,但是从那以后到现在,三十多年过去了,又到了改革的关键时刻。我书上简要谈了几点:

一是各级党政干部产生、培养和提拔的制度改革。既然认为我国的优势是一党执政,不是两党,那么一党之内如何产生六七百万的干部(我这里讲的只包括公务员一级的干部,还不包括村一级的干部)会是一个很大的问题。

二是各级人民代表大会部分代表专职化的制度改革。现在正在开人大,但好像没有听到代表在这个问题上面有意见。为什么要专职化呢?我觉得现在开一次人大要召集将近三千个代表。如果这么多人都不是专职的,那就会给商议我们国家法制的建设带来很多的问题。前几年我们国家好像讨论过这件事,并且已经选出了一些专职的代表,好像中科院的方新女士就是专职的。但是专职的代表还是和发达国家议会专职的议员有区别,这个区别我觉得会影响到人大立法和对法律的监督。如果要有专职的代表,我认为这部分专职化的人民代表的选举方法应该和非专职的不一样。至于怎么选非专职的人民代表,大家都选过,也就不再赘述。

三是加强第三方监管的制度改革。我觉得这个更重要,因为既然一党制难以监督自身,就要引进外部监督。当然我说的是难以监督而不是不能监督,实际上中国共产党也陆续在进行很多制度方面的改革来监督自己。但是我觉得这个还不够,也要第三方的监管。有人说现在网络能够起到这个作用,但是我觉得也只能起一部分,毕竟和制度建设的监管是有很大差别的。

四是进行淡化政府机构资源配置功能的制度改革,这个倒是讨论了很多,但好像成效不大。在我看来,要彻底地消灭这些机构的资源配置功能是不可能的,因为现在政府配置资源的功能还是很强的。在我的书里有意地对照了一下印度。印度刚好和我国的情况相反:一个很弱势的政府。当然,弱势政府也有很多的问题。

五是程序化的民主制度改革,这个也很重要。比如,是举手表决还是按仪器来表决?这就涉及程序化的问题,但是仅此还不够。我们可以仔细估量一下,会发现在今天的民主制度改革当中,程序化改革的内容还相当多,甚至包括最简单的听证制度。我们当前有些听证制度流于形式,都是由于程序化民主改革还不到位。如果这些东西都做好了,我认为就是选举权、知情权、监督权三权合一。温家宝总理说是四权——多了一个"参与权"。但是我个人认为,如果真的拥有了选举权、知情权、监督权,那就是在参与,所以"参与权"可以不要。大家想一下,光一个"知情权",内涵就很丰富。我们现在知道的东西当然比以前多多了,但是比我们应该知道的还是要少。举个例子,我们的档案在一定时间之后是应该要解密的。我现在非常希望"文化大革命"的档案能被解密,因为我很想了解当时到底是怎样的,尽管我自己亲身经历了。可能大家很年轻,没有经历过那段时间。那个时候几乎没有多大的保密性,中央的决定第二天在大字报上都有,我还搜集了很多那个年代的东西,但是毕竟和档案不一样。比方说我要写本书,要论某某某,就不能道听途说,而是需要有很确凿的证据,这就是知情权的一个方面。还有很多方面。所以能真正把这些做到就是在参与,而且已经相当足够了。为什么要弄一个三权合一?如果这么做，就可以和三权分立一起，构成我们当前世界上民主制度的两个类型。也就是说，就全世界而言，一谈起民主制度就并非只有一种模式，而是至少有两种，将来很可能还会有三种。

刚才谈到的是广义的制度设计，下面谈谈狭义的创新管理。十年前，也就是在2002年左右，那时人均GDP突破了1 000美元，劳动力的高成本、资源的高消耗形成了企业技术创新管理的内在压力。当时测算，如果2000—2020年GDP翻两番的话，一次能源消耗要从当时的13亿吨至少增加到52亿吨，而这52亿吨是在960万平方公里的国土上找不到的。也就是说，除非走技术创新这条路，否则根本没有办法。十年前的外在压力是我国当时加入了WTO，知识产权和技术标准形成了压力。不过那时的压力远没有现在大，当时只是刚刚感受到国家99%的企业没有申请专利。还有很多数据，我就不多讲了。当今我国企业技术创新的问题，不仅是内压和外压，而是有三重压力：第一重是出口对象国深陷危机，这是很糟糕的。所以前几天商务部的统计数据出来，发现第二季度的国际贸易很不理想，从来没有出现过这么大的逆差。第二重是我国的资源瓶颈加剧。如果要从现在人均GDP五千多美元的水平翻番到一万多美元的话，资源瓶颈将更加收窄，比如能源、土地、水等方面。现在我们的水资源问题已经形成危机了，土地也是这样，能源更不用讲，何况还要从五千多美元翻一番到一万多美元！现在美国的人均GDP是三万多美元。可以想象，资源瓶颈在多大的程度上抑制了我国的发展。就这个方面，我这本书中的十个国家中的美国、俄罗斯、巴西和我国反差很大，相对我国来讲它们的资源相当充足，在书里面有简要描述。那怎么办呢？只有创新。这里我举一个例子，就是研发开采页岩气的技术。可能在座的同志知道，页岩气是非常规的天然气。我们把天然气一般分两类，其中非常规的天然气就是大概从几百米到将近三千米深度的地下、从页岩空隙里出来的气体。在能源没有形成危机的时候，大家都不把这种东西当回事。美国在八十多年前就开始研发页岩气的开采技术，到最近终于商业化成功了。根据2011年的估计，美国已经有500亿立方米的页岩气。美国现在在能源问题上和前几年相比完全是另外一个样。甚至有人说要是早一点研发出页岩气开采技术，美国不一定会攻打伊拉克。可开采页岩气储量据估算达到了3.9万亿立方米，而且美国认为这已经足够了，所以在能源方面美国由原来对石油的迫不及待,变成了现在的冷眼旁观。根据估计,我国探明的可开采的页岩气有25.1万亿立方米,比美国还多。但是我国从2009年才开始研发开采技术,现在还不能商业化,因为技术不过关。所以我国和一家似乎叫做新田石油公司的美国公司一起合作。美国和加拿大是世界上仅有的两个将页岩气开发商业化的国家。据估计,如果和它合作,在2015年会有10亿立方米的页岩气的产出。有人估算,如果25.1万亿立方米页岩气都能够商业化的话,够用200年。所以从这个例子可以看出,技术开发、技术创新对一个国家是何等重要。

正因为这样,国家从2006年起制定了自主创新的国家战略。这个战略当中一个很重要的点就是建设创新型国家,而且我们的指标都已经确定了:要在2020年建成,还有8年。在我看来任务相当艰巨。当年有一个措施:考虑到技术创新主体应该是企业,我们要培育一批创新型企业。因此,2006年由科技部、国资委、全国总工会三家联合制定了创新型企业的指标体系,我是专家组成员。然后就开始评审,到2011年批了四期,一共300多家创新企业。当时的指标体系是这样的:第一个指标是企业研发经费/企业主营业务收入,这是衡量企业很重要的指标。研究开发可能大家都听说过了,它是一个国家技术研发的核心,一般来讲由基础研究、应用研究、实验开发三部分构成,企业要做的主要是后面的实验开发。我们用这样一个指标来衡量一个企业在技术创新上投入资源的力度。也就是在这以后,国家研发经费的增长突破了一个拐点,现在增长得很迅猛。根据前不久国家知识产权局公布的消息,在全世界申请的PCT,就是国际商标协定的发明专利中,排名世界第一的是中兴公司,第二是松下,第三是华为。这是大大出人意料的,连最乐观的人都没估计到。因为曾几何时,也就是我前面讲的十年前,全世界排名前十位的有六家日本公司、三家美国公司、一家德国公司,从来没有中国的公司。只过了十年,情况就有了这么大的变化。而且这还不是我国国家知识产权局,而是世界知识产权局公布的。由此可见,这几年国家在技术创新,特别是企业技术创新上有了很大发展。第二个指标是发明专利授权量/企业千名研发人员。第三个指标是新产品销售收入/全部销售收入。第四个指标是全员劳动生产率。这四个指标是可以量化的,但第五个指标基本上是定性的,比方说这个企业的技术创新战略、制度、品牌、文化。我们的指标设计当中要尽量把定性的指标定量化,比方说什么叫做"创新文化"?翻一下字典,发现"文化"的定义多种多样,最宽泛的一种就是人类所有精神财富、物质财富的总和,也有一种最简单的定义,就是价值观。如果我们提及"创新文化"时也这么说,大概没有办法评审谁是创新型企业。所以我们用了一些办法,比如这个企业里员工的合理化建议有多少,采纳率有多高,一旦采纳对它的奖励程度如何等,这些是可以算出来的。我们把它视为企业创新文化的一种,称之为"4+1"评价体系,就是4个定量加上1个定性的指标,何况这个定性的指标也可以定量化,从而来评审这些企业。

这里简略地说一下这一章的第四节。刚才讲用的数据是引用IMD、WEF和世界银行的,因为这样比较客观。如果谈到国力的话,这个概念就比技术创新要宽泛,应该包括软实力。有的人不看好中国的软实力,但其实我觉得我们的软实力还是很可以的,比方说人民的勤劳、聪明、能吃苦,政府行政高效。可能我们彼此经常见面,对此不以为然,其实中国人勤劳、聪明的品质真是很不错的。给大家举个例子,有一次我到埃及去开会,那时埃及还没有经历"阿拉伯之春",我坐的飞机隶属于埃及的航空公司,上面有一百多位我们国内的民工。我问他们是哪儿的,他们回答说是安徽一个县的;我问他们去干什么,他们说去利比亚——那个时候利比亚还没打起来,要在埃及开罗转机;我问他们懂英语吗,发现他们一个都不懂,连带队的人都不懂,胆子真大。结果他们就在机场里面乱嚷嚷,嗓门很大,因为那个航空公司不是中国航空公司,所以双方就闹了起来。在过安检的时候,我就帮助了他们,告诉他们这是要干什么、工作人员是在和你讲要怎么进行安检之类的。结果我开完会从开罗回来,又遇到了一百多位中国民工,他们是江苏一个县里的筑房民工,承担了我国援助埃及总统穆巴拉克家乡的学校的任务。当时他们也是不懂英语——不仅不懂,连座位上面的ABCD都不明白。可是他们很自豪,说起在埃及盖房子,那简直比埃及人不知道强多少倍。他们说:"我们当初来的时候还以为去县里面承包这样的工程都有点够呛,可是到了那儿才知道,我们乡下人个个都比他们强!"而且他们自认为很勤劳,不知道为什么埃及人早上那么晚才开始干活儿。所以勤劳是一个相当大的优势。

当然,我们也有自己的弱点。我在这里提两点。第一是沟通。因为我去过的地方是比较多的。我发现不论是在政府、企业还是民间层面,我们在沟通的环节上的确都有很大的改进空间。随便举个例子,最近美国国会通过了关税法修改的法令,规定可以对非市场经济国家进行调查,事实上就是提升我们的关税,就是为了针对我们。这种情况如果发生在别的国家,这个国家可能就会知道要在国会这么做之前就和 WTO 沟通,或者和美国国会沟通。因为任何一个国家的国会都是多面的,完全可以在其中找到和自己观点一样的或者可能在国会为自己说话的那些人。WTO 也是这样。有很多议事的规则,我们是在这 30 年或 10 年期间逐步学习的,但还不够。印度人在这方面就比我们强。举个例子,几年以前我在美国跟美国科学院开了一个"龙象"之争的会。龙就是我们中国,象就是印度。他们把我们喊过去,说要研究一下这两个大国将来对美国怎么样。那次大概一共有 300 个代表,100 个美国人,100 多个印度人,而我们中国人只去了十几个,发言的好像只有几个人。在那个会场上几乎是印度人在讲话,与会者几乎都接受了印度人的观点。我当时就在想,全世界有多少这样的会:在会上我们参与的程度很低,和人家沟通的程度也很低。所以我觉得是很不利的。当然客观地说,这和我们的语言有关系,但是现在我以为已经不太困难了,我们有很好的同声翻译可以解决这个问题。但对交流的重视还是不够。我甚至想,这很可能和我们这个国家很长一段时间比较封闭有关系,所以不太重视沟通,也不太重视沟通的技能,这是将来要注意的。我们这次处理叙利亚问题的外交手腕,比以前处理问题时要高明一些,效果也略好一些,但是还远远不够。

第二是修身。我在书上谈到了这一点。大家都知道,"修身,齐家,治国,平天下",是我们儒家文化的一个核心。在我的记忆当中,在"文化大革命"以前我们在这方面都是相当可以的,我们很文明、文雅。也许是由于"文化大革命"的破坏,或我们后来转型得太快,因此没有太在意这个文化。我在书上把修身文化分了三个层次:第一个是显层,就是最明显地可以看到的。大家知道,现在外国人,或者中国台湾人,对中国大陆人的"修身"有相当多的意见。给我印象最深的就是有一次我带着我们的研究生去法国拿学位,因为那时我们研究生院和他们合办了一个项目,他们用英文写的学位论文,由法国人给他们授学位。我就兴高采烈地带着他们到那儿去了,订了四星级的宾馆,结果大门口立了一个牌子,上面用中文写着不欢迎中国人入住,那是我第一次看见,我们的愤怒你们是可以想见的。我和酒店的人讲了很久,怎么样都要把这个牌子去掉,否则我们怎么能住进去呢?酒店的人说不是我愿意这么写,而是很多客户一致反映说应该这样做。我在书上列举了:一个是随地吐痰,一个是大声喧哗,一个是排队插队,这三点是出现得比较多的。我想只有很少数的中国人这么做了,但是人家不这么看,他们说中国人就是这样。我有几个台湾的博士生,他们告诉我,最近我们开放自由行后,台湾人也这样看。根据一次民调显示,两岸和平交往过后,台湾支持统一的人比原来还少,原因之一就是他们觉得自己和大陆人不是一类,这个很令人费解。我有一次看到台湾的一张报纸,在头版有个标题——"教陆客排队",还配了一幅照片,大概是在日月潭景区,大陆游客挤游览车,于是台湾人就来教大陆人排队,这太让人难堪了。所以这些地方都是应该值得我们注意的。世界旅游组织在全世界各个国家的旅游协会做了一次调查,说最受欢迎的旅游者是日本人。虽然并没有说最不受欢迎的是哪些,但有提到中国排在后面,至于在后面多少位他们也没说。所以我认为一个国家的国力和这些东西都是有关系的。你发展壮大了,但是人家心里不服气,你的国力就很难充分地彰显,这是显层。在我看来中层就是谦逊、简朴。礼仪修身应该是要诚信、恬静,也就是心很静。这和我们做研究、做商业也有很大的关系。

美国的情况和我们很不一样。我这里用个标题叫"美国危机"。这是每个人对危机的理解不同。如果我现在说中国危机,可能大家会受不了,这是因为我们文化有差异。而在美国讲危机不是指天塌地陷,而是一种忧患意识的反应。大家都很清楚,简单地说,美国到现在为止只有236年的历史,大概相当于中国从清朝乾隆皇帝执政时期开始直到今天。美国在科技革命的推动下迅速完成了工业化过程。在1790年左右的建国初期,美国只有393万人,89万平方英里,是一个小国。到了19世纪后期有49个州,7 000多万人,也就相当于今天的一个中上等国家。但是到了1890年,美国在世界工业所占的比重达到31%,超过英国的22%。所以它从一个小国,到最发达的大国,只用了114年的时间——也正是因为这样,我对中国崛起花100年的时间还是很有信心。然而在100多年以后的21世纪初,美国因制造业转移、金融危机等原因国力下降。但在我看来,美国的国力下降和英国、意大利是不一样的。我觉得如果它在制度设计上有突破,还可以再度上来。它的制度设计是三权分立、两党制、联邦制政体,有人认为现代联邦制是美国对政府艺术最伟大的贡献。我记得以前——好像在改革开放的时候,只是说中国在经济方面要学习西方,但我个人认为政治方面也应该有这样的空间。即便不走三权分立的路子,这里面的内涵也很深刻。这套东西不是美国土生土长的,从历史上看,是从雅典到文艺复兴再到启蒙运动这样一个的路径。从狭义的科技创新管理的角度来看,美国在这个方面相当出色。这里我举一个例子,可能大家都知道,就是在60多年前一个有叫 V. Bush 的人,他起草了一个报告叫"科学——无止境的前沿",那个报告相当地卓越。我记得我在麻省理工学院和哈佛大学当访问学者的时候,两个学校的科技政策课程都有这个报告。这个报告奠定了美国60多年的科技发展蓝图,而且到今天还在发生作用。我觉得这简直是太难得了。你看我们的一份报告能够管一年就不错了——只能管半年的都有,还有刚出台就不管用的,可是他的这份报告居然管了60多年。你可以想象在他们设计这个蓝图的时候,制度设计的前瞻性和可操作性达到了什么样的程度!V. Bush 是麻省理工学院教电气工程的教授,自己也有几项专利发明,后来当了麻省理工学院的副校长,再往后当了卡耐基研究院的院长。美国的科学院和中国不一样,它的科学院下面没有研究所,就是一个咨询机构,在第二次世界大战期间代替国家研究所职能的就是卡耐基研究院。第二次世界大战打起来以后,罗斯福总统任命 V. Bush 为科研发展局局长。美国联邦政府里面没有科技部,一直到今天也没有。打仗与和平时期不一样,罗斯福让他担任了这个局长。他在担任局长期间也立下了卓著功勋,例如研制原子弹、雷达和青霉素的商业开发应用。在1944年年底,也就是第二次世界大战快结束的时候,罗斯福给他写了封信,希望他把在战争期间将科技成果商业化的行之有效的办法用到和平时期去。我觉得罗斯福真是很厉害,仗还没有打完,他就已经在运筹将来的事情,而且是从科技角度着眼。而我们明白,直到打倒"四人帮"以后,小平同志才说科技是第一生产力,差别就有这么大。最后V. Bush 就写成了这个报告,内容相当不错。

应该说,他们在制度设计方面真是有相当多值得我们学习的地方。不仅这样,上行下效,美国企业里还有相当多成功的制度设计。举一个小例子:3M 公司。美国的管理创新方法也相当多,由于时间关系就不多讲了。这么多方法,简直就是一门方法管理课程的目录清单。但这个清单里面几乎没有中国人的东西,所以你要赶超它要花多大的代价!这是它的创新文化。我总结为 16 个字,开始是"自由探索"。这本书里举了一个民主管理的例子,就是麻省理工学院的教授治校。我大概是从美国回来以后写了一本书——《美国科技大趋势——科技大国的决策走向》,这是 20 多年前的事。我以为很快中国就会这么做,没有想到 20 多年过去了,现在还在咬文嚼字,谈论到底是应该叫"教授治校"还是"教授治学"!虽然我的标题叫"美国危机",但美国的研发经费是世界研发经费排名第二、第三、第四、第五、第六的这五个国家的总和,也就是日本、德国、法国、中国、英国的总和。美国有大量经费支持研发,例如我刚才提到的页岩气开发。关于美国的软实力大家都很熟悉,我就不多讲了。可是美国的软实力也有软肋:一个是霸权,一个是寅吃卯粮。

所以简单地讲,这本书的核心思想就是认为创新管理与国之兴衰有关系,就是广义的创新,包括思想、制度、文化,对狭义创新是否有效的一种支持。这是很简单的说法,而且这本书也用这样一种思路简评了十个国家的创新和国力。比方说印度。我认为印度是非常值得研究的国家,我们现在对它的研究远远不如它对我们的研究,也许就在我讲话的同时,中国 960 万平方公里的土地上就有很多印度人在学我们的东西。所以我们要注意这个国家的特点,它的确和我们很不一样。我略举一例。你看印度在全世界买军火,只要有钱,它就能买到任何一个国家的军火,和中国很不一样。无论是美国、英国、法国、俄国都愿意卖军火给印度,而中国却不同:现在只有俄国卖给中国,在价格上还总是谈不拢。所以可以看到这个国家真是左右逢源。别看它现在 GDP 只有中国的几分之一。其实中国的 GDP 不是也只有美国的 1/3 吗?所以要从发展的角度看将来。我在这本书里面简单地列举了印度私人企业的能量。可能大家不清楚,它现在在全世界收购的发达国家的企业数量是中国的几十倍,仅凭这个就可以看出来。另外,我在书里还列举了印度的创新文化。我估计这大概和他们的宗教信仰有些关系,他们的确不像我们现在的知识界如此浮躁。这可能也和他们的国情有关系。

因为今天这个论坛是和三井物产共同举办的,可书里面写的标题是"日本停滞",虽然这个标题不太恭敬,况且一个国家也不可能真的停滞不前,所以在这里我只是用了一个比喻。因为当年日本的 GDP 增幅几乎要等于零了,它的利率也几乎等于零,所以我就近似地把它看作停滞。但是在这本书里谈到创新文化的时候,我还是不吝篇幅地说了日本的创新文化。一是日本宽容失败,它甚至倡导失败学,而且将之用于教学,还有很多关于失败的案例库;二是现场管理;三是好问好学和组合创新。特别是它的企业创新文化值得我们学习。因为时间关系我就先把这些内容简述如上,希望大家提问。

互动环节

问:在中国和日本都有一个现象,就是国家科技政策既非由生产者也并非由行业领袖制定。而在美国就有一个Google的总裁是美国的科技顾问,您对此有什么看法?

周寄中:我估计你要讲的是美国总统的科学顾问吧?

问:对。

周寄中:美国以前也没有总统的科学顾问,是从艾森豪威尔总统在任时开始的。美国这个国家,一点都不害怕危机,甚至乐于接受这个概念。1957年,也就是艾森豪威尔当总统的时候,苏联发射了第一颗人造卫星。按美国的计划,本来第一颗卫星该由他们发射,所以这让美国人感到很没面子。艾森豪威尔当政期间做了三个变革,都是关于制度设计的。第一个就是成立NASA,主管美国的空间技术;第二个就是在国会立法,设立了一个国防教育法,内容写得很细,说美国由于在空间技术上落后于苏联,所以要在大学学科资助多少研究生,他们把每个研究生给多少经费都算了出来,然后就要财政部拨款;第三个就是设立总统科学顾问,也就是你刚才讲的。那么总统科学顾问要干什么呢?大家知道美国联邦政府里面没有科技部,照我们想,那么大一笔研发经费居然没有一个部来分配,简直不可思议。而事实上美国的运作办法就是在白宫下面设立一个科技政策办公室,协助管财务的部门制订一个计划,由每个部来报账。美国和科技密切相关的部大概只有六七个,它高度集中,但是即便这样也不行。那一次败给苏联以后,美国人就认为科学家的意见不能直通到总统是不合理的,于是就设了一个总统科学顾问,可以不经任何审批程序直接面见总统,汇报科技领域里面的问题。后来在尼克松当总统期间,曾经短暂地取消过这个职位,但是后来恢复了。原来的科学顾问都是由一些科学家担任——比如第一任科学顾问就是麻省理工学院的校长,后来当每个人认识到一个国家科技的发展事实上和技术的关系很大时,也出现了由技术领域的人任职,有的甚至来自大企业。如果要说和我们有什么不一样的地方,我觉得仅就这一点而言,都只是形式上的区别,不是实质上的,因为我们国家这方面的东西也不少:我们的最高科技决策机构是国家科教领导小组,组长就是温总理,再往下就是各个和科教有关的部长们,这是顶层设计;再往下就由一些其他部来运作,权力比较集中于科技部;现在中国科学院、工程院院士也起着高层次智囊团的作用。

就我个人而言,我倒不觉得这方面是个缺陷。我认为缺陷还在于制度设计。我们现在出台了很多战略,如果从不太远的1985年算起,那时出台了第一个国家的科技发展战略,往后几乎是过几年就有一个:从科教兴国战略、可持续发展战略、人才战略等,一直到自主创新战略。要按这个算,我国已经是全世界发展战略数目数一数二的国家了,但是有相当多的问题并没有因此而得到很好的解决。比如我国若是将来进行政治体制改革,我倒是觉得人大应该有个质询的制度。如果我要问科技发展方面的问题,要有一个制度发展的规定。比如在人大会议期间,由主管部的部长定期和大家来谈。现在他们在人大会场坐在居高临下的位子上,但是我觉得他应该坐在下位,由人民代表来质询他:技术创新的问题在哪儿?为什么我们的科技评估是以论文的数量而不是质量为重?诸如此类的问题,都应该要问的。我听说早些年大概有一次,也是关于改革开放的问题,曾经有过短暂的质询。只是那样的一个质询形式都让我们的部长们紧张了好一阵子。所以如果真正这么做,还是可以起一定的作用的。所以我觉得这可能要比刚才说的那个总统科学顾问来得更加管用,何况有的时候一个顾问还集权力于自己,他也会有一些偏颇。这是就这个问题我想谈的,也不知道理解得对不对。

问:周教授您好,我是光华的EMBA校友。建立创新型国家、创新型社会的评价是不是要看有哪些世界级新领域诞生在中国?我的问题是,在四大发明之后的近一千年来,有哪些新领域诞生在中国?如果有,是哪一个或者是哪几个?如果没有,请您分析一下这个事情。在座的这些同学校友们也可以各抒己见。

周寄中：你刚才讲到中国古代的四大发明，其实不是我们自己提的，是外国人总结的。后来我们自己觉得我们的发明不止这四大，所以有了后来的"新四大发明"的法。可能大家没有听说过，"新四大发明"把中医这些东西都算进去了。他们用这样的发明来说我们的科学技术发展到一个什么样的程度。但是现在为什么用"创新型国家"这个概念呢？这就谈到另外一个指标的问题。也就是说，现在有了四大发明，即使有了五大、六大发明，这个国家就一定是创新型国家吗？也不一定。也许人家"一大发明"都没有，但也可以是创新型国家。如果说创新型国家的概念能够在全世界通行，那么它一定要有点类似 GDP 的作用，就是大家都能够用它来测算，而不至于人人都说是创新型国家。否则，印度也可以列举出一大堆发明。如此一来，反而是一些不怎么发达的国家可以说出很多自己的特点。因此世界经济论坛 2002—2003 年的报告中第一次提出了"创新型国家"的概念。那个时候的概念相当简单，简单到什么程度？每 100 万人口平均在美国专利局获得 15 个发明专利以上的，就可以定义为创新型国家。当时按这个标准算了一下，全世界有 24 个国家和地区能够达到。第一当然是美国了；中国台湾当时位列第三；我记得第 24 位是意大利。中国、印度、俄罗斯、巴西，就是今天所谓的"金砖国家"，一个都没有，所以就是非创新型国家。当时就是这么定义的。当然我们觉得这个定义有偏颇，不能就用一个发明专利来定义一个国家是否是创新型国家。所以在 2006 年，我国制定的创新型国家的指标体系比那个要丰满一些，最后确立了五个定量的指标和八个定性的指标，是一个全方面的评价体系。

　　至于刚才这位同志讲到的，按四大发明的要求，将来如果我们说我国是创新型国家了，是不是要有一个新的领域落到我们这儿？或者我们要建一个什么新的东西？或者我们有什么别人都比不上的、具有独特优势的东西？现在看来，由于世界已经变小了，大家相当容易找到彼此应当共同遵守的那个指标体系，因此已经不再沿用这样的标准，而是创造几个可以让大家都遵从的标准。一般来讲，在定量指标上面并没有说你要有什么样的新领域的建设，而是用发明专利、研发经费和劳动生产率来定义。这些东西可以从数量上计量，同时它的涵盖面也比较广。我们刚才讲到，虽然不能用发明专利来完全衡量一个国家的创新型特征，但是它的涵盖面是比较广的，而且揭示的内涵也比较深。注意，这个是发明专利，而不是专利。因为我国的《专利法》还规定了外观设计、实用新型等专利,但这些专利性就很差了。我们读一些数据时要知道,有的时候笼统地说"专利"世界第一,但其中大部分是外观设计和实用新型。而且我国批准的专利中有一半是外国企业在我国国内申请的;我们本土人获得中国专利局授权的现在占51%,这就是2011年的数据。即便这样,我们在三方专利方面的数量还是比较少的。所谓三方就是美国、日本、欧盟,因为三方专利被国际同行公认为目前含金量最高的发明专利。前不久,国家知识产权局副局长说了,对照中国专利局授权的发明专利,我们发现了一个情况,即国外企业在中国申请发明专利提交的专利申请页数和项数大大多于国内企业提交的专利申请的页数——平均一项申请是6页和8项,它们是16页和28项,这说明国外对这项专利的技术考虑的深度和广度要比我们高,也就预示着这个技术的难度更大。因此从这个角度上讲,我们现在最多是量的方面有了变化,但是质的方面还有很大的差异。

  前不久,路透集团公布了它评估的全世界100家创新型企业,里边没有一家中国企业。要知道我们现在的钱是花了不少,因为我们的研发经费占GDP的比重在2011年达到了1.76%——印度只有0.83%,还不到我国的一半;巴西大概是1%;发达国家的意大利只有1.2%。我国大大超过了发达国家意大利,逼近了英国——大家知道我国的GDP比它们大多了。一个比值意味着我国的绝对投入已经很大,这么大的投入下来,只是在量的方面有提升显然是不够的。因此从这些方面衡量创新型国家更容易比较,具有可比性。所以一般来讲国际上现在是有这样的一种标准来评估的,这样大家都可以接受,而不会产生歧义。

  至于刚才谈到的有哪些东西我们可能有遗憾,本来我们应该在中医药方面有很大发展,因为这的确是我们的成果。但也是由于我们这方面研发的滞后,在这个方面我们甚至不如日本——日本的汉方制药在国际市场上的占有率大大超过我国,这让我们很没面子。但是也没办法,我们只好在这个方面继续努力。

  问:我们都说20世纪60年代的美国、70年代的日本、80年代的韩国、90年代的中国发展得比较好,但是实际上我们看到,日本和韩国的资源非常少。而中国90年代发展的主要是工业、制造业,在创新管理方面像日本和韩国比较有优势,做得比我们好,甚至比美国还要好,是否能请周老师谈一下您对这件事的看法?

周寄中:尽管我刚才讲日本停滞,但日本从明治维新到现在,有一个很好的传统:一旦这个国家有了大问题,它很愿意到科技和教育里面找答案,特别是教育。刚才那位同志说它资源贫乏,正因为如此它才千方百计地培养人才。因为它觉得只有这个办法,没有别的办法。记得明治维新后日本定了一个国策:中小学学生午餐免费。有一年大旱,政府说没钱了,要不要把这个政策取消?讨论了很长一段时间,最后国家决定无论如何这都是不能取消的。对比一下中国:我们声称2012年一定要完成教育经费占GDP 4%这个指标。但其实在我看来,不说早十年,早五六年完成是完全应该的。中国和日本是有很大差别,日本教育方面的进步弥补了很多缺陷。

韩国和日本一样,资源很贫乏。不是说韩国不重视教育,但它更重视研究开发。因为我参加过国家关于科技投入的立法,曾经写了很多东西上书国家,企图说服国家要多投钱到这方面来,其中援引的一个例子就是当年的韩国。当然韩国后来变得很优秀了,但是在20世纪70年代,韩国有两个武夫当总统,他们怎么可能懂科学技术?可是他们当政期间对研究开发的经费投入占GDP的百分比几乎达到了每年晋升1个百分点的程度,现在比值已经突破3%了,它们舍得投入。所以我们看这两个国家都有它们的特点。我觉得政府议论一些事情时总表示资金不够,这其实是说不过去的。这方面应该向别的国家学习。

问:您刚才说印度在各国都可以买军火,中国只可以和俄罗斯合作,这是意识形态的问题还是中国不放开,抑或是深层次的原因?

周寄中:这个原因有多种,和政府是有关系的。中国的社会主义市场经济体制在世界范围内是受歧视的。被英国殖民的36年给印度造成了痛苦,但是也让它们学会了利用市场经济管理国家的经验和方法。简单地评价,印度有一个不作为的政府和大量极其有作为的私人企业。当然,太简单的话可能有挂一漏万的地方。另外印度还有一个特点,就是说英语的人很多。大家可能不太注意,欧美发达国家一致认为,世界上人力资源优势最大的国家就是印度,因为一年能生产三百多万个能说英语的专业人员。印度现在的外包占全世界市场的60%,其中有两个很重要的原因:第一,印度人会说英语,在语言上面没有障碍;第二,由于他们国家的历程和经验，他们能够比较容易地理解市场经济是怎么一回事，所以他们在我刚才讲的沟通方面不是太有障碍，而且还很主动。都说在硅谷的中国人很多，其实在硅谷成功的印度企业家的人数大大地多于我们。我那几次去开会时就发现，在会上说纯正英语的印度人比比皆是，他们对于欧美国家的商业运作相当精通，遗憾的是这些人短时间还不愿意回到印度去，如果他们有朝一日回国的话，产生的影响不可估量，所以这些方面是印度的优势。

另外从文化方面来讲，他们也没有太多的障碍，其中有一点是宗教。我是个坚定的无神论者，但是也要承认，我们在很长一段时期里对宗教的认识是偏颇的。印度是一个宗教国家。就这一点来讲，印度和世界上大多数宗教国家沟通是很容易的。大家别小看了这一点，这可是一个大事。中国因为长期受儒家文化的影响，所以基本上是不信教的。即使打倒"四人帮"以后我们的教徒越来越多了，据统计现在也还只有一亿多人。当然此类统计有不同的数据，美国有一个团体在中国组织了一项调查，说我们有七亿多教徒，他们的定义是只要有宗教行为就叫教徒。我觉得这太宽泛了，什么叫宗教行为？如果我去庙里面烧香也叫宗教行为，也难怪会有七亿多人。所以，我在这本书中每写一个国家，都会简单提及这个国家的宗教人口是什么情况，主要信仰哪几种宗教，这些是重要的。比如叙利亚，我个人认为宗教力量其实相当强大，只是我们的舆论一般不谈这个问题。所以我也希望我们将来要关注这个方面。不是说我们要去信教，而是说我们要关注和理解。现在我们对很多问题理解起来有障碍，这种障碍阻隔了我们和别人的沟通。欧美国家现在埋怨我们有关宗教信仰自由的一些东西，我个人认为其中有一部分是沟通不畅引发的，并非人家恶意来攻击你。大家知道，全世界完全不信教的国家屈指可数。所以就这一点来讲，全世界绝大多数都是信教的国家，当他们用宗教的观点看待你的时候，不能认为别人总在攻击我们。只有我们明白其中的道理，才能够产生沟通的基础，否则他们就会有诽谤、攻击、文化侵略等说辞。所以，我们要把人家的观点拿来消化一下，同样也需要推介自己的观点。当然，西方有一些观点也是错误的，从未去过中国的西藏、新疆，就发表一些偏激的观点。同样，我们很多人也没有去过美国，也不能发表偏激的观点。现在世界越来越小了，不能亲身经历也可以通过媒体了解。所以我觉得沟通是很有必要的。我们现在要做这方面的工作,比如派一些由藏族同胞组成的代表团到国外讲西藏,举办一些西藏的展览会。但是这还远远不够。发达国家在沟通方面的工具比我们多很多。我在美国待过一段时间,发现在美国三大电视台里都在播天安门,但和我在国内看到的天安门完全不一样。这是因为他们记者拍摄的角度、光线不一样,色彩、配乐也不一样,结果出来的整体效果好像是摇摇欲坠的感觉。但是美国三大电视台覆盖了全世界很大的范围,天天宣传。可以想象我们需要用多大的沟通力量才能突破障碍。所以在沟通方面我们还需要下很大的功夫,有很多工作要做。

(时间:2012年3月)

第三篇
多样化是经济增长的关键词

佐佐木香：E-woman 株式会社总裁兼首席执行官

大家好！很高兴见到大家，我叫佐佐木香。接下来我将用日语演讲，谢谢大家。正如刚才所介绍的，我是 E-woman 株式会社的负责人。今天的演讲时间约为 90 分钟，我会尽量在 60 分钟内讲完，剩余的时间用于回答问题。大家手头应该有我演讲的纸质版提纲，可以在上面记笔记。记笔记时尤其要记不懂的、希望问的内容，最后互动时间的提问可以以此为参考。

我第一次来北京是在 1987 年，离现在有一段时间了，当时在座的各位有些可能还没有出生。我当时是作为朝日电视台 *News Station* 节目的记者来北京采访。在那之后也多次来到北京，但是最近一次来到北京是在 2000 年，当时是来分享有关互联网发展的观点。13 年之后的北京，无论是机场还是街道都发生了很大的变化。

我开始工作是在 15 岁，在日本这是读高中一年级的年龄。高中一年级的时候，看到父亲和母亲的状况，我知道自己家里比较贫穷。为了不向父母要零花钱，就开始打工挣钱。我一开始是在一家与音乐有关的公司打工，工作内容是在音乐会的会场外发放其他音乐会的邀请函。现在回想起来,从15岁那年起到现在,我没有花父母一日元,都是自己打工赚零花钱,然后积攒大学学费和授课费,以及其他各种学习的费用,包括留学费、生活费。现在我担任两家小公司的社长,同时还兼任一些与政府相关的职务。从担任多个政府公职来看我可能有点特别。在此之前,我没有任何财产,也没有任何人脉,就是依靠自己一步一步的努力才有了今天。我大学毕业之后成为一名英语翻译,然后创立了与此相关的公司。在创立公司的过程中,我担任了日本当时收视率最高的、每晚播放的 News Station 的记者。也就是说,我一方面要处理自己刚刚成立的公司的事务,还要作为朝日电视台非常有名的电视节目的记者去工作。在 News Station 的工作经历对我的人生产生了非常大的影响。之前,我因为缺钱所以从没有到外国旅游的经历;但是作为记者,我去了二三十个国家旅行。因为有相对贫穷的生活经历,即使没有宾馆、没有食物也无所谓——我是一个非常好用的记者。脏乱、危险甚至是人迹罕至的地方都会让我去。在菲律宾的崇山峻岭中,我曾经一边被进行秘密训练的武装人员用枪顶着脑袋,一边进行采访;在非洲曾经没有正式的目标,只是为了了解最新情况而深入火线。南非大家应该知道吧——在非洲的最南部,我曾两次去南非采访。南非当时实行名为"Apartheid"的种族隔离制度。我第二次去南非采访时被枪击中,弹头留在腿部,后来在医院进行手术取出了弹头。这些是在日本过普通生活的人绝对无法想象、难以体验到的事情,而在二十多岁、三十出头的年纪里我都经历过了,这对我的人生产生了很大的影响。这期间我接触了很多国家的人之后再回到东京,发现身边的各种问题都是非常小的问题。在我们这个地球上还有许多人没有饮用水、没有电、没有房屋、没有睡觉的地方、没有食物。至于没有投票权、没有权利的人其实更多。可能现在的北京和东京,中国和日本都比较富裕。因为我们是生活在富裕的地区,所以容易忘记这些问题。但是如果想到这个地球上有许多人的生活并非如此,我们就会觉得日常生活中所遇到的问题只是小问题。我们的工作应当有更大的目标,努力让这个世界变得更好。

今天我讲的内容与 diversity 有关,这是我长期以来思考的一个主题。我想知道有多少人知道"diversity",如果知道请举手。大概有30%的人举手了,知道的和不知道的人都有。如果将 diversity 翻译为汉字是"多样性",请大家先考虑什么是"多样性"。如果从整个地球的角度来考虑,我们可以看到地球这一行星上既有动物也有人类,各种生物呈现出多样性的特点,植物的多样性也经常被谈及。就人类本身来说,也有人种、肤色和国籍的差别,但是人类并不是只存在这些差异,还有比如性别、年龄、学历、教育环境、所使用的语言、所从事的工作、生理和精神上的各种差异。

二十多年前,在全球化的公司中,多样性就成为一个重要课题。我了解到总部位于美国的一家金融企业设置了专职的多样化观察员。该公司有着主体多种多样的协会,如美国白人协会、亚洲人协会、女性协会、青年协会,还有 LGBT 协会,也就是女同性恋者(Lesbians)、男同性恋者(Gays)、双性恋者(Bisexuals)与跨性别者(Transgender)组成的协会。由这些团体的负责人每个月定期开会。这些事情从二十多年前就开始了。发起的契机是人权问题,是为了保护不同群体的利益。之所以持续到现在,不仅是因为人权问题,还因为多样性是促进企业成长、经济发展的重要关键词之一。

请大家看一张照片。不知道中国的情况如何?这是日本企业具有代表性的照片。年龄相仿的、穿着相同服装的女性在召开会议。这样的场景在日本经常可以看到。她们在干什么呢?日本现在有许多企业在推进多样化。对于许多日本企业来说,雇用外国人还是一件困难的事情,那么首先可以做的就是增加女性员工的数量,以改变职场男性比例过高的状况。在公司介绍中会用这样的照片来展示它们正在做的事情。公司主页中也会有展示多样化的员工构成的照片。

接下来我将借助一张图来说明我希望传递给大家的多样性的本质。大家请看这张图,然后说出你看到的内容。

（现场听众一）"我看到了一张少女的侧脸,还有一个老太太的脸。"

还有其他的吗?有没有只看到少女的,请举手。谢谢大家,大概有20%吧。看到了少女之外的内容,或者只看到老太太的脸的请举手。比刚才减少了90%,看来大家都喜欢看年轻的女性啊。有没有看到其他内容的?好的,那请只看到老太太的脸的人举一下手。我想请一位听众说一下图片中具体哪里显示的是老太太的脸。

（现场听众二）"我只有这一个角度,所以只能看到老太太的脸。"

由于现场的听众中只有不到10%的人看到了老太太的脸,因此请务必有人作为代表说明图片中老太太的脸的具体位置。

（现场听众三）"我主要关注了图片左边的部分,我认为右边应该是裹在头上的布或者丝巾吧,而左边有很深的脸沟。"

请问老太太的鼻子在哪?

（现场听众四）"我只看到了很大的鼻子和眼睛。"

嗯,这位同学既看到了鼻子也看到了眼睛。

（现场听众五）"这个可以看成老太太的鼻子,这个可以看成老太太的下巴,这个可以看成老太太的眼睛。"

谢谢!大家都看到了。现在看到老太太的脸的请举手。哦,现在大概有40%,人数很多。那请大家说明一下图片是如何显示少女的脸的?刚才发言表示只看到老太太的脸的同学现在看到少女的脸了吗?嗯,看到了啊。那么大家现在是两方面都看到了吗?有没有只能看到一方面的?还是只看到少女的脸的占压倒性多数。

毫无疑问,这张图片向大家展示了什么是多样性。不过在此我想向大家传递的是如何从多角度看问题。对于如何看这张图我提示了两种方法,或许还有把这张图看成是男性的头像的。我在日本的很多场合给众人看过这张图片,有非洲人认为这是他们国家的人的头像,有的认为是老虎,有的认为是狗……存在许多不同的看法,虽然我看不到那些。实际情况是,图片只有一张,但是因为看的人不同所看的内容也不一样。我们在同一时间有许多不同的观察角度,这可能是因为立场、年龄的不同所导致的差异,此外,性别、所使用的语言、教育环境的不同也会导致差异。对于导致差异的具体背景我们难以了解,但是我们应该知道从不同的视角看问题是多样性的关键。也就是说,前面说到的纪念照片中所展示的场景并不是最重要的,而是刚才向大家展示的那样,多样性不是简单地有许多人存在,最重要的是要让大家的视角、想法能够相互融合。从日本的情况看,同一个集体,比如国家、公司、家庭都是由同一价值观所支撑的,长期以来都是这样。可能日本经济之所以快速成长,是因为同一种想法能够在被我戏称为"男性社会网"(boys network)的社会形态中得到贯彻。这种"男性社会网"能够推动经济、政治以及媒体的运转。

未来将是全球化的时代,商品在世界各国流通,大家也将与不同国家的人一起工作、思考。在中国人们有各种各样的想法吧,日本也一样。发挥思考方式各不相同的人们的聪明才智来支撑共同体会变得非常重要。为什么会如此?目的是什么?为什么多样性如此重要?如刚才所说的,在过去二三十年,欧美企业那样做是因为人权问题,为了保护不同立场的人、赋予其相同的平等权利。这些固然重要,但是最重要的还是win-win。知道win-win这个词的请举手。大约有45%。win-win中的win相当于日语中的"胜"的意思,"胜"通常与"负"同时连在一起称为"胜负",中文语境中应该也差不多吧。我们为什么在提到"胜"的时候都会想到其反义词"负",而且在日常对话中频繁使用"胜负"一词呢?这是因为我们觉得要想"胜"就必须让对手"负",只有让对手"负"自己才能"胜"。而win-win的含义是很丰富的,是让自己和对手都赢、让双方都获利的一种思考方式。

如果对多样性的时代的含义产生误解,那么就会陷入混沌。例如有一百个人,这一百个人都认为接下来是多样性的时代,所以我按照自己的想法和自己喜欢的方式行事即可,这样一来多样性就产生了——如果产生这样的误解,那么各个零散的个体都会处在混乱的状态,会成为无法发挥力量的组织和社会。为什么这些具有多样性的个体要组合在一起呢?这是为了集中大家的智慧,为了自己也为了对方,或者说为了自己的公司也为了其他公司,或者说为了自己的国家也为了其他国家,通过各种方式组合到一起来发挥大家共同的聪明才智。多样性的首要目的是共赢,是提高团队的整体得分。这里的团队可能是家庭、朋友、公司、社会。

顺便提一句,工作用英语说是"work",有多少人知道这个英语单词呢?实际上在日本的词典中"work"这一单词被解释为工作,在中文中也是被解释为工作吧。而"work"的实际含义应当是"有益处的、有用的"。

如果只是来到工作场所，坐到桌子前，在电脑或者纸上写点什么然后下班，不能称为"work"吧？作为学生，如果只是到学校上课记笔记，也不能称为"work"吧？"work"的实际含义应当是你的存在是有益处的，对周围的人来说是有用处的。在多样性的时代，我们如何在我们所处的家庭、学校、公司、社会中发挥自己的作用是非常重要的。刚才说的这些是多样性的本质，也向我们揭示了接下来应当以怎样的心态去学习和工作。

今天我们重点要讲多样性在经济发展中的重要作用。从经济的角度就要谈到市场。市场中包含大众市场。在日本，大众市场是逐步萎缩的，中国可能还处在大众市场扩张的阶段。在日本，大众市场分化为小众市场，在我小时候、中学和大学时代，只要化妆品的商家在海报和电视广告中称这个秋天流行酒红色的口红，那么无论是15岁的少女还是75岁的老太太，各个年龄段的形形色色的人都会买一支广告中所宣传的颜色的口红。日本曾经有过这样的时代，中国目前可能还处在大众市场规模很大的阶段，但对于日本来说这样的时代已经结束了。即使说到酒红色，大家也会考虑到年龄、肤色、工作场所的差异来进行挑选，也就是说各种不同的消费群体出现在市场中。这也是多样性的一个方面。对于企业的商业活动来说，顾客群体变得多样化当然是多样化的一种，也有交易对象变得多样化的情况，企业在这种复杂的情况下开展商业活动。从消费者方面说，企业为了应对刚才提到的多样性，在制造商品时必须考虑制造怎样的商品，比如公司中10名35岁男性组成的团队开发的产品真的能让70岁的老太太来购买吗？在考虑如何制造好的产品、提供优质的服务、设计有效的广告、制定合适的经营方针、举行成功的公司发布会等经营难题时，多样性具有重要意义。在做出这些决定的时候，是考虑了多样性的。

在日本，道歉的时候会说"对不起"。大企业会因为某种原因举行道歉发布会，通常会说"很遗憾这次发生了这样的事情，我们感到万分抱歉"。最近在大地震之后，东京电力公司举行了盛大的谢罪发布会。对于销售商品的企业，如果提供了不好的商品，酿成事故就不得不道歉，不得不举行谢罪发布会。企业在发布会之前都会与律师、经营管理人员商量，核实法律规定之后再起草发言稿。可能各个国家都是这样吧。即使是这样，在谢罪发布会中，观众可能还是会感觉怪怪的，或许实际情况是多数人都会感觉奇怪。比如我的孩子在上小学的时候，看着电视问我这些人在干什么呢？我回答道,他们在道歉。我的小孩告诉我,这些人不是在道歉。我问为什么,我的小孩回答说因为道歉的人是不会读稿子的。日本的某些政治家会经常说一些对女性非常不礼貌的话,而且经常是习惯性地、无意识地说出口。或许是因为这些人的身边没有人会提醒他们说这些话是失礼的、某些词语是不礼貌的。从多样性的角度看,如果他们亲近的人中有人能够对他们的发言内容、表达方式、遣词造句提出建议,那么这种问题可能就可以避免。

在日本这种复杂的环境中,感受到市场多样性的企业包括我们Ewoman公司。接下来我会具体讲解我们公司的业务。大家看到的是我们Ewoman公司的公共网站。该网站的作用是成为信息交换中心。通常网站的盈利方式是通过发布广告获取收益,但是我们把不发布广告作为我们网站经营的原则。之所以这样是因为我们希望能通过网站聚集人气。但遗憾的是,从世界范围来看,网站吸引女性的手段通常是发布有关促销商品、恋爱等方面的信息。大家通过今天的演讲可能也了解到我是一个顽固的人,不喜欢做大家都做的事情。我们的网站上没有关于恋爱、低价促销、礼品等方面的信息。我们通过对各种各样的话题展开讨论,从而成为信息的中枢。这样一来,认真考虑一些问题的女性和男性就会来到网站。不会有以获取免费礼品、便宜商品为目的的人成为网站的用户。

大家看看这张图片,这是国际女性大会,是我在24年前发起的会议,也是日本聚集职场女性最多的会议,参加者中还有约8%的男性。之所以要展示这张图片,是因为日本是男性社会,许多事情都是由男性决定。对于日本企业来说,多样性首先是要增加女性员工的数量,这一点可能并不难。但是如果在开发商品和提供服务方面听取女性的意见,在日本会被认为是听取家庭主妇的意见。大家知道什么是家庭主妇吗？中国有家庭主妇吗？在日本,家庭主妇是指结婚后不工作、由丈夫负责养家糊口、自己专门从事家务的女性。在中国也有这种情况吧？在日本,之前的一段时期家庭主妇人数庞大,家庭主妇几乎成了女性的代名词,听取家庭主妇的意见也就等同于听取女性的意见。企业制造商品或提供服务时会召集家庭主妇并听取她们的意见和建议。

但是大家可以看到,现在日本工作的女性大量增加,甚至引起了因为母亲参加工作而将小孩送进幼儿园从而导致幼儿园数量不足的情况,这已经成为一个国家性的问题。但是工作的女性增加意味着难以听取这部分人的意见,因为日本家庭一般没有负责家务的佣人。在欧美以及亚洲其他国家家庭佣人可能比较普及,但是在日本恰好相反。我家并没有佣人,我也要每天自己处理家务,包括洗衣服、打扫卫生、为小孩做饭等。我的母亲身体状况不好,住在"老人之家",我还要负责母亲的护理。对于类似于我这样忙碌的职场女性来说,企业希望她们回答调查问卷或者把她们召集到一起进行交流互动是很困难的事情。企业也很了解这一状况,所以一直把家庭主妇的意见等同于女性的意见。

今天我们讲的是多样性的话题。现在的状况是:工作的女性数量多,但是她们的声音却无法传递给企业以及政府。通俗地说,E-woman 就是为了汇聚这一部分人的声音而召开的会议。顺便说一下,最近的一次会议将于 8 月 4 日在东京召开,如果有机会去东京,无论是男性还是女性都欢迎参加会议。我们通过互联网汇聚工作女性的声音,再将她们的声音反映给企业和社会,我们认为这是在多样性市场中有重要意义的事情。也就是说,工作的女性既可以从工作的角度也可以从生活的角度看问题,我们将这种拥有两方面智慧的消费者称为智慧消费者。我们了解她们所具有的智慧和能力,但是我们希望从她们生活的角度去观察然后为她们提供商品,我们在做这方面的尝试。

然后,我们针对女性做了"希望什么样的公司和商品"这样的调查。排在第一位的是商品和服务的质量。比如说买水,超市里有各种各样的水,她们会选择品质最好的水。这个不难理解。排在第二位的则令人吃惊——经营理念。这也会影响对商品的选择。第三位的是环保贡献,环境友好型企业会更受欢迎。这一点是非常独特的。例如,在日本,这种瓶装饮料可以在自动售货机或者便利店买到,在丢弃空瓶的时候要进行分类。中国进行垃圾分类吗?"是"和"不是"的回答我都听到了。在日本,最严格的自治体要求对垃圾进行多达 19 种的分类,将从家庭产生的垃圾分别装入 19 种垃圾桶中。大家不要惊讶,这是真实的。对于塑料瓶,也会进行分类处理:首先塑料瓶上的标签纸需要撕下来按照"可燃烧垃圾"处理(我所在的自治体是按照"可燃烧""不可燃烧"分类,可能还有其他分类),对塑料瓶体则按照"可回收利用垃圾"处理,对于瓶盖有些会作为"可燃烧垃圾处理",也有的公司会回收并以此为依据捐赠疫苗或进行其他捐赠。瓶体上的标签纸是否能撕下来也会影响消费者的购买决定。大家似乎觉得很惊讶。饮料的口味、价格等确实很重要,但愿意购买价格高但废物方便丢弃的、环境友好的商家生产的饮料的消费者在增加。这与那种认为"只要尽可能制造价格低廉的商品即可"的观念很不同。因为出现了即使价格高也无所谓的消费者,所以如果还是停留在只提供廉价的商品这一阶段,可能会出现滞销或者业绩停滞不前的情况。考虑到这一点,应该实现根据不同的消费者制定不同的经营策略、提供不同的商品,这样才能促进企业的持续成长。

还有一点比较有趣:向 E-woman 所汇聚的人调查什么样的公司是好公司时,我们问受访者从何处获得评价公司的信息。"从公司所投的广告,比如电视和报纸上的广告"等处,这样的回答非常多。还有伪装成新闻报道的广告等,这样的广告对读者或者消费者的影响有限。那么现在什么样的广告是最好的呢?答案是来自第三方的评价。例如,如果我所写的文章中称 E-woman 是家好公司,大家会觉得因为我是 E-woman 的社长,我会理所当然地认为这是家好公司;如果有跟我们公司完全不相关的人所写的文章中称 E-woman 是非常好的公司,那么效果会不一样。在日本或者世界其他地方,人们评价宾馆好坏的时候会依据用户在网站留言中对酒店的评价,比如这里的服务如何、餐厅里的菜品是否不好吃、是否会停水,有许多网站上有这种评价。有人觉得这种第三方的评价很重要,但是有很多人不这样认为。比如,有些人一定要在与具体的人见面并交谈、讨论之后才会产生信赖感。这可能是令人惊讶的:这个世界已经如此电子化,许多信息都可以通过互联网获取,但是许多消费者仍然要在实际接触该公司的员工并与之交谈之后才会决定是否信任该公司。从公司的经营看,这是一个非常重要的问题。也就是说,人们通常认为公司不用在意员工以什么样的状态生活,只要花大价钱在电视上投放吸引人的广告,大家就会觉得这是家好公司。但是,现在的情况并非如此。大家在通过各种途径与公司员工接触的过程中所了解到的和消费咨询时所感受到的各种信息都会影响到消费者对公司的评价。

就 E-woman 公司的作用来说,有些公司为了让自己变得更好,其董事会与在 E-woman 公司注册的职场女性见面并交流。日本航空公司经历了重组,现在已重新上市。在重组之前的几十年里,日本航空的主要客户群体是职场男性,公司运营状况良好。当时日本航空给人的印象是职场男性的首选航空公司。作为一流的航空公司,公司职员的礼仪得体、举止整齐划一,连笑容、发型都是一样的。当职场女性增加之后,我们这些职场女性即使身着职业套装、手持商务电脑,也完全不会被作为职场女性对待。例如,他们会说"夫人,您要去哪儿呢"这类的话。也就是说,会把身为职场女性的乘客当成去旅游的乘客来对待,或者听说我接下来要去见商业合作伙伴的时候会说出"您这么年轻却要去见这样位高权重的人啊"这类失礼的话。当时的日本航空在为职场女性提供良好的服务方面存在欠缺。后来,日本航空希望集思广益,利用职场女性的智慧对各种服务和与客户的沟通方式进行检讨,便邀请我们提供帮助。我们用了两年的时间从交流方式、广播、宣传活动、人事、研修、服务等各方面对其进行了改善。这说明多样性的视野对企业的重建也是有帮助的。这其中的原因就在于第三方看问题的角度,以及进行了有效的讨论。参加这一项目的 Ewoman 公司的成员约 120 人。这 120 名女性首先在一年的时间里乘坐日本航空的航班出差,然后反馈所感受到的问题以及与其他航班的不同。一年之后发生的变化是,这些职场女性成了日本航空公司的粉丝。这些人原本没有主动想让日本航空变得更好,她们原本是日本航空竞争对手的粉丝。之所以会发生这样的变化,是因为在这一年里日本航空的董事、员工非常努力,反复听取她们的意见。"我们到底怎样才能变得更好呢?""我们到底在什么地方出错了呢?""请再多提一些意见!""请问您是怎么想的?"她们为日本航空在一年中坚持不懈的态度所感动,进而变成了他们的粉丝。甚至她们在看到航空事故的新闻时会担心"不是日本航空吧",知道不是日本航空之后会长嘘一口气;或者日本航空受到赞扬时,她们会像自己被赞扬一样开心。这是非常神奇的事情,与仅仅被动地接受宣传不同,消费者成了公司的粉丝,把公司的事情与自己紧密联系在一起。这样做可能很费功夫,尤其是中国人口众多,推行这一做法会非常困难。但是,时代在朝这一方向发展也是事实,至少要在了解这一事实的基础上认识到这种方法的重要性。

E-woman 公司并不进行单纯的、简单的广告宣传,而是面向注册会员进行在线调查。这一点大家应该马上能够理解,或许中国也有类似的做法。此时,向谁做怎样的调查就会非常重要。我们会提供很多图片让大家选择,然后再制造商品。这是我们公司开发保健品的事例。我们公司并不是销售食品的公司,通常在开发商品时会签订保密协定(NDA),对于公司名、商品信息都必须保密。根据产品制造的情况,保密期可能是三年或者五年。从公司的角度出发,在受客户委托的情况下,我们无法自己经营,于是我们尝试开发样板商品。当时恰好制作的是保健品(营养品)。我们集合了职场女性的智慧来设计样品,对于需要什么样的保健品、多大容量便于口服、保健品应该具备的功能等问题进行了问卷调查,并且考虑到了商品的销售和商品命名问题,然后才投入生产。截至目前该商品已经卖出了20万个。对于我们这样不销售食品的公司来说,卖出入口食用的东西是不容易的。令人感到高兴的是,市场投诉一次也没有,而且有许多说商品好、介绍服用效果的充满喜悦之情的信件。通常像卖这种商品的公司都会设置客服中心,用以回答问题、解决困难、处理投诉等。但是我们的商品畅销十年,只有上述感谢性质的信件,说明这是非常好的商品。这一成功事例也说明了从职场女性的视点看问题的意义。

一家主要生产酱油等调味品的名为 Kikkoman 的公司,出产了一种名为"家的味道"的产品。"家的味道"是产品的品名,尽管有许多人并不知道,但因为产品味道鲜美,所以购买过的人再次购买的比例非常高。公司认为这是开发的一款好的商品,但是摆放在商场中并不能引起第一次看到的消费者的注意。为了解决难以吸引消费者初次购买的问题,对方希望我们提供信息帮助他们改善包装设计,回答比如商品包装上的信息的位置应当如何变更、正面和背面显示的说明哪个更重要、哪个在后面更好等问题。我们从阅读商品包装开始,然后再实际烹饪并品尝。我们一起讨论在包装上应当如何改善。一开始他们在商品包装左下方将"家的味道"这一商品的名字用最大号字体展示;原来的包装上也写了"和风煎蛋卷",还有产品图片。这样做虽然商品名称很明确,但对于这到底是怎样的食物,如果不走近看就不知道,也不知道该怎样做。我们所做的改善是将"和风煎蛋卷"放在中间且用大号字体表示,并扩大产品的图片,同时还缩小了"家的味道"的字样,这样做的目的是让人一看就知道这是什么食物。另外还在包装上加上"加鸡蛋两分钟即可"这样红色的、较大字体的文字。在超市中边走边购物的人只要看到包装马上会想到"只要加一个鸡蛋两分钟后就可以吃了"。这就大大提高了消费者购买的概率。此外,现在抵触化学调味品的人出人意料地增加,大家都尽可能要自然风味的产品。对此,在包装内容完全一样的情况下我们将"不含任何化学添加剂"的字样放大,让其更加显眼。除了这些改善建议之外,我们还对背面的产品说明提出了改善建议。通常企业在委托我们做出改善提案之后,一方面称赞我们的主意不错,另一方面又不能马上付诸实施。但是此事的负责人干得非常漂亮,用了三四个月的时间便更换了产品的包装。在那之后的四五个月中,新包装产品的销量是原来的近五倍。这是一个非常精彩的案例。产品本身没有任何变更,只是更改了产品包装的信息。这就是刚才所说的要进行改善首先要对信息进行整合。现在有许多企业在使用这一方法,促进了产品销售的增加,也采用了前述方法对包装进行改进。这只是我们实施的案例之一。

对于商品住宅来说,"什么样才是好的",职场女性与家庭主妇的标准可能是不一样的,大家会一起讨论,然后将意见反馈给房地产开发公司,共同参与开发住宅;对于什么样的汽车才是好的,包括座椅应该如何、物品应该放置在哪里等问题,我们也会一起考虑。除了刚才所提到的日本航空的案例,还有许多其他的案例。现在多样性在越来越多的企业中发挥作用。大家可能想进行大量的讨论,我也不准备再多讲了,以增加讨论的时间。

今天我想讲的是多样性与包容性。大家可能还记得,我们前面讲过多样性是指有许多不同的人存在,从此刻现场的情况看就有许多不同类型的人,比如,有年龄的不同、性别的差异,国籍、语言也是不一样的。多样性不能仅仅是各种不同的人在一起,而是每个人都能够提供不同的视角。从团队的角度看,最好由能够提供不同观点的人组成。无论是在日本还是在中国,都有麦当劳这家美国的汉堡公司。这家公司历史上有一位成功的 CEO,他促进业绩大幅增长。在他上任之初更换了董事会全部八名成员。更换前的董事会成员是年龄相仿的男性,更换后的成员年龄、专业各不相同,这就有利于从多样性的视角出发做出决策,这是他作为 CEO 的第一件工作。多样性最重要的是提出各种各样的想法。今天听讲座的大部分都是学生,有本科生也有研究生。我们之前提到,"工作"也就是"work"是发挥实效、起作用的意思,大家在工作时首先要想到如何为公司、团队、合作伙伴创造价值,这一点非常重要。大家应当让自己从不同的方面考虑问题,应当有各种各样的点子,应当在这些方面进行训练。接下来许多人可能会学习 MBA 的课程、进行商业实践、去国外等,这些都是非常重要的机会。此外,我们多次提到 win-win,让自己和对手都获利,如果仅仅是自己获利而对方受损则是无法长久的。如果一心想着自己获利而损害对方的利益以及欺骗对方,虽然一时会获得利益,但是会受到负面评价,最终遭受损失。此外,在社会与自己的公司、环境与商业等各种各样的关系中都应考虑双赢。

互动环节

问:感谢您的演讲。您刚才提到你们的客户的一个产品做了包装的更换之后,销量增加了五倍。我想知道你们如何从中获取收入,是按照销售额来算吗?我们也做过类似的事情,但是我们很难获得这样的收入。

佐佐木香:这是一个非常好的问题。如果我们从一开始就有这样的眼光就好了。这一项目与销售额无关,是按照工作时间来决定价格的。正如你所说的,有些工作事先一般不收费。日本有"成功报酬"这样的说法:在最初不要求报酬,只收取实际发生的费用,事后再以一定的百分比在销售额中分成。这样的做法有一定的可行性,但在现实中也存在困难,比如实际的销售额如何确定?因为销售额中包含成本和利润,是从销售额还是从毛利中分成?分成时间持续多长时间?我们认为如果这种方式能够实现当然好,但当时最简单可行的方式还是按照项目收费。

问:刚看到背景板上有海豚,我当时想到的是在 2010 年有一部纪录片叫《海豚湾》,有很多海豚被捕杀,这部纪录片包含了一些不好的记忆。在经济增长多元化、多样化的同时,在经济利益的驱使下,日本企业能不能在社会方面承担更多的责任?现在很多媒体都在报道日本的捕鲸以及类似的行为,这些是让全球人民都感觉不是很愉快的事情。您作为一个从日本来的企业家,能不能谈谈日本在企业的社会责任方面应该如何去加强或者改善,从而让我们美丽的世界家园变得更美丽?谢谢!

佐佐木香:这样的事实我并没有亲眼看到过,但是从自己看新闻的角度来说,或者从子女教育的角度来说,要注意看问题的立场。就如今天给大家看到的老太太与少女的画,谁、从什么角度来看并制作电视节目,情节会明显不一样。我曾在电视台做过记者,对这一点深有体会。比如说,我作为记者外出采访,并对采访的内容录像,然后将采访内容交给 A 制片人制作节目。假设 A 因病而中途停止节目制作,而我觉得节目制作得并不好,所以告诉接手的制片人忘记已经制作好的部分。我交给他所有的录像带并让他重新开始制作,然后便出现了两种截然不同的节目情节。呈现出不同的情节,并不是因为题目变了、主旨变了,而是有其他因素。比如我作为记者以怎样的方式登场,这可能导致我在节目中近乎隐身或者让人觉得是一个极其优秀的记者,还有可以让同一个人的话听上去声音比较大或者比较小,这可以通过制片技术实现,这也会影响情节。

  刚刚谈到海豚的问题,我在当记者的时候曾去过长崎县,大量的海豚在海滩搁浅,有许多海豚就这样自然而然地死亡了。后来我咨询了英国的编辑,长崎那一带从很久以前就有海豚搁浅的事情发生。当时人们也吃海豚,那是因为觉得海豚搁浅之后几十秒内就死了,觉得就那样放置不管有些可怜。"觉得可怜"是日本的一种文化,不知道中国是否也有这样的思考方式。觉得就那样放置不管不大好,于是会吃海豚肉。我并不评价过去的这种想法是好或者不好,也不持赞成或反对的立场。过去的叔叔阿姨们是怀着敬意这样去做的,英国人看了之后把这个制作成大的新闻进行报道。我对进行这一报道的报社进行了实地探访,并进行了许多有关鲸鱼难题的采访。我只能说看待这一问题有许多视角,最重要的是多元化的视角,最终如何选择是个人自由。但是对于选择了不同的视角的人,应当努力保持敬意,倾听他们的意见并理解他们的心情。之所以这么说,可以举一个例子,在英国有吃兔子的习惯,但是在日本我们是不吃兔子的,因为觉得兔子很可爱。因此我们就会评价吃这个好或者不好。不考虑自己是否理解各种不同的文化,而是首先从多样性的视角出发考虑这一问题是非常重要的。再回到刚才有关鲸鱼的问题,进行科研捕鲸的人们应该都正当地取得了许可,但是像海洋守卫者(Sea Shepherd Conservation Society,国际反捕鲸团体)那样向捕鲸船上投掷物品甚至导致人身伤害——有人认为即使有人因此受伤也无所谓——这一点我完全无法理解。我认为最重要的是要以冷静的心态听取持各种不同立场的人的意见。据我了解,不仅是在日本,包括活跃在全球各地的企业都努力地进行各种研究和开发,对环境、保护地球生物多样性等课题倾注力量。谢谢!

问：老师您好,今天讲的话题是多样性。中国的企业间流传着一句话,"人无我有,人有我特"——别人没有的我有,别人有的我比人家特别。在产品开发的时候肯定要顾及成本,当成本与利益产生矛盾的时候,该如何控制成本?如果市场上的价格定不到在环保或者其他各个方面都考虑得很周全时的价格,那么应如何控制成本?产生矛盾时该怎么做?

佐佐木香：谢谢,这是一个非常好的问题。这是一个关于成本、利益以及环境与消费者利益之间关系的问题。时期,也就是时间的单位,存在如何计算的问题。在日本市场,我们曾经有过这样的时代:对于月营业额大家都是追求的,但同时会忽视客户利益、环境问题。这样做在短期内确实能够降低成本增加利益,比如说增加当月利益,但是如果企业是这样的态度,则很难持续地获得消费者的喜爱和支持。不能只考虑如何在短期内提高利润,而应当考虑如何成为能够持久地赢得人心、获得消费者信赖的企业。只要不以成为受到世界人们喜爱和尊敬的企业为目标,企业的成长就会停滞。在考虑成本与利润时,应当有长远的眼光,要考虑金钱之外的评价,考虑人们是否喜欢企业正在做的事情。工作的时候要考虑到即使把自己做的所有的事情都给别人看,自己也不会觉得丢脸。

追问：请问企业在短期内该如何维持盈利?如果只是考虑未来十年的事情,一年内企业没有利润该如何维持?

佐佐木香：如果企业在短期内不能获取利润,说明经营者做得不好。但是我的企业即使在短期内完全不产生利润也不会倒闭。当然,如果出现赤字而靠借贷度日甚至破产是令人苦恼的。但是,如果通过做坏事、使用有问题的原材料,即使获取利益,下一年也会失去人们的信任。企业在经营时应当考虑如何持续经营、如何为社会做贡献。如果只是提升短期利润没有任何意义。

(时间:2013 年 4 月 16 日)

第四篇
低碳经济和中国林业

李育才:国家林业局原副局长、中国林业经济学会理事长

朋友们、老师们、同志们！非常高兴能和大家就当前经济发展和生态环境问题进行交流。今天我演讲的内容主要是生态环境和当前经济的辩证关系。

我国的生态文明建设是党的十七大报告中提出的重大命题,是全面建设小康社会的战略目标之一。生态文明建设理念在全社会正在逐步树立起来,这是党关于发展理论的升华,是对生态与发展关系认识的飞跃,是执政理念的重大转变,也是人民根本利益之所在。中国自工业革命以来,技术取得了巨大进步,经济实现了快速增长,物质财富实现了空前聚集,但大自然遭受到了空前的破坏。掠夺式的开发、急功近利地追求经济的高速增长,使资源、环境付出了沉重代价,带来了环境恶化、生态欠债等一系列问题。全球的环境恶化、生态功能弱化、自然灾害频繁、淡水资源枯竭以及沙漠化的加剧,表明自然生态系统已渐失平衡,今天的地球,已经不堪重负,很难找到未受环境恶化影响的净土了。

不久以前,日本东北沿海发生9.0级大地震,地震引起的海啸造成重大人员、财产损失的同时,还破坏了福岛第一核电站,所造成的核泄漏对

整个北半球的生态都造成了难以挽回的影响。一直到现在,日本政府和全球的科学家们还没有找到一个比较妥善的对策。日本曾一度被认为是世界上"最安全、最先进"的核电技术大国。全球有超过30个国家拥有核电站,总数近500座,我们不禁要重新审视号称"最清洁、最安全"的核电未来的前景。日本在反思,德国也在对核问题进行反思,并且采取了措施。

一百多年前恩格斯在《自然辩证法》中曾经说过"我们不要过分陶醉于人类对自然界的胜利,对于每一次这样的胜利,自然界都会报复我们"。现在看来,恩格斯的预言不幸言中,现在就是人类兑现大自然的惩罚的时候了。今天在这里所讲的,绝不是危言耸听,下面我将分五个方面与大家谈一谈生存、发展的问题和我们目前所面临的生态危机:一是生态危机已经成为全球的灾难;二是客观估量我国的生态情势,探究问题产生的根源;三是生态环境恶化给我国造成哪些巨大恶果;四是转变经济发展方式是实现发展与生态双赢的必由之路;五是保护森林、植树造林的意义。我的核心观点是:决不能牺牲环境换经济繁荣,必须走可持续发展之路,把可持续发展问题提到议事日程上来。

首先和大家交流的就是生态危机已经成为全球的灾难。科学家的研究表明,现代工业世界的经济体系依赖于将从生态环境中开采的大量物质作为原材料。随后是加工过程,最后以最终产品的消费而告终。除了实际得到的矿物质,还留下尾矿和矿渣,建筑当中移开了大量的表土,这些都是对原始自然资源的破坏。在使用的工业原材料中平均75%属于非再生资源,25%属于可再生资源。工业产品中只有6%在消费中被保留下来,其余94%在开采后一两年内便被变成废物,进入环境,不仅有固体,也有气体和液体。在生产过程中还需低熵的能源,它们在被利用后以高熵的低温度热能被排放到环境中。工业的新陈代谢难以长久维持,对全球生态造成了危机。具体来讲生态危机在全世界范围内突出表现为:

一是二氧化碳增加和气候变化。根据IPCC第四次调查报告指出,近100年间,由于人类的砍伐,森林减少了对二氧化碳的吸收,致使大气中二氧化碳的浓度约上升了15%。预计到2050年,二氧化碳的浓度将增加1倍,地球表面的年平均气温将上升1.5—5℃。全球气候将发生一系列变化,南、北极冰融化,海平面上升,预计到2100年会上升1.4—2.2米,从而淹没长江三角洲和东南亚各三角洲地带中较低洼的稻田。而在荷兰、长岛（美国）、威尼斯、孟加拉，以及尼罗河三角洲等地，洪水带来的损失不可估量。海平面上升，有些太平洋岛国就会遭到非常大的麻烦，像马尔代夫这种小岛国最为紧张。此外，降雨的区域分布也将发生变化，适合种粮的地区和易于沙漠化的地区也将发生一系列变化，如北美产谷带将变得暖和干燥，将给世界粮食供应带来重大的影响。又如，受气候变暖等因素的影响，祁连山最大的山谷冰川——透明梦柯冰川，以年均6米以上的速度在退缩。中国科学院祁连山冰川与生态环境观测研究站的监测表明，50余年中，这个冰川退缩了300余米。这个地方我去过多次，祁连山的冰川问题关系到甘肃一带的农业、畜牧业的生存和发展问题，1996年以来我就到这个地方去过多次，冰川在逐步萎缩，冰川上融化的雪水也逐渐减少。所以气候变化会带来一系列负面效应。

二是臭氧层空洞。氯氟氢是一种工业用气体，用作冰箱制冷剂，同样也可以用于空调机。平流层中含氯氟氢的气体，会造成臭氧层空洞。臭氧层起着保护地球免受紫外线伤害的重要作用。紫外线可以使人的皮肤癌变，会引起皮肤癌患者剧增，这在白色人种中更为严重，对生物多样性带来了巨大的挑战。

三是酸雨。酸雨的产生，主要与发电厂、冶炼厂和汽车燃烧石化燃料产生的硫氧及氮氧化物的排放有关。这些排放物在空中发生化学反应，转换成硫酸盐和硝酸盐后进入雨中降落地面，造成的影响不仅在发生源附近，这些排放物往往可随大气远距离移动，在数百公里外降下酸雨。大家可能都知道四川乐山大佛，这个佛像已经被酸雨和其他有害气体侵蚀成这样一个程度。从国内看，江苏南部工业区、贵州、四川等地均有酸雨降落；从世界看，酸雨在美国西部、东北部以及加拿大大部分地区都比较严重。酸雨可以使森林大片死亡，使水生生物生活环境酸化，使生物死亡，使材料腐蚀，侵蚀建筑物表面和人类宝贵的文化遗产。在一定的区域，酸雨使水系和土壤的酸度提高，从而造成生态系统和农作物的破坏，造成严重的经济损失。

四是有害的化学物质。在现代社会，人们对化学物质的依赖程度提高。在商业市场上，约有七万种化学物质，每年还有1 000多种新的化学物质投入市场。它们以农产品、服装、机械、汽车、化妆品以及添加剂等各种商品的形式送往世界各地,它们的使用及扩散对环境造成深刻的影响。如防腐剂、包装材料、润滑剂、溶剂、防冻剂、洗涤剂、皂、漂白剂、除垢剂、染料、油漆和颜料、纸张、化妆品、肥料、杀虫剂等,还有许多重金属。这些有毒的化学物质耗散缓慢,不知不觉地进入人体内,潜移默化地影响着人类的生存,使癌变和基因突变的可能性加大。现代人有 3/4 的时间在室内度过,室内的污染如烟雾、建筑材料、各种电器、家具等时刻威胁着人类的生存。据测算,氡气的浓度为室外的 20 多倍,各种污染物中致癌的物质高达 40 多种。最近大家在电视上看到云南陆良的铬渣倾倒事件。从这个事件中可以看到,一些地方为了片面地追求 GDP 而不顾人民的生命安危。事件被曝光后,我们看到有关方面首先是百般遮掩,而不是积极解决问题。其实像这样的污染事件被揭露的只是冰山一角。有一次中秋节,我去一个村里,那里有一个油厂,由于地下水污染、环境破坏,已经有两户居民患癌,但油厂还在继续加工,并且没有环境报告。当地的村民对此反应非常强烈。类似的这种情况都非常严重。

五是有害废弃物质的国际流动。由于各国人民环境意识加强,尤其是发达的工业国家,人民反对在本社区排放有害废弃物。再者,处理、保管有害废弃物的费用十分昂贵。这就使得一些国家或者公司将废弃物出口到第三世界国家和地区,甚至向公海倾倒,还有一些核电站的泄漏及永久性埋藏,都成了国际社会所关注的重大问题。比较著名的事件有苏联切尔诺贝利核泄漏事件,对整个北欧都产生了影响;美国在印度的博帕尔农药厂泄漏事件,死伤者数以十万计,对环境更造成了难以估量的破坏;墨西哥湾一油井爆炸,100 万吨石油流入大海;而海湾地区的原油泄漏事件,恶果也无法估量。特别是日本福岛第一核电站泄漏事件,日本政府和东电公司在未通报周边国家的情况下,就擅自将大量的被核辐射污染的废水排放到大海里,引起了周边国家的强烈不满。最近,发生在渤海湾的原油泄漏事件,持续到今天已经 3 个多月了。国家海洋局已经给美国康菲公司设定了好几个最后期限了,但是问题至今还没有得到根本解决。根据国家海洋局 14 日发布的消息,监测结果显示,蓬莱 19-3 油田的 C 平台附近仍有间歇性油花溢出,并且每天上午都发现有小范围的油带出现。

六是核战争的阴影是悬在人类头顶的达摩克利斯之剑。从 1945 年美国在太平洋的比基尼岛试爆第一颗原子弹开始,人类拥有原子弹、氢弹、中子弹等核武器已经 66 年了。在近 300 万年的人类存在历史和近 7 000 年的人类文明中,人类是近 60 年才拥有了核战争。第二次世界大战末期美国对日本广岛、长崎投下原子弹的惨烈场景至今仍然是人类的噩梦。据估算现在地球上至少 50 个国家拥有核弹,核弹目前的库存数量约 25 000 枚,正在服役的数量估计达 5 000 枚,这个数字可以将地球表面毁灭 5 遍以上,可以说下一次世界大战爆发之日就是人类自我灭亡的开始。回顾整个 20 世纪,人类消耗了 1 420 亿吨石油、2 650 亿吨煤、380 亿吨铁、7.6 亿吨铝、4.8 亿吨铜,占世界人口 15% 的工业发达国家消费了 56% 的石油、60% 以上的天然气和 50% 以上的重要矿产资源,从而导致了严重的生态环境问题。

我和大家交流的第二个方面的话题就是客观估量我国的生态情势,探究问题产生的根源。党的十七大报告在充分肯定我国经济社会发展取得的巨大成就的同时指出,经济增长的资源环境代价过大。新中国成立以来,我国开展了以大规模植树造林、兴修水利、水土保护、防治沙漠荒漠化和治理环境污染等保护与改善生态环境的群众性活动,采取了许多重大举措,兴建了大批的生态治理和环境保护工程,为抵御和减轻自然灾害,保障经济持久、快速发展和人民生命财产安全做出了巨大贡献,取得了辉煌的成就。但是由于种种自然的、人为的原因,特别是粗放、掠夺式的生产方式,我国的生态环境呈现了边治理、边破坏,治理赶不上破坏,好转与恶化并存的被动局面,现在我们仍然面临局部好转、整体恶化的趋势。值得指出的是,我国生态环境恶化的基本特征是全面、整体的,从大气到土壤,从陆地到水体,从森林到草原,各个生态子系统无一不出现问题,而且恶化趋势在加剧,危害程度还在加深。有关资料显示,我国目前的主要大气污染物甲烷、氧化亚氮、黑炭、二氧化硫的排放量已经世界第一,二氧化碳占世界的 14.9%,全国 522 个城市当中 39.7% 的城市、65% 以上的城市人口生活在中度甚至重度污染中。大家长期在北京生活都会有所感觉。北京现在有将近 500 万辆汽车,污染还是比较严重的。

我国水土流失面积达 356 万平方公里,占国土总面积的 37.42%,每年流失的表层沃土达 50 亿吨。1950 年以来,全国因水土流失损失的耕地达 267 万多公顷,全国荒漠化土地占国土总面积的 27.46%,沙化土地占国土总面积的 18.1%。生物物种持续减少,15%—20% 的高等动植物物种处于濒危状态,高于世界5%—10%的水平。在国际公认的640个濒危野生物种中,我国占了156个。冰川融化幅度增长,近40年来我国冰川面积缩小了3 248平方公里。我曾先后13次到西藏,数次到了海拔5 200米的珠峰大本营,亲眼目睹永久冰川的最底部逐步融化上升的情景,原来被厚厚的冰川覆盖的区域变成了大面积的裸露石砺区。在过去50年间,全国消失湖泊1 000多个,年均有20多个湖泊干涸。有资料显示,素有"千湖之省"之称的湖北,境内现存湖泊面积仅2 438.6平方公里,只有20世纪50年代的29.4%,全省1平方公里以上的湖泊为217个,比20世纪50年代的522个减少了一大半。原因在于:一是地下水位下降,二是种粮导致了湖泊数减少。另外,地下水超采区遍布24个省份,其中50多个城市出现地面沉降,全国1/3的淡水资源不能作为饮用水。2006年,在全国七大江河水系408个监测断面中,满足国家地表水三类标准的占46%,28%的断面为四类至五类水质,超过五类水质断面占26%,这就说明地下水严重减少。虽然我国的林木覆盖已达20.36%,但绝大部分是人工林,生态效益相对较低。我国草原占国土总面积的41.7%,由于长期超载放牧,90%的可利用草原出现不同程度的退化,产草量大幅度下降,每年有133万公顷的草原在退化,草地成为荒漠化土地的主体和沙尘暴的主要发源地。

实践表明,生态承载力取决于一个区域的自然条件和生产力水平,而影响自然资源消耗量的主要因素是区域人口数量、生产方式、传统文化和人口消费方式、消费水平以及经济发展状况。在人口剧增和粗放的资源消耗型经济增长模式的耦合作用下,资源透支过多,亏空过大。土地、淡水、森林、草原、矿产资源和大气环境等均呈超载状态,也就是说我国经济的持续快速发展,在一定程度上是靠越来越大的生态赤字、环境欠债维系。这种掠夺式的无序开发和资源过度消耗,已经牺牲了太多子孙后代的生存空间和发展机会,我们的确应该深刻反思自己的行为。

我和大家交流的第三个方面的话题是生态、环境恶化给我国造成了哪些巨大的恶果。

一是造成巨大的经济损失。国家减灾委发布的数据表明,1990年以来,我国年均洪涝灾害直接经济损失约占全国同期GDP的2%,甚至3%—4%。"十五"时期,全国每年平均受灾人口16亿左右,死亡1 510

人,受灾损失加上土地沙漠化、荒漠化及其衍生危害造成的直接和间接经济损失约为4 537亿元。

二是加剧了贫困。生态脆弱区大都是经济贫困地区。据调查,贫困地区的生态贫困率高达70%以上,其中一部分农牧民不得不易地谋生,沦为生态灾民。

三是危害民生。环境污染的危害不是单一的加减法可以计算的,而是连锁倍增的。所谓食物链中的富集链,意味着污染物在生物体内的聚集量是随着食物链的延长而逐级递增的。同样,重金属和残留在土壤或动植物体内的其他污染物,也可以随着农产品、畜产品等转移到人体内,威胁人的身体健康。目前世界上约有10万种化学品,其中许多对人体有致癌、致畸、致突变作用。据研究人员研究,影响人的健康、寿命的有几大因素,那就是基因、生态、运动、食物、药物、水、空气。除了基因是父母给的以外,其他的六种因素或多或少直接或间接地与生态、林业有关。大家知道树木对于负氧离子产生的作用是其他植物不可代替的。你想你在大森林里面散步和在北京马路周边散步是一样的吗？而且马路边上空气中的细菌含量要远远高于森林区,因为树木本身具有杀菌作用。所以森林、生态对于人的健康是至关重要的。

专家研究显示,80%—85%的恶性肿瘤与化学品毒性污染有关。目前我国有农药企业2 000多户,年产各种制剂约150万吨,其中相当一部分为高毒性品种,加之使用不当,这些高毒性品种大量渗入土壤、大气和水源,直接、间接污染粮食、水果、肉蛋奶、茶叶、中药材及加工的食品当中,非常地危险。更不用说由于利欲熏心,不法商家在牛奶当中添加三聚氰胺、在猪肉中添加瘦肉精以及地沟油等。根据我国目前的疾病分类分析,目前我国通过饮水发生和传播的疾病就有50多种。所以生活质量与生活水平是两个不同的概念。一定的生活水平是生活质量的必要条件,但具有较高的生活水平的人,其生活质量不一定高,因为生活水平主要以收入和消费水平来衡量,而生活质量还包括卫生、安全、环境、文化和心理健康等要素。而良好的生态、环境就成为生活、生命质量的第一要素,生态、环境的优劣对人的身体、精神乃至受灾的影响是非常大的。据观测,全球近1/4的人患病、早亡与环境因素直接有关。俗话说"思路决定出路",一念之差天上地下,理念一变天地宽,有什么样的发展理念必然会有什么样的发展方式和效果。不惜以牺牲生态、环境、资源为代价,单纯追求经济增长速度的非理性发展观是导致资源浪费、环境污染、生态破坏的重要思想根源。触目惊心、发人深省的环境恶化事实及其他严重危害事件告诫我们,以牺牲生态、环境为代价的传统发展方式再也不能继续下去了,走科学、和谐、可持续的发展道路势在必行。

第四个方面的话题是,转变经济发展方式是实现发展与生态双赢的必由之路。导致我国严重生态危机的总根源是粗放的经济增长方式,以高投入、高消耗、高排放、低效益"三高一低"为特征。工业如此,农业也是如此。先看高投入。我国经济快速增长很大程度上是靠拼资金、资源和劳动力实现的。我国资本投入占GDP的比重,2003年高达42.7%,大大高于美、德、法、印度等国20%左右的水平。我国每增加1亿元GDP需要的固定资产投资,"六五"时期是1.8亿元,到了"十五"时期就高达5亿元,远高于发达国家1亿元左右的水平。

再看高消耗。我国资源禀赋本来是比较贫乏的,石油、天然气、煤炭、铁矿石等重要的矿产资源人均储量分别相当于世界人均水平的11.0%、4.5%、79%和42%。但从主要资源消费指标占世界总量的比重来看,我国在煤炭、钢材、水泥、有色金属、化肥、淡水、海洋捕捞等方面都已是世界第一大消费国,一次能源、精炼铝等总消费量为世界第二。这么高的投入和资源能源消耗带来的却是低效益。目前我国的能源利用效率只有33%,比国际先进水平低10个百分点左右;我国单位能耗是世界平均水平的3.1倍,是日本的7.6倍、美国的4.2倍、印度的1.5倍;工业万元产值用水量是国外先进水平的10倍。高投入、高消耗带来了高排放和重污染。目前我国二氧化碳、主要大气污染物、有机水污染物排放量均居世界第一。全国2/3的城市人口生活在中度或重度大气污染的环境中,60%以上的河流水质遭到中度或者重度污染,75%的湖泊出现了不同程度的富营养化,平原地区54%的地下水不符合生活用水水质要求。全国每增加单位工业产值产生的固体废弃物比发达国家高10多倍,工业固体废物每年增长7%,城市生活垃圾每年增长4%,并且呈加速趋势。粗放的经济增长模式,不仅反映在工业上,而且反映在农业上。长期以来的过度垦荒、放牧、砍伐、捕捞,过量使用化肥、农药等化学物质,已经给生态、环境带来严重危害,我国农业污染已占全球污染总量的1/3。

现实一再告诫我们,靠拼资源、环境换取经济增长的粗放型增长方式已走到了绝路,不应当也不可能再延续下去。国内外的实践都证明,转变经济发展方式,由粗放经营向集约经营转变,是实现发展与环境双赢建设的必由之路。从国际上看,20世纪中叶,先行工业化国家也遇到了环境重度污染、民生深受其害、发展难以为继的问题,他们就是通过转变经济增长方式,完成或基本完成了从"三高一低"向低投入、低消耗、低污染、高效益"三低一高"的转变。主要经验就是调整优化经济结构、转变经济发展方式、控制重化工业过快增长、大幅度提高第三产业比重,现在英、美、法、德、日等发达国家第三产业比重分别达到73%、77%、75.8%、70%、70.7%,他们的经验可以借鉴。我国环境污染的本质是结构性污染,重化工业消耗了全国能源总量的1/3,经济结构趋向重化工业使资金、资源和技术等各种生产要素日益明显地向重化工业倾斜。其结果,一是抑制了第三产业特别是现代服务业的发展,二是制约了现代农牧业的发展,三是导致环境"结构性污染"日趋严峻,最终使经济增长与资源环境约束的矛盾越来越加剧。

据测算,如果我国第三产业增加值比重提高1个百分点,第二产业的工业增加值比重相应地降低1个百分点,万元GDP能耗就可以相应地降低约1个百分点;而服务业每增加1个百分点,万元GDP能耗将下降1.4个百分点。也就是说,如果我国的重化工减少几个百分点,第三产业增加几个百分点,那么整个经济、资源、环境、民生的状况肯定要好得多。第三产业涵盖了从信息、股票、债券、保险、房地产到科技、教育、文化、卫生、交通、通信,再到商业、流通、运销、服务、旅游以及品牌、专利、资源、媒体、法律、社会救助等行业,开发潜力巨大,前景广阔。特别是知识密集型的现代服务业和社区服务业的发展,对引导、驱动、促进经济的高效增长,扩大就业机会,具有重大的现实和长远意义,更应当加快发展。

自20世纪50年代以来,就有国际组织和有关专家,从不同的视角提出,只有把生态、环境问题纳入GDP核算,才有可能让GDP正确引领经济、资源、环境的协调发展,这种GDP核算体系称为"绿色GDP"。目前世界上已有20多个国家和地区的政府部门正在建立绿色GDP核算体系。我们和国家统计局、国家发改委做过这方面的交流。这是一个比较复杂的问题,但是我觉得最终衡量政绩还要靠科学、真实的绿色GDP。我国

1988年就有学者开始对将自然资源环境核算纳入国家经济体系进行理论方法研究，随后一些科研单位、大学也对绿色 GDP 核算模式的理论与方法进行了比较深入的研究。实行绿色 GDP 的核算考评制度的优越性在于，绿色 GDP 是从传统的 GDP 当中扣除自然资源耗减成本和环境退化成本的核算体系，能够更为真实地衡量经济发展的有效程度，一个地区的绿色 GDP 值越大，意味着其增加的真实财富越多，经济增长的质量越高，人民群众所享受的社会福利越多。

可喜的是我国部分地区、行业、企业在转变经济发展方式方面，进行了积极的探索、实验，尤其是一些资源、环境问题突出，甚至到了山穷水尽地步的地区、行业、企业，"一朝模式变，从此天地宽"，可谓柳暗花明，枯木逢春。比如，我曾经三次到资源枯竭城市"煤炭之城"阜新市调研，其中一次是随同当时的国务院副总理李岚清同志。阜新原来是个煤都，把底下的煤挖干净后就没有资源了。后来，该市在国家政策的支持下，发展替代产业成效显著。又如，"石油城"大庆市延长石化产业链，发展多元产业。再如，中国"林都"伊春市实施多产业经营战略，由"独木支撑"向林区复合型经济转变。

要和大家交流的第五个方面的话题是，保护森林、植树造林是构建生态文明的重要保证。

大家知道森林是人类文明的摇篮。以森林为背景、依托森林而存在和发展起来的森林文化，是人们不断认识、调整人与森林、人与自然相互关系的必然产物，历来都是人类优秀文化的重要组成部分，真实地记录了人们对森林和大自然的认知过程。森林是绿色的金库、生物制氧机、太阳能的储存器、土壤的保育员、天然的蓄电池、地球的肺脏、江河的源泉。森林是最直接影响人类能否继续生存下去的生态要素，它吸收二氧化碳，释放氧气，以此平衡大气中的二氧化碳比例。据估计，世界上的森林和植物每年生产 4 000 亿吨氧气。森林是造雨者，对生态环境的变化有绝对影响。森林不但影响降水量，更控制了山坡上的土壤侵蚀。哪个地方的森林多哪个地方的降雨量就大，这是一个自然规律。森林能像湖泊那样对河流和农田产生作用，如果高山上尽是森林，就相当于有了深度为树冠平均高度的水库，这个森林型"湖泊"因为有相当大的弹性而优于真正的山地水库。就是说降雨降到树冠上之后，通过树再延伸到土壤当中，整个的系统就能把降雨吸收一部分,或者说储藏相当大的一部分。例如,由于亚马逊河上游支流两岸生长着世界上最大面积的阔叶林,因此这里的河流水量丰富,且终年变化不大。

森林一旦存在,立即就会出现各种生物,如飞禽走兽、昆虫细菌,以及众多的野生生物,形成一个生态世界。森林存在的时间越久,其中的物种越丰富,关系就越复杂,这种复杂性就是生态系统之谜。事实上森林特别是热带雨林,不仅保留了大量的物种,成为人类最宝贵的资源,而且在大气平衡、地球气候变化、水循环等过程中起重要的调节作用。滥砍滥伐对蒸发过程和降雨过程都有严重影响,大规模地砍伐森林就会导致大气中的水平衡失调,直接影响气候,还将导致生物多样性严重衰减。科学家断言,假如森林从地球上消失,全球90%的淡水将白白流入大海,陆地上90%的生物将灭绝,生物固氮减少90%,植物放氧减少60%,同时引发一连串的生态灾难,地球的生态平衡就将无法维持。人类历史上曾经有过古巴比伦、古埃及、古印度文明,它们都发源于森林茂密、水草丰美的地方,又都衰落和消亡于大量地砍伐森林、严重破坏自然之后。可以说没有森林人类就会失去生存基础,失去未来,失去一切。最近100多年来,由于人类对木材和耕地的需求,人类对森林的破坏达到了十分惊人的程度。全球森林面积已经从人类文明初期的76亿公顷减少到20世纪末期的34.4亿公顷。正是由于森林的大量减少,导致了一系列全球性的生态问题,严重威胁到人类的生存和发展。所以罗马俱乐部的科学家呼吁,要拯救地球上的生态,首先要拯救地球上的森林。英国科学家指出,森林的大量破坏,已经使人类生存的地球出现了比以往任何问题都难以对付的生态危机问题。生态危机有可能取代核战争,成为人类面临的最大安全威胁。

改革开放以来,我国林业进入了恢复和加快发展的时期。以1978年实施"三北"防护林工程为标志,生态建设逐步成为我国林业建设的主要任务。20世纪90年代初期,我国林业投资大约为10.6亿元,2011年林业投资可以增加到1 100亿元左右。进入21世纪以来,党中央、国务院做出一系列重大决策,启动了退耕还林、天然林资源保护、京津风沙源治理、"三北"和长江中下游地区等防护林建设以及野生动植物保护、自然保护区建设等工程。这些工程都取得了巨大的成功,特别是退耕还林工程,覆盖82%的国土面积,总投资达4 300多亿元,惠及全国25个省份的1.24亿农民,其投资之巨、惠及人数之多、覆盖面之广、周期之长、影响之深远,堪称世界生态工程之最,是我国21世纪再造秀美山川的伟大壮举。我在《中国的退耕还林工程》一书中做过详细的论述。

第七次全国森林资源清查结果表明,全国森林覆盖率由第六次调查时的18.21%提高到20.36%,全国水土流失面积由过去的367万平方公里下降到356万平方公里,沙化土地面积由年均扩展3 436平方公里转变为年均缩减1 283平方公里,首次实现了逆转。河北省以太行、燕山山系为主体,在总面积4 000万亩的山区地带实行封山育林,累计封育成林面积达2 000多万亩,占全省有林地面积的40%以上,封育成的天然林木蓄积量达到5 200多万立方米,占全省活立木蓄积的60%以上,使京津周边的生态状况明显好转。北京大学方精云院士针对森林碳汇的一项研究表明,中国单位面积森林吸收、固定二氧化碳的能力,已由20世纪80年代初的每公顷136.42吨增加到21世纪初的每公顷150.47吨,同期以森林为主体的中国陆地植被碳汇大约抵消了工业二氧化碳排放量的14.6%—16.1%。

森林在维护气候安全、生态安全、物种安全、木材安全、淡水安全、粮食安全等方面具有重要作用。在全球高度关注气候变化的背景下,林业被提到了事关人类生存与发展、前途与命运的战略高度。联合国粮农组织前总干事萨乌马指出,"森林即人类之前途,地球之平衡"。因此,应广泛宣传林业在可持续发展中的优势,充分调动企业、公众参加植树造林、保护森林等林业活动的积极性,通过林业措施,实践低碳生产和低碳生活。

总之,实现经济发展与生态改善双赢,是一项关乎中华民族生存和发展的重大战略任务,也是当前的现实需求。改变发展方式、走生态文明的可持续发展之路,我们既面临严峻的挑战,也充满希望。当我们真正认识到转变发展方式的重大战略意义,并付诸行动去努力实践时,一切期望的结果将在我们的奋斗中产生!

今天就和大家交流这么多,希望同志们、同学们、老师们有个别问题再进一步交流,谢谢大家。

互动环节

问：李部长您好，我是中国农业大学农村区域发展方向的硕士生，我有一个问题。刚才您讲了很多关于生态危机方面的问题，也讲了一些转变经济增长方式方面的问题。现在都提倡转变经济增长方式，但转变经济增长方式是否会把粗放型的一些生产企业推向资源禀赋比较差的地方，去污染、破坏那个地方的环境？比如说随着一些新兴产业的发展，发达国家把污染型的企业或者高耗能的企业都转向发展中国家。发展中国家内部倡导转变经济增长方式，是不是也会把一些尚未完全过时的企业推向一些条件稍差的地方？当然转变经济增长方式之后，已经转变的区域会在社区发展、环境、就业等方面都享受到很大的福利，但是像您讲到的阜新、大庆它们自身转变的动力在什么地方？如果它转变的动力不足的话，势必需要国家进行一些扶持，肯定少不了一些资金的扶持，意味着国家税收的很大一部分都会投入到这些地方。而这边本身就是资源禀赋很强的地方，经济增长方式这样的转变就等于是锦上添花。国家税收是一定的，这种锦上添花对其他的地方就意味着釜底抽薪，条件不好的地方就要承受相对落后的生产方式。产业转移过来后势必促进当地的经济增长、税收、就业等，但是对这个地方环境生态的破坏是不可逆转的，这些地方想要实现产业转型又不知是何年何月的事情。您如何看待这样的产业转型和产业转移？您认为应如何促进更加公平的发展方式？还是说这种发展本来就是一种发展的陷阱？

李育才：我觉得你从阜新这个城市转型看，由于我们国家大量地需要煤炭，从阜新把煤炭基本上挖光以后，这个城市的资源就枯竭了，但是遗留下了很多的矿工、废弃的土地。这些矿工要生活，不然的话就会有社会问题，所以国家就需要大量的投资，当然我们处理国家资源枯竭性城市还没有这样的经验。当时国务院常务副总理李岚清同志带领我们去阜新搞调查研究，国家发改委、财政部、国家投资管理局等各个部门都去了，有力出力、有钱出钱、有科技出科技，帮助这个城市引进资源，帮助它从理论、实践上发展，然后发挥社会主义制度的优越性，大家共同帮助。虽然煤炭资源没有了，但是它还有别的矿井，还有广大的石油矿工。

如何既保持社会稳定又要经济发展,要把方方面面的积极性都调动起来。首先,当地党委政府要有一个强烈的责任感。这些矿工挖了一辈子煤,我们不能丢下他们不管,要使他们有活干、有饭吃、有衣穿、有房住,享受社会大家庭的温暖,政府要进行一定的支持和扶持。另外就是从国家众多部委层面搞一些项目建设。我当时就表态给它两万元先建一个大型苗圃育苗,把废弃的矿场都栽上树,把这些废弃土地利用起来,且可以美化环境,大量植树造林,另外还在其他林业项目中给予投资。国家发改委、财政部就更不用说了,还有国家其他部门都做了大量的工作。虽然这个地方的资源枯竭了,但是没有闹事,社会稳定,并且在持续发展。这一方面体现了社会主义制度的优越性,另一方面也体现了科学发展观,也是在落实当前社会主义方面的政策。

当然像这位同学说的拿着钱如果不投入到这个地方,这个地方就不能保持社会稳定和经济社会持续发展,就不能体现我们国家政策的优越性。所以这个问题是复杂而系统的,不能单独从一个角度考虑,而要从哲学和全局的高度来分析和对待这个问题。

问: 我是中国林科院的。关于植树造林和现有森林的保护,国家从政策层面上采取了哪些比较有创新性的措施?随着社会的发展,人们的意识也在改变,政策上有哪一些鼓励措施?

李育才: 现在发展原有森林资源是我们国家林业行业的一个重要职责。胡锦涛同志2010年在联合国大会上向世界人民庄严承诺,中国在2005—2020年要再增加13亿立方米的采集量,增加6亿亩林地。在这样一个国家元首向世界人民承诺的情况下,原有的森林必须保护好、发展好,另外还要大量地植树造林。至于原有森林保护问题,像"千人保护工程""三北"防护林建设工程等都是保护森林资源的。国家为此进行了大量的投资,总投资4300亿元,投入了长达26年的时间。这都是培育森林资源的成功之举。可以说中国的退耕还林工程是世界最大的工程。一方面出台了一些政策,加大经济投入,另外还科学地实行了一些保护措施。在科学技术方面也把当前的成果运用到保护森林中去,特别是2010年国家林业局召开了森林抚育金大会,在培育新的森林方面,国家用15年的时间实现采集量增长13亿亩,林地增长6亿亩。这个采集量经过抚育是可以办到的,但是增加6亿亩林地是非常艰难的。第一,我们国家应该造林的地方基本上在气候比较适宜、降雨量比较多的沿海城市、平原等,在真正的高寒地区、高海拔地区、降雨量严重稀少的地区要造林是非常困难的。我当时主管造林,6亿亩中大约1亿亩左右是在比较好的地方,像沿海、华中一带,但是有5亿亩需要落在青海、甘肃、宁夏、新疆、西藏、内蒙古这些地方。大家知道,这些地方很多是高海拔地区,干旱少雨,在这些地方造林非常困难。原来我们国家建造一亩林地要投入100块钱,现在增加到300块钱。真正在高寒地区造林,劳动力成本也在增加。并且这些都是干旱少雨的地方,在造林的同时还要考虑到灌溉的问题,所以一亩地要增加不少钱,国家要大量增加投资,要提高科技含量,要把耐干旱、高寒的新品种放到高寒地区。

总体来看,我觉得在政策、科技、责任制等诸多方面都采取了一些措施,这些措施渴望实现总书记向世界人民做出的再用15年的时间增加13亿立方米采集量的承诺,增加6亿亩林地。采取这些措施我认为都是切实可行的,具体可以查阅"十二五"规划,诸多方面采取的措施都体现在规划里面。

问:李部长,我的问题是接着刚才植树造林的,关于林业产权化的问题。我有些朋友现在想回去发展,去一些地方承包一些土地种植经济林,但是有些手续比较麻烦,有些时候为了简化手续会把城市户口转移到当地,这样做的目的一是要保证投资不会流失,二是由于当地法制建设各方面会引起一些纠纷,想要避免这类纠纷。我的问题是在中国林业产权改革的力度和深度方面,怎么保证民间资本投资的利益?

李育才:我们国家拥有国有林25亿亩、经济林28亿亩,大部分在南方的一些地区。28亿亩经济林如果不按体制机制创新好好管理的话,那将是很大的损失。对于这个问题2003年我曾经在福建搞了一次调研,后来在中央有关文件指引下拉开了经济林改革的序幕。现在看已经有80%的经济林落实了"三证",将林权证发放到林农手里,有了这个证以后他们就定心了。这方面的问题解决了以后林农就有了自主权,就被允许抵押、转让,时间有的是70年,有的是50年,有的是100年。这都是中央关于经济林权改革的部署,不是说为了保护自己的投资被允许要把户口从异地迁到承包林的乡村里去,唯恐投资失败。根据中央通知精神,各地方对经济林权土地改革都有不同的做法,有的地方是把林权证发给林农以后,林农在土地上有权决定一切,并且允许继承、转让、抵押、贷款,总体来看大的趋势就是这样。至于个别的情况可能也是有的,但是我觉得中央的文件管宏观,如果有些地方不按照中央通知精神办,你可以投诉,投诉以后我们就可以受理。国家有经济林权制度改革办公室,这个办公室有几十个人专门从事这项工作,更深层次的问题下来我给你个电话我们再交流,如果你的投资受到威胁或者欺骗你可以进行投诉。

问:李部长,我是从事矿业开发的实习生。刚才您提到像阜新、大庆这样的城市的转型成果,在西方比较典型的是德国,从资源主导型向资源产业转型比较成功。想请您以高层的视角简单分析一下德国鲁尔区转型成功的背景,从宏观体制或者市场机制、企业行为的视角,阐述一下我国东北老工业基地未来规划里面所蕴含的机遇和挑战。

李育才:大家知道我们国家的国情是一切土地归国家所有,在这样一个法治前提下国家实施的是社会主义制度,不是资本主义制度,所以从具体的措施上就和西方国家不一样。西方国家的土地矿产归个人所有,资源枯竭以后可以根据矿产的覆盖、资源禀赋以及方方面面的条件拍卖,我们国家就不行了。我们知道阜新煤炭枯竭了,但是留下了几十万的矿工,要是不管这就成了中国的一个大事。我们还是具有社会主义制度的优越性,把这几十万矿工管起来,走可持续发展之路,这就是我们的优越性。刚才我说大家有力出力,有钱出钱,共同把这个地方建设好、管理好,实现可持续发展。因为国家是社会主义制度,并且矿产资源虽然没有了,但土地依然是国家的,没有个人的一分土地,动一分也不行。在这样一个背景下我们的思维方式、行为准则就和德国的情况不一样了。他们的资源没了,矿工都解除雇佣关系了,另外整个矿区是他的,所以不存在养活这些矿工及其家属的生活问题。国家在这方面解决得还是比较好的,体现了社会主义制度的优越性。

中国陆续出现了一些资源枯竭型城市。这些城市得到了当地党委政府的高度重视,国家在资金、科技等方面大力支撑,把这个地方有限的资源再运用起来,使这个地方能够得以发展,重新焕发生机和活力。像阜新这样的城市,对于几十万矿工来说,煤炭没有了,各人回各家那就乱套了,社会就不稳定了,这是党中央国务院非常关注的问题。为什么李岚清同志带领我们一块儿到那个地方去了三次?这牵涉到社会稳定的问题。国家的法律不同、社会制度不同,解决的办法和效果也不同,各有各的优势,我只能给你解释到这个程度。

问:李部长,我之前在浙江大学听过您很多报告。刚才您提到人工林的效应是低于天然林的,我们在农业上对于耕地有个红线。对于我们国家的植树造林,人工林为了要维持它的基本生态功能,是不是也应该有一个植树造林面积上的红线?我们现在进行的包括退耕还林在内的至少六大林业生态工程,到目前为止是否已经能基本上满足这一需要?如果不能的话,下一步的林业生态工程的重点应该在哪个方向?

李育才:我是浙江大学的客座教授,也是浙江农林学院的客座教授,我去过浙江多次,在那里结识了不少同事和朋友。我们国家由于有13亿多人口,18亿亩耕地的红线绝对不能破,突破以后中国吃粮就成了问题,就会影响国家的稳定、发展。因此,中央政治局常务会议确定的18亿亩红线不能突破,任何时候、任何人都不能突破。在这样一个大的背景下植树造林,根据我们国家的土地面积,只能向荒山、荒地、荒坡拓展,开展退耕还林工程。我主管了国家退耕还林工程12年,这个工程是在陡坡耕地以及沙化的土地上进行的。这一工程虽然投资4300亿元,历时长达16年的时间,但是没占一分耕地,至于个别地方退耕还林面积占用了耕地,那是个别地方的情况,从国家政策来看是不允许的。林业的可持续发展就在于陡坡耕地,不但以前是这个方针,以后在相当长的一个历史阶段我觉得可能都是这个方针。人口在逐步增加,我们国家拿占世界7%的耕地面积,养活了占全世界22%的人口这已经不简单了,可以说把土地的潜力用得差不多了,再减少耕地面积种上林木是不可能的事。

问:李老师您好,我来自北京林业大学,是学森林培育,做经济林的。我想问一下,现在从事经济林更多的是会考虑一些经济效益,一方面,我们施更多的肥使其长成更多的林产品,结更多的果实;另一方面,我们需要保护环境。如何平衡这两个问题?我们需要做哪方面的工作?

李育才:经济林是中国五大林种之一,经济林的发展对我们国家增加农村收入、改善环境都有很大的好处。现在来看,经济林的面积还远远不够,不能满足国家的需要。经济林依然具有经济、生态、社会效益。在检查退耕还林面积的时候,我们把经济林当成其他一般生态林对待,像大枣、核桃、栗子、柿子等品种都具有经济、生态、社会效益。虽然林种分开了，但是它的三大效益还是有的。我觉得我们国家当前还是大量地在发展经济林，从当前的供需矛盾来看，经济林还不能满足需求。像核桃现在市场价 50 多元一斤，另外它在餐桌上的需求量也很大。再比如大枣、板栗等都是很好的淀粉类食品。我们国家的林业建设方针还是要大力发展经济林以满足经济增长以及生活的需要，更好地发挥经济、生态、社会效益，把当前的生态保护建设好，又使农民的收入有所增加。当前提高人民的收入水平是很重要的。要采取的措施就是更好地加强管理，更多地推出优良品种。

（时间：2011 年 9 月 16 日）

第五篇
转型、科技创新与新农村建设

贾敬敦：科技部中国农村技术开发中心主任

各位老师、同学们，今天主要是就关于转型时期的"三农"问题和科技问题的一些思考向大家做一些汇报，我也希望通过介绍能使大家花更多的时间、精力来关心中国的"三农"问题。

今天我想分三个方面来谈转型、科技创新与新农村建设。第一方面，我想谈一下关于转型的一般理解，主要是对新中国成立以来几次重要的转型做一个简单的回顾，当然也包括对目前正在经历的这次转型谈一下我个人的理解；第二方面，我想谈一谈"三农"问题，这里主要是想向大家报告关于"三农"问题的本质和发展目标；第三方面，我想谈一谈相应的科技支撑问题。

一 关于转型的一般理解

新中国成立以来经历了两次意义深远的转型。第一次转型是在1949年中华人民共和国成立的时候，大家在上学的时候都会对这一段转型有深刻的印象。应当说这一次转型对我们国家确实产生了非常深远的影响。转型的第一个结果,就是在对我们传统的农业特别是比较薄弱的工业进行社会主义改造的基础之上,建立了一个有中国特色的工业体系。这是这次转型非常重要的一个成果。第二个结果是建立了三级所有的、最为基础的农业体系,就是我们说的村一级的生活队、生活大队以及人民公社。这个三级所有的体制,再加上集体土地所有权,构建了那个时期的农业体系。农业体系为粮食增产立下了汗马功劳:新中国成立时国家产粮 1.03 亿吨,1966 年产粮就达到了 2 亿吨。转型的第三个结果是建立起了城乡分别管理的社会管理体系,就是对乡村、城市分别进行管理,实际上我们今天所说的二元结构的深化与这次转型是分不开的。

从 1978 年改革开放开始,我国又经历了第二次转型。在庆祝中华人民共和国成立 60 周年的时候,我们经常说前 30 年、后 30 年。这个后 30 年是我们改革开放的 30 年,也是我们深刻转型的 30 年。这次转型首先从农村起步,农村的改革最重要的是两个方面:一是在 1983 年普及了土地的家庭联产承包经营。这也是一个划时代的重大事件。二是取消了人民公社制,实际上是我们对乡一级政权的建设、对乡村治理的一次意义深刻的调整。乡作为重要的一级政府得到了调整和加强,同时又以新农村为单元建立了农民自治的制度,就过去最为基础的三级所有的集体经营体制来说有了根本性的变革。乡村工业化的崛起,就是乡镇企业的发展,是第二次转型的第一个方面。

第二个方面就是城市改革的启动和发展。我们现在还在经历,还在改革的深化之中。城市的改革比农村要晚一些,但是它发展的速度和深化的程度要远远超过新农村。以土地利用为例,一些基本的生产要素在城市的改革中,在商业化的取向上取得了重大的进展。今天,包括土地制度的一些改革,房地产制度的一些改革,实际上都是在农村改革的基础之上进行的,因为农村是改革序曲的揭幕者。农村的改革尽管走得比较早,但在一些方面,尤其是在一些基本的生产要素方面又远远滞后于城市。比如在土地、劳动力、投资等方面,相对而言城市已经有了巨大的进展。光华管理学院认真研究的国家高新区,就是城市改革深化的一个重要项目。世界上也都有这样的一些做法:把一些优惠的政策集中、组装起来,在面上做不到的,就划一个区,这就是高新区——当然高新区更加关注科技创新的问题,还有经济技术开发区和其他一些特区,实际上都是改革在点上突破、先行先试、先行集成的一个结果。这是城市改革的一个重要成果。城市改革非常重大的标志性事件,是1994年提出了经济体制改革的目标,建立社会主义市场经济。

第二次转型的第三个方面就是破除城乡二元结构战略的基本形成,以及相应政策的不断出台。破除城乡二元结构应当说是个历史性的事件。当然,在发展过程当中由于计划经济体制的原因,二元经济体制结构确实得到了深化。我们说的二元结构其实不仅仅是城市和乡村社区的问题,也包括产业的问题。如果就社区和产业全局来看,二元结构在全球也有不同程度的存在,包括发达国家(包括美国、日本、韩国)也有二元结构现象的存在。韩国将推动新农村建设作为国家的一项重大战略,它的提出和实施也是韩国致力于解决二元结构问题的一种尝试,已经取得了很大的成功。我国在第二次转型中已经形成了破除城乡二元结构的战略,标志是十七届三中全会提出的六大目标任务,其中最为重要的目标任务,就是要形成城乡经济社会发展一体化的新格局,这是从根本上破除城乡二元结构的一个重要的战略部署。

这次转型的第四个方面,就是经济社会协调发展战略的提出和若干配套政策的形成。大家能看到"民生问题"在"十一五"期间(无论看报纸、上网还是看电视)是一个出现频率比较高的问题。到了这个阶段,民生问题变得更加重要,变得为社会各个阶层所关注。实际上也是在这个时期,我们逐步形成了经济和社会协调发展的战略。当然,要完全做到最终实现它的均衡发展,还有很长的路要走,但我们毕竟形成了这样的一个战略,特别是在民生问题方面。这也是以人为本的理念的一个具体体现。

我们都说系统的功能取决于系统的结构。社会经济实际上也是一个系统,不管是经济方面还是社会方面。当我们理解转型的时候,任何转型都不外乎有两大基本目的:一是解决当前经济和社会发展面临的一些重大问题,而且这些问题是共性的,不解决这些问题经济和社会就很难深入发展。二是实现经济和社会的长远发展,就好像这次金融危机,实际上全球都在采取一些措施来应对金融危机带来的不良后果。但是在应对这次金融危机的过程中,我们也必须实事求是地看到,金融危机爆发的时候正是全球在进行协商,来共同应对全球气候变化,更好地推动节能减排的时候。由于这次应对危机时既有解决当前危机带来的问题的一些讨论,又有实现长远发展,特别是转变发展方式的一些重要考虑,所以如果从这个角度来看,我们前两次的转型确实都解决了当初我们面临的一些重大问题。比如说,农业基本上解决了粮食保障的问题。我们的粮食从 1949 年到 1966 年、1978 年、1984 年都是以每次增加 1 亿吨的步伐跨上新的台阶,到 20 世纪 90 年代达到了 5 亿吨,这个跨度是很大的。就转型而言,农业的成就非常大,我们之所以能吃得饱、吃得好,与农业转型是分不开的。前一期的转型我们确实集成了有限的资源,迅速修复了由于战乱导致的各种各样的创伤,得到了巨大的恢复。实际上不光是粮食,肉类、蛋类、茶、糖、棉等都有补充。肉接近 8 000 万吨,现在中国人均消费的肉食实际上是远远超过世界平均水平的:我们大概是 60 公斤,国际上大概是 37 公斤。奶的消费量少了一些,我们中国人没有喝奶的习惯。工业上也是,我们建立了一个良好的国民经济生产体系,而且在这个时期我们的工业确实取得了长足的进展和巨大的成就。

但是我们也应该看到,在分析新中国成立以后这两次重大转型的时候,我们也感到有两个突出的因素值得我们深入地讨论:第一,这两个转型都是在以农补工、以农支工、以城支村的格局下存在的,农业支持工业、农村支持城市,是这两次转型的一个基本的背景。第二,在科技上,这两次转型,尤其是对工业来说,主要是依靠引进技术实现产业的发展。所以,这次转型的两个非常重要的因素是全局性的,会影响我们当前正在经历的转型。关于转型的一般理解,我首先介绍了新中国成立以来的这两次重要转型。

第二个问题就是发达国家先进性的经验。世界史有一个共识:1506 年是这个世界的一个分界点。1506 年以前我们都一样——大家都是种地的,农耕文明。世界上巨大的变化源自英国人率先发起的工业革命——有的也叫产业革命,实际上准确地说还是工业革命。工业革命从 1864 年开始,最大的成果是人为控制了工厂化生产的工厂模式和相应的制度,以及与工厂模式相适应的商业制度的发端和兴起。工业革命极大地改变了世界物质生产的方式和格局,引起了世界的巨大变化,是人类了不起的成果。英国作为一个先锋国家带动其他一些国家(德国、美国、苏联)参与了这次革命,日本、韩国也参与了进来,最后都得到了非常好的效果。看看它们进行现代化奋斗的历程,有一些共同的东西:

一是非农产业作为财富的重要生产主体进入我们这个社会系统,得到了广泛的重视,这也是所有实现现代化国家的一个共同选择。我们能看到,就是2008年的时候,美国人均国民收入达到4.76万美元,英国达到4.54万美元,德国为4.24万美元,法国为4.23万美元。人类从来没有达到这样高的劳动生产率。当然,这个不是劳动生产率的准确数学计量,但确实反映了由于非农产业的发展,在人为控制下进行周年生产的特点使人类创造的财富达到了空前的规模,这在1506年以前是无法想象的——在此之前都是季节性的生产。这反映了发达国家实现现代化的一个普遍经验:高度重视非农产业的生产,尤其重视工业的发展。当然,这不是它们工业文明的全部,因为到20世纪60年代末的时候,实际上经济、产业结构又经历了翻天覆地的变化。那就是服务业尤其是金融业的崛起。20世纪初的时候,列宁就分析,产业资本和金融资本结合起来,实际上也反映了这种结构最重要的变化。也就是说,尽管对应生产的产业总量上升,但是又崛起了一个服务业,特别是金融引领的现代服务业的发展。金融服务业包括金融业,与以往相比,以崭新的业态进入财富的创造中,不但自己形成了强有力的产业,也深深地影响了其他产业。和我们今天的信息产业一样,不仅自己是一个产业,也深刻地影响着其他产业,这是一个共同的特点。

二是农业、农村和农民。"三农"问题的研究对于任何现代化的国家都不可缺失,都得到了普遍的重视和发展。我们看发达国家,实际上现代农业的发展基本上保持了与那次工业革命发端以后工业发展同步的特点。所以我们谈今天的现代农业,不管从哪个角度来讲,和其他的产业一样,也都是建立在化工能源和机械这两大基础要素之上的。在发展非农产业的同时,各个国家都重视自己的农村发展、农业发展。所以我们在看这个路线图的时候,也可以理解为在整个现代化的过程之中,农业、农村的现代化,农民生活质量的提升,就与工业的现代化、非农产业的发展一起构成了世界现代化的一个共同途径,使我们的财富有了巨大的增长,也使人们的生活质量,包括营养与健康得到了良好的保障。我们国家也是这样。2004年胡锦涛总书记有过一个重要的论断——在中央一号文件里面把它称为"两个趋向"的重要论断。他说,在工业化发展的初期,农业支持工业是一个普遍的趋向,乡村支持城市也是一个普遍的趋向;当工业化发展到一定程度时,工业反哺农业、城市支持农村也是一个趋向。这就是"两个趋向"的判断。我们前面的转型是在农业支持工业、农村支持城市的背景下形成的,这些发达国家、已经实现现代化的国家在处理工农关系、城乡关系上也有自己的做法,但是实际上对于农业、工业的现代化它们都很重视——可能在时间上会有前后差异,但是没有一个国家放弃了农业、农民和农村。中国现在有这样"两个趋向"的判断,就证明我们经历了两次深刻的转型之后,在面向一个新的转型的时候,中央高层也高度重视这个关系的变化。世界银行业有个观点:人均 GDP 超过一千美元的时候,工业产值超过农业产值,工业支持农业;人均 GDP 在一千美元以下时,农业支持工业。中国的拐点应该是在 2003 年,所以在 2004 年提出这样一个论断,也就体现了在进行转型推进现代化的时候关于工农关系的一些规律性的东西。

我们在看发达国家的路线图时也可以发现,它们的经济和社会也实现了发展。工业文明发展的一个亮点是城市。城市从传统的城市形态脱胎出来,成为财富创造的一种重要方式,实现了各种资源、要素的集聚,不仅培育、支撑了现代产业的发展,还孕育了许多新的产业特别是服务业。在城市发展的过程中,也优化了经济与社会之间的关系,人们的生活质量得以提升,所以说城市社区是世界经济社会转型中的一个非常重要的方面。在研究经济的时候不能脱离社区的变化,脱离社区变化的经济研究就是单纯的经济研究,就脱离了对人们生活的关心。实际上没有现代城市,确实也很难构建当前的工业、服务业。所以在研究中国高新区的时候就会发现,必须把高新区的产业功能、经济功能与相应的社区功能进行统筹设计,离开了必要社区功能的支撑则很难构建富有活力、长远、可持续发展的高新区,这是一个规律。所以建设高新区很重要的一点就是关注社会支撑的问题。发达国家也有类似的明证。发达国家的经验就是,它们在转型过程当中,实现了科学技术的自主。英国之所以能成为第一个工业化的国家有很多原因,除了政治上的原因,还有两个原因是一定要说的。一是英国是率先建立起自主创新体系的国家。这是很重要的一个方面,它是现代科学的故乡,一系列重大的科学发现和技术发明都诞生在英国。这些重大的发现确确实实有力地促进和推动了现代产业发展必不可少的主导产品的设计和开发,通过这些主导产品来引领这个产业。发展任何现代产业,若失去了主导产品的设计、失去了对主导产品的研究,则无异于失去产业发展。所以我们研究农业问题时如果背离了现代重要产业的设计也不利于现代农业。现代农业绝不仅仅是产粮食,也绝不仅仅意味着水稻。

科技创新对于后来的一些国家也是同样的道理。我们现在看日本、美国,应当说推动它们产业发展的主要或者绝大多数技术都依靠它们自己发明。我们来分析技术对产业发展的一些作用。那些所有实现工业化的国家的科技创新一定是得力的。今天看一些新型工业化国家就会发现:一出现就问题会受到很大的波动。新型工业化国家都有共同的特点,一开始发展得比较快,都有出国导向,开辟国际市场,但是还有一个共同的特点:它们的关键技术都是不能自主的,这是很重要的问题。如果要越过新型工业化这个坎儿,科技创新的作用是巨大的,没有科技创新有效地支撑和引领,也就是实现自立意义上的支撑和引领,就无力支撑工业化。

第三个小问题就是我国正在经历的新一次转型中的重大问题。当然从不同的角度看都有不同的问题,比如资源问题、能源问题、人的素质问题,可以分为方方面面。但是我想我们在分析这一次转型要面对的一些重大问题也是一些基本问题的时候,一是我们不能脱离对前两次转型背景存在的一些问题的分析,那就是工农关系以及当初两次转型中科技创新的作用。现在我们要进入新的转型阶段了。2010年我国GDP是39.8万亿元,我们来看一看世界银行对收入的定义:按照现在的标准,3 470—8 000美元是中等收入国家的水平。从GDP上来说我国已经进入中等收入国家行列,意味着这次转型的任务及目标和贫穷时有本质的不同,这次转型的目标是要建设全面的小康社会,现代化要达到一个更高的水平。从社会的结构变化来看,现在城市化率已经超过47%(当然这个定义确实存在一些认识上的不一样,因为我们有些人还不是真正意义上的市民),我国在城乡结构方面达到了一定的程度,人均GDP也达到了一定的程度。这是一次新的、非常重要的转型,包括转变发展方式,进行结构调整,实际上是工农城乡关系的一个调整。我们现在经常说发展要靠三驾马车的拉动,投资、外贸和消费要有更好的协调关系。我想从工农关系的几个数据看看我们转型的潜力和动力到底在哪儿。

首先说投资。投资对金融的发展至关重要。我国现在投资贡献率最大,但是大家看看这是我国年报公布的数据,2010年全国固定资产投资大概是27.8万亿元。城镇固定资产投资24万亿元,占86.8%;我国的乡村只有3.7万亿元,占13%。所以我们可以看到,在投资上城市与乡村是严重失衡的。如果在这儿再谈国民经济发展的贡献,那肯定是城市大,农村非常小。但是农村的投资是极其不均衡的。

如果再看看城乡零售,2010年全国的社会消费品零售总额大概是15.7万亿元,这也和投资有惊人的相似:城镇占87%,乡村占13%。

再来看产业,我们不从1949年开始看,实际上在分析我国产业结构的时候,从1978年开始到2010年,经常说我国进入了工业化的中期,工业对我国的贡献很大,工业占GDP的比重基本上没有变,是非常稳定的。1978年,工业,即第二产业包括工业和建筑业大概占47.9%;到了2010年,第二产业也就是工业,百分之四十几,这个比重没有发生很大的变化。当然2010年,第一产业,也就是农业在GDP中占10%。这几年变化最大的实际上是服务业。服务业过去占百分之二十几,现在为百分之四十几。工业并没有发生很大的变化。

再看看收入。2010年,农民的人均纯收入是5 519元,城市居民的人均纯收入是19 109元。从工农关系来看可以发现,这次转型一方面要解决现在经济和社会发展中面临的一些问题,有民生的问题(包括其他的一些问题)、失衡的问题,还有实现长远发展的问题,要调整经济结构、产业结构。

无论是从投资、消费还是民生,抑或是作为人们生活质量的基本标志——收入来看,它的潜力确实在农村、确实在农业。所以实现经济结构的转变,使经济增长不断地减少对投资的依赖、对出口的依赖,最大的一个难点和潜力确实是在农村,民生改善巨大的潜力也在农民。这些问题不仅是当前要解决的,也是实现我国长远的发展不得不解决的,这是一个既涉及当前又涉及长远发展的问题,是我们面临的尖锐问题。但反过来看,这也有可能是实现我国经济长远发展的源泉所在。在这上面是已经实现现代化的国家,OECD成员国现在有34个,但不都是现代化国家。这就是为什么要翻开转型的图景,看看我国和世界其他国家面临的不一样的图景,我国有问题也有优势。历史上可能有些非常奇怪的现象,我国的革命是从乡村、土地开始的。通过土地革命、乡村革命建设了一个新国家,转型农业是一个非常重要的方面;我国改革开放也是从乡村开始的。现在如果看看我国当前转型面临的问题,再来思考还有哪些潜力和空间,目光一定会关注到农业、农村和农民问题。农业、农村和农民问题绝不仅仅是我们农村工作要解决的问题,而是涉及全面建设小康社会,实现经济转型绕不开的重大问题,是我们解决问题的前提所在。

二 "三农"问题

"三农"问题是性质不同的三个问题,而不是一个问题。抓农村工作必然面临农业、农村和农民的问题。但实际上这三个问题的内涵、性质有根本的不同。2005年中央提出建立社会主义新农村的历史任务,目标是生产发展、生活宽裕、乡村文明、村容整洁、管理民主,涉及经济、生活、社会、环境、乡村政治治理等方方面面的问题,是作为一个旗帜性的任务提出来的。农业、农村和农民问题为什么是性质不同的三个问题?

首先看农业问题。农业作为一个产业,和国民经济的其他产业一样,是一个进行生产、分配、交换、创造财富、创造就业并且实现利润的产业。只要是一个产业,存在于国民经济之林,就必须遵循产业的基本规律。历史上农业主要有两大功能:一是生产食物,让人们别饿着,但是现在生产食物,对已经基本解决温饱问题的国家来说已经不成问题了——它所面临的主要是营养、健康的问题,这一问题在我国还没有受到高度重视。所以现在千万别理解成农村的营养健康存在问题,城市营养健康问题可能比农村的还大:有的人因为没有钱吃不好,有的人是因为钱多吃坏了。现在有钱人吃坏的很多,男男女女遇上的烦恼是空前的,而且没有什么经验。所以这是农业的第一大功能。二是生产纤维,解决衣服的问题。有些国家农业的能源功能得到了空前的加强,巴西就非常成功,建立起了完整的以糖为基础的生物农业的生产体系,甚至影响其汽车工业。美国包括欧洲农业的能源功能都在不断地得到强化。尽管在工业革命以后农业的财富创造功能在下降,但是它的生态功能、营养与健康功能在上升。我相信,有一天会有包括北大在内的更多的人,研究食品科技问题,会像重视药物一样重视人们的饮食问题。所以农业会作为一个日不落的产业也是永恒的朝阳产业存在下去。农业有它的产品,也遵循产业的一般规律,实际上是一个产业问题。当然如果从民生看,这又是健康问题。我们现在对健康产业也在分析,包括医疗、医药、保健和医疗服务业各个方面,但是农业的健康功能还没有得到广泛的重视。

其次看农村问题。农村问题从国际的发展经验和中国的发展所面临的问题来看,实际上主要是以人为本的乡村社区问题。与社区问题对应的是城市。说到中国对乡村的理解,我认为从现代的角度看确实存在很多问题,看《辞海》,会发现农村就是从事种植业、居住的地方,不是一个社区的概念,就是干活干累了在那儿休息,还不是能够提供生活环境的一个社区。但是农村本质的问题是社区的建设和发展问题。建设社会主义新农村必然包括一种含义,即要在发展现代农业的同时,建立起一个生活质量和城市社区相当的乡村社区。所以社区的问题是社会的问题,和农业问题有本质的不同,它是以人们居住、生活和发展为基础的。因此对乡村社区的问题,我们现在确确实实思考、筹划得太少。

最后看农民问题。农民问题实际上本质是人的发展问题。当然它和社区相联系,农民和乡村社区相互联系。乡村不一定就是种植者住的地方,也包括知识分子、科学家;城市也不是都搞非农产业,也可能有农民。这就是社区,并不是和从事什么职业挂钩的。从这个问题看,"三农"问题的本质是产业、经济问题,社区、社会、人文问题,是性质不同的三个问题。

关于中国解决"三农"问题的目标,现在已经在设计和筹划。首先是农业。我想这也是共识,从大的方面来说就是要实现农业的现代化,现在要做的就是建立现代的农业。在这里有必要把现代农业是什么简单地做一个说明,当然很难把它说清楚。不过,不管现代农业是什么,有两点是绕不开的。第一,现代农业是个产业链。从产业链的角度来看,任何产业都是以产品的设计和创新作为发端的,即以产品为核心的创新作为发端,包括原料的生产、采购、加工、制造、物流储藏、销售等,形成一个完整的产业链条。各个产业都是这样。现代农业既然是一个产业,也就必然是一个产业链,这是现代农业必然要实现的一个重要目标,也是现代农业存在的一个基本业态。同时,农业的功能多样性、需求多样性,就决定了现代农业的产品是多样的。因此以它们的主要产品为标志,农业又必然是个现代产业体系,不管是终端消费的食物、保健品、饮品还是机械装备、设施,都构成了自己的产业。这样一个产业体系都以链式的形式存在,就汇聚形成现代农业的产业链。所以在建设现代农业的时候,也必然要思考农业的产业链和现代农业产业体系的问题。人们经常提到农业产业化。我个人认为仅仅叫"农业产业化"还是不够的,农业绝不仅仅是以生产为主,从健康的角度来看是围绕着营养与健康来展开的。如果离开了市场,离开了人,离开了对人的服务、对健康的关注、对市场的经营,现代农业就无从谈起。这也是一个产业链必然具备的问题,如果这样理解,这确实就不仅仅是一个产业化的问题。如果形成了产业链,就必然是以主导产品、市场经营以及配套的售后服务作为主要的内容来舞动这个链条。所以我们来看这次中国现代农业发展转型的时候,我认为肯定会出现一些令人深思的现象。转型的第一步肯定是加工业和原料生产业日益深入的融合,没有这一融合这个链条接不起来。第二步必然是加工制造业与商业,也就是与市场深入的融合。那么从资本上来说,它又必然是产业链的链条与金融资本的结合,这是产业发展的一般规律。所以我们今天说的农业产业链,可能不是服务于谁,它必然在规模上去以后使得产业链加工融合,产业规模上去了,受市场影响了,就必然去经营市场。当产业规模非常大的时候,这些企业就会更多地关注市场规格、更多地关心农产品定价。近一两年农产品市场价格大幅度波动就反映了这一点,至少反映了金融资本对农业资本的重视。因为农业不可或缺,永远是一个重要的产业,工业发展到一定程度时,农业必然是受到关注的一个点,而且中国又正处在转型的时期。

其次是农村。在这里要提出一个想法,农村既然要加强与城乡对应的这样一个现代社区,那么在社区的发展中,我们通过分析有这样的一个判断:在研究经济和社会发展与关注产业发展的时候,过去对社会、对社区关注得不够,现在要加强。但是在加强的时候,又出现了另一种现象,就是对中国的社区缺少全面深入的分析。现在中国有13.4亿人口,城市化率为47%,大概有7.1亿农民。中国有61万个行政村、330万个自然村、1.9万个镇、1.6万个乡,这些构成了基层乡村社区的主体。大家也可以想一想,到了2020年或者2030年——也就是中国的城市化率提高到70%的时候,中国实际上还有世界上最大规模的乡村人口。所以说在研究社区问题的时候,我认为必须三大社区统筹考虑:一是城市社区,二是我们过去所说的小城镇,三是乡村社区。我们必须把乡村社区建设提高到和小城镇社区建设、城市社区建设一样的高度,来谋划中国的社区问题,只有这样才能真正更好地推动社会主义新农村建设。有这样一些乡村社区,它们能够为广大农民提供良好的物质生活,我们不可能把如此庞大的人口都转移到城里来。这可能是中国和其他已经实现现代化的国家非常不一样的地方,因为中国有这样的一个国情、人口结构,我们就必须高度重视乡村社区。所以说确实要对中国的社区进行深入的再认识,这就是建设社会主义新农村的目标。

最后是农民。农民对应的是市民,现在有个介于中间的定义就是"农民工"。如果有"农民工"就应该有"市民工",但是市民确实已经是工人了,因此也就无所谓"市民工";已经是工人但又是农民,所以称为"农民工"。全国现在真正离开家乡的农民大概有1.5亿人,在推进现代化建设的时候,怎样实现这些人的发展?现在要培育新型的农民,他们也应该与现代的农业、社区相适应,成为有知识的农民。这对教育是个挑战。乡村的教育应怎么办?过去有一套方法,现在应该用什么方法?这都是大问题,是一个全局性的问题,离开这个全局盲目地谈用哪个国家的经验是错误的,最大的错误就是不能针对中国的国情。

三 科技创新的支撑和引领

下面分几个方面报告。第一个方面是关于科技创新的布局问题。前面谈到了转型、中国转型面临的一些重大问题,以及要实现中国长远发展的一些考虑,新的转型必须解决科技创新的问题。发达国家是这么走过来的,我想中国必然也要走这条道路,当然具体的路径可能不一样。但是没有科技创新的支撑就没有现代产业,更不用谈工业化了。现在分析高新区,可以随便找一个高新技术产业来分析这个产业达到了什么程度。可能不敢说它已经实现了工业化,因为还有两个大的关键问题没有解决,就是关键部件和生产这些部件的设备。这是科技创新的制约所在,也是产业核心技术成熟的基本标志。我想工业是这样,农业也是这样,既然"三农"问题是个全局问题,又是性质不同的三个问题,那么在这里面就引出了一个科技创新的布局问题。科技创新的布局就"三农"问题来说客观上要求对农业产业的发展问题、乡村社区的建设问题和农民个人的发展问题进行统筹部署,这也是一个复杂的任务。仅仅靠生产科技创新并不能满足现代农业产业的需要,也无力支撑这个产业,仅仅靠农业的部署也解决不了乡村社区发展的问题。现在乡村社区的建设技术滞后,乡村新农村建设往往就是学习城市,更何况目前城市的建设规划本身也是不合理的。在座的各位都能体验到城市的发展给我们带来的不便。再一个就是农民。农民素质问题到底要用什么样的教育解决?美国也是典型的农业国,建国后进行前期发展的时候,大学教育很大程度上是针对农业的,进行推广教授,要做农业。但是今天都不一样了,有些学校发展之后改了名字。德国的农工大学改了名字,就像中国的交通大学并不是研究交通一样,变成了一个符号。中国面临转型,确实要对科技创新进行调整,这也包括大学的学科。现在光靠农业的学科结构,恐怕很难弄清农业、农村和农民问题。我们研究产业的问题比较少,研究生产的问题比较多;研究产业的问题比较多,研究社区的问题比较少;研究社区的问题比较多,研究人的问题比较少。所以创新的布局要进行调整。

第二个方面是关于现代农业的科技创新。建设现代农业要围绕产业链和现代农业产业体系建设,解决四大类的关键技术。第一类技术是要解决现代农业产业的产品设计和创造问题,这是关键。种植业的起点是种子,但是它的主导产品又不仅仅是种子。畜牧业的起点是动物,这些品种怎么设计大家能看出来。北京大学做了一些探索,搞智能设计,用智能哺育的技术,通过研究对遗传物质的操纵,争取创造出世界上没有的新品种。这和杂交一样,就是要展现一个新的局面,这就是产品设计。农业里这样的产品很多,中国的农药绝大部分是引进的,并没有生产技术。为什么?因为中国没有那么多的人去研究和设计药,没有那么多的人去研究病理和药理。如果有那么多的人去研究就能出成果,其他方面都是一样。现在农业发展到今天,终端产品往往都是加工过的,可能再过多少年各位就会吃到制造出来的产品,这是发展的大势所趋。尽管有道德不良的人在食品里胡乱添加东西,但是这并不能改变事物发展的规律。都吃天然食品,根本不现实,任何天然食品的营养物质都是不全的,大自然设计生命就是均衡的,就必须吃各种各样的东西,进行搭配。当然可以随便搭配,逮着什么吃什么。有人说想吃什么就吃什么,那不一样,若爱吃糖就吃成糖尿病了;也不能说吃什么补什么,吃头发都不消化怎么补头发?下一步到底该怎么做？比如说菜，田里拔点菜还真卖不出去，要进行加工，这次广州亚运会上提供的餐食——芥菜包就很简单。将吃的菜洗干净、包起来，没有污染，你拿去就能吃，这叫终端产品。假如送给你一包小麦你可能真觉得很烦，为什么？不是终端产品因为你需要的更多的是终端产品，这是一个产品的设计。所以产业链方面要解决的问题：第一是现代农业的产品设计与制造问题，尤其是要研究一些终端产品。第二是产业加工、制造的关键技术与创新问题，一个产业能不能生存下来，关键在于产业技术尤其是装备，没有这个不行。光有种子不行，必须有与种子相关的设备和播种的机械，这里面很多都是工程问题。第三就是市场技术问题。任何产业在现代的市场经济体制之下，都是饱和的，竞争很激烈。但是市场确实需要技术，现在不是说有东西要卖，那你怎么占领市场？这是一个方面。现在很多时候要创造市场，很多市场本来是没有的，是创造出来的。以前没有手机，有了手机就要培养一个手机市场。现在农业正在向加工业快速发展，再过一段可能搞制造业。保健品就是制造出来的，把活性有效物质提炼出来配一下。也就是围绕着培育市场、开发市场、经营市场、创造市场，这里面有很多科学和技术的问题。比如电子商务开发市场，我们怎么做这件事情？把市场做起来。北京大学光华管理学院在办物流。物流从一定意义上来说是产品进入市场的关键，我们现在就是这样，生产都要专业化。城里的小伙子到北京大学来上学，家离这里有一千公里，但是想要吃家里的东西，就要靠物流。现在吃农产品的人不是生产农产品的人，生产农产品用于自己消费的只是极少的一部分。农产品作为体积比较大、质量和安全性要求比较高的一类物品，物流在这方面变得非常重要。过去经常讲漕运。明朝、清朝因为定都在北京，任何皇帝都非常重视漕运，实际上是重视物流。想着怎么把东西从南方运到北方来？现在又变回去了。南方人忙着挣钱不种粮了，北方人种粮，要把粮食运到南方去，把水果运过来。怎么解决这个物流的问题？体积这么大、重量这么重，又要保证质量。这和运电视不一样：电视无所谓，微生物爬上去也没事，农产品不行，要求很严格，把广西的荔枝就像运沙子一样运到北京肯定完蛋。怎么运，怎么保鲜？所以萧山有一个大企业传化集团，提出一个很重要的理念"公路港"，新发地也搞农产品的物流批发，山东鲁商也搞得很热闹。所以有运输的问题、储藏的问题。比如沃尔玛，物流系统是世界上独特的。一是沃尔玛有一套完整的模型,能计算一个地方一天大概能卖多少瓶醋,所以有量的概念,这是配货的基础。二是沃尔玛有独立的车队。三是有一套完整的信息管理系统,所以它能用经济的方法把一个物品从某一个地方运送到某一个地方,并实现最低的成本。车队是自己的,采购不经过中间环节,有自己的一套办法。

再研究市场的问题:把一个东西送到消费者手中用什么方法?专业化的时代就是时空相互分离的时代,必然要解决物流、仓储的问题。我国的粮食储藏率是40%,国际上是17%。所以在研究现代产业的时候必须研究市场。前几天陈丽华院长在和新发地合作的时候,我建议北京大学建立物流学科,这个学科的建立是对我国国有产业的一种贡献。要解决物流的问题是比较复杂的,这就涉及市场。第一个涉及业态的设计,需要产业经济学,还涉及很多设施,要有工程科学的支撑。有那么多的计算,就离不开数学和现代信息技术。所以说这样一所综合性大学解决这些问题有它的优势。要做业态设计,首先要算账。不能说粮食多了就准备搞加工,因为有可能加工反而不赚钱,得先算账:弄不弄得到钱?市场在哪里?卖给谁?市场怎么设计?所以说市场技术现在是薄弱环节,研究得比较少,这是一个大的问题。而且这部分尤其要将大学和企业结合起来,现在城市有一个很重要的现象,一些大的物流批发市场正在经历深刻的转型,这个转型就是过去面对面的集市型的贸易转换为以现代信息手段支撑的交易和物流技术支撑的一种模式。而且由于我国城市化发展这么快,还有2.4亿农民工,消费市场群体很大,所以现在物流的空间也出来了,蕴藏着很大的商机。当然,也可以不变,觉得现在费那么大力气把一箱菜装车上,中间损耗了40%、50%,这很不经济。我国的物流成本比国际的成本高1—2倍,农产品成本更高,消费者确实花了很多钱,但是农民没拿到,钱都消耗在路上了。这是经济、市场、产业问题,我们要研究这些问题。

最后是金融基础,我们正在研究农村金融。富人揣着钱不知道往哪里弄,农村需要钱又没有,为什么?是因为有两大制约没有解决:一是农村存款的人比较多,他们的承贷能力比较弱,没有良好的业态支撑。在现在农村的发展、社区的建设中,面对那么大的空间怎么设计这个业态?20世纪70年代金融危机的时候美国设计了世界的贸易制度,今天说四大粮商,其实那只是个标记,是一系列农业制度改革的结果,包括贸易体制改革。

一吨粮怎么卖有很多技术问题,如果没有那个改革,美国的家庭农场会持续更长时间。改革后农场加固、兼并、规模扩大,华尔街的资本可以进去。中国现在也有这个问题,光说重视农村建设不够,得有办法把产业做起来。我国现在也有农村信用社、农村合作银行、农村商业银行,还有小额贷款公司。要启动农村消费,拓展农村发展空间,我们得想办法进去。像新发地和鲁商的承贷能力就很强。这是金融问题。这种研究就离不开这么多学科专家的共同努力,尤其是从经济角度而不是从生产角度研究这些问题。通过这种金融基础的研究,有效地把市场、人才、资本、科技融合到一起,培育起现代的农业产业链和农业产业体系。

第三方面是关于新农村的科技创新。关键是乡村社区的建设。首先就涉及一些政策、法规的重大问题研究。比如说乡村土地。我国现在是城市和乡村土地分别管理,农村没有像城市一样的土地制度;关于房子的问题,农村也没有像城里这样的房产制度。对一些基本的要素到底有什么样的政策?要按照建立社会主义市场经济的要求来研究这些土地问题,当然也有农业发展用地的问题,但是也要看到乡村有社区用地的问题,也有增加农民财产的问题。和城镇居民一样,乡村的地产、房产都是存在的。其次是乡村的规划问题。如何规划乡村?过去很多自然村往往在选址时有一定的偶然性,尤其是南方,依山盖房。因此,怎样进行乡村社区的功能设计?再次是乡村的民居、公用设施怎么办?比如说乡村环境。现在乡村的污染,从生活垃圾角度来看并不比城市好:到处是垃圾袋。怎么解决环境、污水处理问题是个难题。乡村的居住规模比较小,一个村可能只有一两千人,一两百户,应该怎么办?再看看欧洲,欧洲的小镇规模不大,虽然不像一些大城市有高楼大厦,但是看着很优雅,很有特色。但是我国就不一样。当然还包括乡村的社区服务、医疗问题,围绕着乡村社区确实要开展一系列研究。

最后就是农民的发展问题。特别是针对农民的医疗、培训、就业方面该怎么做出安排?这涉及大量的科学和技术问题。就远程教育而言,应当说在国家空间尺度比较大的国家,我们找到了一些方法,当然还有其他的一些方法,大家可以参考国外大学的一些课程。我想这就是我今天给大家汇报的《转型、科技创新与新农村建设》的内容提纲。

北京大学能够关心"三农"问题,确实高瞻远瞩。看到了全局的问题,看得远,看到了好像在基层但实际上又在眼前的问题,看到了农民、农业的问题——这是我们必须搞好的一个产业方面的问题,也找到了我们发展的潜力所在。我们还有一个钥匙就是要靠科技创新。希望我的报告:第一,没有浪费你们的时间。第二,北京大学人才济济、学科比较丰富,希望你们的智慧能够贡献出来,在转型的过程之中解决必须解决的现代农业发展、乡村建设和农民发展等问题,为我们的全面建设小康社会贡献一份力量,谢谢大家。

互动环节

问:谢谢贾主任,我家在河南农村,我们比较关心新农村建设。今天您抛出了很多不同的问题,中央也在考虑新农村建设,我想问国家对新农村建设有没有一个日程,比如多少年,哪个时间?

贾敬敦:现在从大的目标来讲,从城乡统筹的角度来说,我们提的是到2020年要建立城乡一体化的新格局。这个部署包括了各个方面,当然包括经济、社会,比如政府提供的公共服务、社会保障。但是这里面有一个很大的问题,也是我刚刚作为一个问题提出来的,就是除了这个以外,我国确实本身还存在乡村社区的建设、发展和管理问题。我认为这个问题现在研究得还不是很够,因为这里涉及大量的建设、政策法规的调整问题。从大的方面要实现一体化,就包括我刚才提到的,比如医疗、教育、就业、户籍改革等具体的问题,我们要按照2020年实现城乡经济社会发展一体化这一路径目标来解决。

问:我家也是农村的。我每个月回一次,发现了一个比较严重的现象。刚才贾主任讲农村的产业其实是一个产业链,我非常赞同。但是现在可能有一个现象对这个产业链起到了破坏作用,就是工业的农村化。现在农民单纯地靠种地得到收入已经不是特别普遍了,单纯地靠粮食收入已经满足不了孩子的教育和自己日常的开销。所以现在有很多工业向农村转移,各种各样的厂房甚至一些污染型的企业也全部搬进了农村,农村的污染特别厉害。我每个月回去,每天早晨都被毒气熏起来,土、水的污染很厉害。现在有一个重要的问题,即农村要建立一个合理的体系和制度来保护我们的产业链,而不是针对每个具体的问题头痛医头、脚痛医脚,这是我的一个看法。也希望贾主任谈一下针对产业链具体的措施和制度。

贾敬敦：我们从产业链的角度进行解决。现在农业的总产值在 GDP 里面占 10.2%，这里面包括所有的农、林、牧、渔，按照目前的态势，农业确实应该有发展空间。这里面有几个基本的问题：一是土地问题。当前农业是典型的资源性的产业，土地是作为纯粹的资源性能源，没有像房地产那样的成本进入到产业之中。土地只要非农化了就会有更多的收入，土地上开展一点工业化之后生产率就会非常高，这种驱动机制肯定导致工业化和农业是不一样的。二是农业如果是资源性产业的话，一亩地别说产 1 000 斤粮食，就是产 1 万斤，乘以 10 倍，还是没有多大的空间，这就决定了农业要实现发展就要搞产业链。我想说明的是我们是可以实现这个目标的。我提供一个数据，在制造业里面，我国食品产业的总产值大概是 6 万亿元，改革开放以来食品产业的发展非常快，一直是两位数。但是由于食品产业和上游产业是割裂的，因此不管供应链还是产业链，这部分的利润都没有增加。还有餐饮，全国大概有 1.7 万亿家餐饮企业，这两个数字加起来就是 8 万亿——我说的是规模以上的，营业收入 500 万元以下的规模很难统计，估计这个数字只能大不会小。三是物流批发交易的环节，就现行的政策而言，确实存在调整的余地。通过我们现在的分析证明，农业这个产业链是有很大调整空间的，比如说，有的地方把农村和合作社组织起来，然后在原料生产方面和前端连起来，以股份形式进入后端的加工，就可能得到巨大的利益补偿。不是没有效益，而是被一些政策的原因阻碍了。我非常希望能解决这个问题，这里面确实有我们要做的分析和设计，要提供一种方案，比如家庭联产承包。一开始认为集体的大规模种植效率最高，但是有些经济学家专门计算过，按照这种集体的经营方式就是规模扩大了，生产率也没有提高，因为没有后面一系列的经营。而且现在在土地的利用上就有一个很大的问题：我国城乡土地是分别管理的。大家都认为应该解决，但是怎么解决本身又是一个问题。还有农民的房产，农民住的房子是没有法律意义上的产权的，往外租也没有法律意义上的保护，这本身就是一个问题。确实需要在经济、科技、社会发展中提出一些解决的方法。还有农民工的一些问题，这些问题客观存在，如何仔细分析解决起来应该是有可能的。所以我们要研究一种方法，靠纯粹的农业是解决不了的。

我们既要看到问题,承认自己有问题,但同时也要研究这些问题,提出一些解决方法,这是我的看法。

问:谢谢贾主任,我前段时间看《人民日报》,上面说我国产权专利数量有大幅提升,我相信当中肯定有一部分是关于农业技术方面的专利。您刚刚提到农业产品加工这方面也有一些技术。我有一个问题,我国是农业技术运用起来有问题,还是的确缺少解决实际问题的技术?这两个问题到底哪个更突出或者两个都有,它们的现状是什么样的?我国有没有一个具体的机制来针对这两个问题?谢谢。

贾敬敦:你提的这个问题确实很重要。从解决"三农"问题的总体布局来说,我们缺很多技术。现在就农业生产来说,靠我国目前有的技术,生产量应该没有什么大问题。也就是按我国目前聚集的农业生产技术来说,粮食产量达到5亿吨应该问题不大。2010年我国生产了5.46亿吨粮食、7 925万吨肉、3 500万吨奶、2 700万吨蛋,支撑我国目前的农业产业体系的技术应该是没问题的。而且我也可以明确地说,农业的发展和高新区有一个很大的不同,还是有有效的方法。比如看粮食的产量,国际上都是玉米产量特别高,我国是水稻产量高,为什么?这就是我们提到的共性问题:我国有完整的水稻育种技术。但是就农业产业链技术来说,我国确实很缺。现在缺的技术有三大类:一是加工制造和装备业的技术,关键技术只能依赖进口;二是市场技术;三是金融。对于金融问题直到目前都没有找到很好的方法,那年获诺贝尔经济学奖的孟加拉人,研究小额信贷,他确实找到了一种方法。从市场技术、金融技术、加工制造技术来看我国都是非常急需的。

从科技成果的转化来看,现在科技成果转化率确实不高。科技成果转化率计算的方法本身也存在一些问题。但是总的来说,因为我们的农业问题,农业技术产权化程度还比较低,这个确实不太好算。从认定情况来说,我国真正的农业科技成果转化率就在30%左右。这里面有两个大的问题:一是农业技术在释放的时候必须进入环境。农业技术在很大程度上和打仗的基础差不多,必须根据战场的情况来适应,有个环境释放的过程。但是任何技术都是从实验室走出来的,释放有个中试环节,我国现在在整体的布局上对中试环节的研究还不够,所以也不能让科学家都包办一切,还真不能把所有的成果都拿到田里。除了实验室本身的研究以外,确实有一个产品的设计、中试、放大的环节,我国在这方面比较弱,是我国研发部署不够造成的。在有的国家这部分是企业在做。比如大家也分析过美国的制药,有几个重要的环节,首先是病理、药理研究,属于基础研究。我们现在都说美国的药是企业在做,但是实际上没有算这一步,如果没有病理和药理的研究就很难做出这些东西。后边还包括化合物的筛选、鉴定、评价,发现一个化合物不见得好使,调整后把它变成药物,就是产品设计的重要方面。我国农业确实组织化程度比较低,而且大部分的企业现在还没有重视农业。原因当然有很多,就不展开说了,有一些中试环节接不过去,这也是影响到产业化的一个方面。

我国现在吸纳已有的新科技成果的能力相对比较弱。因为规模小,所以转化确实是一个令人头疼的问题。我们现在谈农业科技成果的时候实际上在谈两个方面:一是推广针对千家万户量大面广的,通过公益的方式,很多发达国家也做了;二是针对企业的,这要有市场的转化机制,这也是一个问题。

你提的这个问题确实是我国现代科技成果转化面临的突出问题,应该说从解决"三农"问题的迫切性来看,产业链技术确实急需,在实现产业的转化方面也是非常重要的。很难说从哪个角度说谁更重要,但是从宏观上判断它们确实都很重要。

问:贾主任您好。最近有位研究"三农"问题的学者给袁隆平写了一封信,建议他不要搞杂交水稻,而是搞常规水稻。当中列了一些原因,比如杂交水稻种子价格过高,还有一些地区的农民如果碰上天灾人祸就找不到种子了。他还建议保留常规水稻30%的种子,包括设立国家种子库,不知道您对这件事有什么看法。

贾敬敦:袁先生的杂交水稻技术确实是世界上公认的成果技术。我先说一下它的道理,杂交的问题大家都知道,在生命科学生物技术发展史册上面有一个非常著名的杂交的理论:不同的物种进行杂交的时候会得到一些突出表达的性状。农业要解决什么问题?首先要解决经济性状表达的问题,产量要高。其次要解决适应环境的问题,冷热都能长。杂交优势这个理论也是世界公认的一个理论,基于杂交理论的杂交育种技术,确实显示出了性能优异的品种。现在比如水稻、玉米、油菜都得到了杂交品种,效果确实还比较好。如果没有杂交技术,很难想象人类会生产这么多的粮食。现在全球一年粮食产量在 21 亿—23 亿吨,贸易粮大概 2 亿吨,68 亿、69 亿人口之所以还可以解决营养问题,与这个技术是分不开的,这也是广泛使用的一个技术。我认为做这项技术研究还是必要的,因为是普遍使用的,有扎实的理论基础。

在北方现在很多地方用的还是常规的优选法和观察法两个标准。和看人差不多,看人相面,通过观察法选种子。从生物多样性来说,保持一定数量我也赞成,但是这两个千万别矛盾了,不要因为这个就把它停下来。它确实有扎实的理论基础,能解决问题,而且实际效果又不错,应该有个实事求是的评价。

关于建立国家种子库的问题,任何农业大国都把农业种子库建设作为国家的一项重要的战略部署。我国有非常好的种子库,收集了各种各样的种子进行保护,美国、俄罗斯等国家都是这样,种子库一直是国家建设的一个重点。当然水稻是非常重要的一个方面。我觉得从实践运用上来说,应当说杂交技术在我国目前的粮食安全上发挥了非常重要的作用。小麦杂交技术很难攻克,下一步不知道能不能用生物学的技术攻克。但是水稻、油菜方面的应用是不错的,效果也很不错。

问:贾主任,山东的诸城作为一个实验县级市,从 2010 年 6 月就开始大拆大建,现在在寿光那里推行就进行不下去了,您对这个问题怎么看?

贾敬敦:寿光那里的情况我确实不太了解,我今天之所以花那么多时间说乡村社区的问题,是因为我认为我国在建设乡村社区方面确实还没有一套切实可行的办法,存在一些法律政策方面的问题。现在很多地方建新农村往往都在大拆大建,大家过分重视物理上的形象,而忽视了社区的功能。社区具有很重要的文化功能,如果忽视了这个综合功能,单纯就建筑来说建筑,我认为不可取。这是最基本的问题,下一步到底怎么做,确实有些问题需要解决。

首先就是基本的土地政策和相关的一些政策要研究。不管怎么说小岗村搞了一套办法,最后经过大家研究这个办法可行——联产承包。集体留一部分,自己拿一部分,这个办法还是可行的。

我对拆迁的看法确实也很矛盾,生活在平房过年还有一个氛围,拆了之后就没这个氛围了。而且生活在楼房成本也比较高。但是这里的一个很大的问题就是土地的问题,只有把土地从这里卖了才能拿点钱。但是简单地大拆大建忽视文化功能、忽视社区功能,我认为是不对的。

问:您是科技部农村技术发展中心的主任,每年中央的一号文件基本上是关于农村问题的,您能不能评价一下目前科技部在农业方面主要的科学研究方向和相应的投资,以及我国和美国目前的差距?如何促进农村现代化?

贾敬敦:现在每年有两个大会:经济工作会议和农村工作会议。一个对经济工作进行部署,一个对农村工作进行部署。我也参加一号文件的起草调研,科技就是其中一个非常重要的内容。一号文件更重要的是年度性,当然也对长远的问题进行一些部署,每年有个主题,今年是"水利"。根据这样一个特点,也围绕这个主题对相应的科技问题进行部署,是符合中国实际的,尤其是通过一号文件进行部署更容易调动社会的力量来参与到农村工作之中。就科技部目前在农业和农村的部署而言,我个人感觉进入"十五"以来确实在进行重大的调整,当然因为"十五"投入的限制,我国的投入和美国相比确实较少,而且差距比较大。我国不但政府投入比较少,企业投入也比较少,就最典型的种业来说,国际上大的种业公司一般将收入的20%—30%投入到研发当中,而我国实际上真正投入研发的非常少,应当说就是国家给一些经营许可证,可以经营种子的企业研发支出可能也不到10%,大量的公司基本上就不做研发。还有一部分是院所通过国家计划做了研发,这部分研发的支出不是来自企业收入,种子卖完了以后再想别的办法。企业投入得也比较少,当然农民自己的投入就更少了。我国和发达国家相比确实有很大的差距。但是在工作的布局方面我国也在调整。我个人认为就是要按照农业、农村和农民的三大板块进行系统部署,确实还要经过一段时间,还存在一些认识上的问题。包括农业本身,现在应当说生产领域成本相对还是比较高的,但是其他涉及产业链、市场的确实比较少。当然这里面的原因比较多,目前我国农业科研的主体是院所,还有大学。我个人认为农业学科的设计可能有点问题,当然我国也在进行改革、完善、调整,但是前期应当说是参照了苏联计划经济体制的模式进行学科设计。

举个例子。食品加工实际上算轻工业,但是这两个很难割裂,随着企业发展到一定的程度要进行融合。像双汇的瘦肉精事件,它自己也不会想到瘦肉精的问题,所以这中间就得有个衔接,就是农业越来越原料化,大家都吃加工的产品。这中间会有一种融合,在学科的基础上确实需要完善,我觉得这是一个过程。

问:我们都知道,在发展市场经济的中国,生活中的各个方面都受到市场价值规律的影响。结合具体实际来讲,从2010年的"蒜你狠",到今年山东卷心菜的滞销,这些状况让农民感到很无力。我想请问一下农民怎样才能在被动中实现主动,走在市场的前端?怎样将市场经济的优势发挥到最大,实现利益最大化?

贾敬敦:我也看了一些消息。我不太同意你的分析,比如现在菜跌价。菜跌价也是几家欢乐几家愁,卖菜的肯定要赔,但是买菜的有些还是沾了好处的,他们心里可能比较高兴。还有搞蔬菜加工的企业进料也会高兴。价格出现这么大的波动我认为带有非正常性,我也在猜,但可能不对。股票市场有个重要的创新就是买涨买跌,有的人买涨时赚钱,有的人是跌的时候善于赚钱,比如卖空就是跌得越多越赚钱,这样才能把原来抛的价格做大,把现在的价格做小,一减就赚钱了。

我有个看法,因为现在我们发展到这个阶段,农业又是不可或缺的,在一定程度上与金融结构结合,容易产生炒作。农业产业和金融的结合是必然现象。中国也是这样,当然具体的情况怎么样我不好说,我对这个事情的想法和他们说的还不太一样,我觉得这是多因素综合交织作用的结果。我分析出来只有一个结论。你说农民要进入市场,我认为最有效的方式还是要把农民组织起来,解决他们的组织化问题。中国和美国的农户不一样:美国农户进入农场时是法人,中国农户进行生产的时候是自然生产人,没有发票、会计。农民经常说一个大棚挣了三万元,我说基本不挣钱——这些都是劳动力成本,要组织起来就要解决农民的法人问题。现在很多地方搞农村经济合作组织,我认为是很好的方法。所以我认为单纯的企业加农户不能从根本上解决问题,因为农户和企业实际上没有法律意义上的平等关系。企业是受法律保护的,当然农民也受法律保护,但是不平等的,这就在客观上需要用一种方式把农民组织起来,有的地方叫合作社。当然"公社"这个名字不好听,但是组织起来是一个办法。一方面,本身可以在政治上争取到更多的权益;另一方面,在进行谈判的时候可以获得更好的价码。所以为了适应市场,农民要组织起来扩大规模,我认为这是市场的一般规律。

(时间:2011年4月27日)

第六篇
新型城镇化:从概念到行动

仇保兴:住房和城乡建设部副部长

非常高兴有机会和大家一起交流新型城镇化如何进行。大家知道,2011年我国的城镇化率正好达到50%,也就是我国即将进入城镇化时代。城镇化时代的标准,联合国都认为是城镇化率达到50%。所以我们前面走了30年的快速城镇化的道路,但是未来还有30年,这30年的城镇化应该怎么演进?我们把它作为一种新型的城镇化。新型的城镇化,肯定要面对我国现在存在的问题或者说面临的危机。为什么叫新型城镇化?和传统城镇化有什么区别?我想区别主要在于以下几个方面:一是传统的城镇化是一种城市优先发展的模式,但是新型城镇化必须兼顾城市和乡村,也就是说采用城乡互补协调发展的战略;二是传统的城镇化肯定是一种高耗能的方式,不计能耗但求GDP发展,新型城镇化一定要追求能效提高、能耗降低,所以必须走一条低能耗的路;三是传统的城镇化层面上,只要人口比较多地集中在城市里面,就算完成了人口的城镇化,但是新型城镇化一定要追求城市质量的提高,至少是公共环境质量的提高;四是传统的城镇化是一种高环境污染的城镇化,也就是说高环境冲击型的城镇化,但是新型的城镇化肯定要追求低环境冲击的城镇化,绝对不能搞先污染、后治理这种传统的工业化、城镇化的发展路径;五是传统的城镇化是放任式的,它会为城镇化带来一个牵引力,这种牵引力会造成城市蔓延,但是新型的城镇化必须要讲究集约式发展;六是传统的城镇化是少数人先富,但是后30年的新型的城镇化肯定要走社会和谐、公正的城镇化道路。

  第一,我们要从城市优先发展转向城乡互补协调发展来谈。这就要讲到我国的农村、农业问题,有几件最主要的事情我想和大家一起交流。一是农村、农业与城市有着不同的发展规律,而在国家的历史上,用城市的发展规律来取代农村、农业的发展规律,实际上使"三农"问题恶化了。我们可以回顾一下历史:农民分到田,本来种田的积极性已经高度地激发出来,结果我们犯了一个错误,就是农民公社,把这个积极性扼杀了。再紧接着,一个县一年办市场吃掉了两三年的粮食,后来又开始农业学大寨。这些急急忙忙推动农业发展的热情,体现了我们用了一个城市或者说工业的发展规律,来取代农村、农业的发展规律。实际上使得中国的农村都出现了问题。二是由于我国的特殊国情,也就是说我国人多地少、地形非常复杂,起码有五个气候区,因此绝不能盲目地将现代农业建立在化学农业或者能源农业的基础上。但是这条路没有走成功——我国的农田使用的化肥和农药比发达国家高了3倍,农产品农药的污染很高。三是党中央国务院提出城乡一体化发展,绝对不是要把农村和城市搞成一样,而是要追求两者差异化的协调互补发展。因为要协调发展,两者就必须要有差异,尊重差异化的规律,只有在遵循差异化的规律的前提下,才能互补,互补才能协调,协调才能和谐发展。

  先行国家有不同的城乡发展模式。第一种模式叫城乡相互封闭式发展模式。这也是我国计划经济时期所采用的,也是苏联办集体农庄时采用的。那种理论至今还有人在研究,美国的大学就有一批人在研究所谓的城乡关系。他们认为,城市在发展的过程中就像吸血鬼一样,把乡村里面的各种资源吸到自己肚子里,然后转化成城市的建设。这个漫画是20世纪90年代在美国的一个报纸上登出来的。所以他们认为,城市化会造成乡村的衰败。为防止乡村的衰败,他们的理论就是要把城市和乡村割断。当然,这种割断在世界各个国家的实践中从来没有成功过,但在逻辑上是有道理的。

  第二种模式叫城市优先发展。这种模式受到了很多经济学家的推崇,中国凡是研究城市经济学的,常常提出,城市的合理规模应该在一百万人口以上。这种城市优先发展的模式是根据统计学提出来的,越大的城市居住的人越多,这种模式后面的理论就是达成华盛顿共识。华盛顿共识在发展中国家推行的结果是什么? 一个非常显然的结果,就是把世界的城镇化分成三种类型,这是英国一个著名的规划师(因为在城市规划方面有非常杰出的贡献,所以以规划师的身份获得英国勋爵称号)提出来的。他认为第一种类型是东亚,包括中国的良性城镇化,也就是说人口转移和就业安排基本同步,住房基本上是正规的。第二种类型是失控的城镇化,基本上完全按照华盛顿共识的指引,采用城市优先发展模式,比如南美洲、拉丁美洲、南亚,非常明确。这些国家的弊端就在于完全推行了土地私有化,农民过多、过早、过快地从土地里面出来。这些国家的城镇化率一般都在3%—5%,速度非常快,比我国快5倍。过多的劳动力脱离农业以后(这在非洲已经成为一个事实)涌入到城市里来,城市又没有提供足够的劳动力需求和住房条件,大家就在城市边上居住下来。所以联合国在2005年发布了一个年度报告,南亚和拉丁美洲以及南美这些国家贫民窟的人口在城市所占的比例超过了50%,甚至超过了70%,城市的环境、社会的不均等情况非常严重。第三种类型是进入老龄化社会的衰退型的城镇化,指的是欧洲。所以说我们会看到,中国到目前为止没有出现这么大的贫民窟,是由于在根本制度上,特别是土地制度上,我国没有采取完全像华盛顿共识提出的那种方式,这是很多经济学家不能理解的。

第三种模式叫城乡同质化的发展。这种模式美国非常推崇,认为把城市和农村最好建成一个样。这种模式发展的结果当然是非常失败的,一个简单的数据就可以说明:一个美国人所消耗的汽油是欧洲人的5倍,做任何事情都要开车,城市人口的密度下降了好几倍。这种模式有一个机会,只有出现这样的机会才会发生,就是城镇化与机动化同步发展。中国恰恰也是这样,所以中国存在非常严重的城乡同质化发展。在美国发生的城镇化的发展问题不是最大的——无非是消耗了世界上过多的能源和资源,但是它的粮食、社会稳定不受影响,因为美国人均耕地数量是我国的20倍。如果在中国发生这样的灾难,我相信我们的子孙后代会没饭吃。

第四种模式叫城乡差别化协调发展。这种模式在欧洲、日本很流行。应该说,农村与城市截然不同,离开城市一步就是田园风光。法国、德国的村庄基本上保留了中世纪以来的基本格局。法国的基础设施建设部部长曾经告诉我,法国在整个两百年的城镇化过程中,城镇化之前有35万个自然村,城镇化之后还是35万个。我当时就问他,法国经过第一次世界大战、第二次世界大战,村庄数量怎么还会保持不变?我说肯定有些村庄人跑光了。他说是的,大概有十几个村庄已经没有人,但是他们把这十几个村庄作为文化遗产委托政府管理,如果地底下发现矿产、山上发现景观会重新开发。前天,互联网上有一个消息,法国把一个很小的自然村拿来拍卖。我把图纸打开一看,只有三幢房子,全部是平房,起拍价36万欧元,结果卖到56万欧元,实际上一户人家三间房子也算是一个自然村,而且那幢房子非常地旧,估计都有两百年了。日本也是那样,日本的村庄也非常密集,在城镇化过程中,它一个村的建制改变了不少,但是自然村的数量很少。那么对于这种城乡差别化的协调发展模式,我们为什么推崇呢?一个英国人——霍华德,在一百年前写了一本名为《明日的田园城市》的书。这本书是城市规划学的奠基之作。他在这本书里写道:城市和农村应该像一对爱人那样结合,然后才能萌生出新的希望、新的文明、新的生机。但是许多人在操作这件事情的时候,力求把农村建得像城市那样,这就违背了霍华德经过非常细密的调查得出来的这个结论。从中国的传统智慧的角度,城市和农村应该是"阴阳互补"的,我们许多干部恨不得一个晚上把农村建得像城市一样,那就不对了。所以从这个观点来看,城乡经济社会一体化,实际上是一个公共资产和公共财政的均等,而不是说一定要把农村建得像城市,这个立场一定要坚守。

当前在农村的规划建设中存在什么问题?问题之一是,盲目地撤并村庄,片面理解城镇化。我国在1958年"大跃进"的时候就提出,"楼上楼下、电灯电话"就是新农村。在这种概念下理解城镇化,便把大量农村的村庄进行撤并,然后强迫农民"上楼",但是农民还在务农。因为还有50%的农民在农村,结果粮食、种子、肥料都没办法堆放。在这种情况下,自然村落实际上就有几大功能。第一个功能是它本身是一种文化遗产,是不可再生的潜在的旅游资源。当城镇化兴起、越来越多的人住在城市的时候,乡村的价值会越来越值钱。因为传统的农业是从土地里来到土地里去,是一个就近循环的循环经济模式。如果把农村、农田和居住地拉得很远实际上是不行的,这里边有许多问题,很少有经济学者对其进行研究。

比方说猪肉的价格,一会儿上一会儿下,有人说是因为猪的规模化养殖不够,这是一个错误的经济学结论。只要在农村生活过的人就知道,传统的农村猪的价格是平等的,因为85%以上的猪由农民散养,并没有规模化养殖。这些企业家对猪的饲料价格或者猪的供需之间的关系那么敏感,把猪看成具有三种功能:一是储蓄器,零存整取,平常喂点饲料,到了年关一杀,一半拿到市场卖,一半自己吃;二是垃圾筒,所有的饲料废料、食品废料都是猪食,不会有垃圾;三是沼气发生器、肥料发生器。所以我们新农村建设犯了另外一个错误:把猪、牛、羊关到另外一个地方——猪、牛、羊招待所。一头猪产生的沼气相当于七个人产生的,正因为猪有三种功能,而不只是一个经济效应,所以当家家户户都养猪的时候,猪的市场就有很多非经济因素在起作用,当追求规模养殖的时候,市场经济是一个顽皮的孩子,上蹿下跳,然后猪的价格也上蹿下跳,找任何一个物价师判断猪的多种功能,他都是很难回答的。

我国的现代农业到底应该怎么走?中国的现代农业有两种规模经济:一种规模经济比方说把土地集中到一个大户里,叫土地规模。这在中国只有三个省有这个条件,但是绝大多数省,80%的农村,只有走服务型的规模经济的道路。最典型的就是日本,日本有很多老太婆、老爷爷在种地,只有十个平方也在种。他们自己种地,在自己力所能及的范围内种地,然后把力所不能及的地方交给机械化作业,全包给社会化服务单位。所以,这种社会化服务型的规模经济适合我们国家的绝大部分省区。社会化服务型的规模经济是以自然村为单位的。同时,正因为是这样一种经济,在这样一种基础上,有农家乐,还有第三产业带动第一产业,形成第一产业和第三产业齐头并进的新的农村增长模式,完全可以超越乡镇企业,走上一条可以持续发展的道路。

第二个功能是自然村落是农民社会资本的有效载体。农民对亲戚关系、对周边自然环境的熟悉和了解就是社会资本。这也就是为什么三峡移民都选择回家了。我在杭州当市长的时候,三峡移民到杭州来,我们给他们非常好的条件:一户人家支出大概几十万元,给他们盖好房子,分了好地给他们。但他们都回去了。为什么回去?尽管在这儿分到很多土地、拿到许多钱,但他们的社会资本丧失了,因此他们就选择回去了。所以社会资本实际上起了一个非常重要的作用。如果村庄一合并或者一出现移民,社会资本就消失了,所以农村最穷的农民就是水库移民、高速公路移民。因此国务院有次会议就讨论了对这些人的一次性补贴。浙江省最穷的农民就是新安江的农民,到现在都没有土地,因为他们丧失了社会资本。

第三个功能就是对于散播在世界各地的华侨和数千万的港澳台同胞来说所谓"根"的概念。中华民族是一个崇拜祖先的民族,中国人敬神就敬自己的祖先,所以说当泰国的英拉当了总理,中国华侨就回来寻根,但是对不起,你的根没有了,你就回去吧。这几个道理大家都非常清楚,所以希望大家对这一方面有进一步的认识。

问题之二是盲目对民居进行改造。我国相关部委发过全国农民房子的标准图册,农民盖房子,有钱了先盖一层,再有钱再盖二层,可能要花几十年才能把整个建筑完善起来。更重要的是,任何一个地方的建筑都包含这个地方的鲜明特点,体现当地人与周边环境和谐相处的智慧。而现在遇到问题了,前几年说新农村建设,就意味着要住上新的房子,农民就要从窑洞里面搬出来。窑洞是冬暖夏凉,一个冬天只要耗一吨煤,但是搬到别墅里则要耗八吨煤。结果当地有先见的旅游公司把农民废弃的窑洞收购回来,改造成三星级宾馆,然后外地人来旅游时住窑洞,当地农民住别墅。

问题之三是盲目地安排村庄整治秩序。计划经济有好处也有不好之处,村子里的路还是土路,农田里铺上了水泥路——因为我们有标准农田改造的要求。村民饮水非常困难,但是玉米地上有了自来水管——因为玉米地有灌溉设备。村小学的校舍还是危房,但是我们很多活动室,什么民兵活动室、党员活动室一个个盖起来,一个村庄200户人家居然有16个活动室!这是难以想象的,西方的村庄中心是教堂,东方的是祠堂,我们这里居然还多出十几个活动室。我们问农民,到底活动室有没有用?你们使用活动室吗?回答说有一个叫合作医疗活动室的倒是经常去,但其他的就不知道是干什么的了。

问题之四是忽视小城镇建设。这里的小城镇指几万人口到几千人口的小镇,是周边农民、农业服务最有效的载体。如果北京这么大一个城市直接服务农民,成本肯定太高了。所以美国尽管不是一个服务型的经济,但在美国,直接务农的人口只有3%,但是为农民提供产前、产中、产后服务的人口占总人数的 20% 左右。而我国的小城镇是最破烂的,为什么?没有土地出让金,没有城市维护费,可它养了四套班子。小城镇和城市的构架是一样的,但是在国外的小城镇,市长肯定是兼职(一般都是退休人员兼职),发 300 美金的交通费,没有一个公务员,而且税收来源是物业费,所以国外的小城镇非常地漂亮,连续几年被评为最佳人居环境的都是小城镇。但是我国雇了一层又一层的人,层层像非洲。为什么城乡不是异样化发展?因为它存在固有的差异。

从生产的角度来看,农村、农业是以家庭经营为主。哪怕人均 GDP 超过 3 万美金(像北欧),照样以家庭经济为主,所以说家庭联产承包责任制要坚持 100 年不变。但是城市是以工业为主——完全不一样,要讲究专业化、分工与合作。这种分工与合作越细密,人类的知识积累越快,科学的进步、社会的进步才会越快。从消费的角度来进,农村和农业是低成本、循环式的,没有什么东西可以浪费,一切从土地中来回到土地中去。正是因为这样,我国作为世界上最悠久的农耕文明的国家,人们在整个农耕文明过程中对地球没有什么伤害。但是两百多年的工业文明就把地球破坏得差不多了。传统的农耕文明是低冲击的,一切来自土地又重新回到土地;但是工业文明就不一样,是高成本、直线式、非循环的,哪怕要循环也要花巨大的代价、消耗巨大的能源,要燃烧垃圾、处理垃圾、处理废水,是长距离的循环。从工业的角度来讲,传统的农村、农业是自助合作。比如说,我们退休以后一定要衣锦还乡,把祖屋翻修,再有钱的话就修个桥铺个路,写上 19××年或 20××年修了这条路,光宗耀祖。钱不够怎么办?祠堂给补助,所以就有个制度合作。历来如此。所以新中国成立以后搞农村合作医疗、合作办学。城市就不一样了,全是政府包办,也就没有回到农村里面光宗耀祖说了。从景观特征的角度来看,在城镇化的过程中,人口越往城市集中,乡村的资源越是值钱。因为乡村资源是自然、宽旷的,我们所说的非物质文化遗产、物质文化遗产等都在农村保留着。而城市已经面目全非了。城市是多变的、现代的、娱乐的,完全是不一样的。所以乡村之美会越来越值钱。在空间的关系上,农村、农业在规划中要讲求生活、生态、生产空间,这"三生"空间是重叠的、混合的,这种混合越紧密,它的循环经济特点就越明显;越分离,循环经济的特点就消失了。但是城市就是分开的。20 世纪 30 年代,一个法国人提出,城市必须有四种功能,即居住区、交通功能、旅游区、工业区。

我国在农村物质形态上的规划导致了两个冲突。第一杭州这边有个有水的村庄,瓦片都是不同的颜色,是不同年代盖的房子,在村庄治理的过程中间,没拆过一座房子,没砍过一棵树,没填过一条河流和一个池塘。本着要和城市逆向治理的想法,城市里有宽马路、整齐的路灯、整齐的行道树,农村就没有,一定要搞成弯弯曲曲的乡间小道、自然的树林、潺潺的流水、婀娜多姿的葡萄架、"农家乐"、平原经济,吸引大量的城市居民到那里去过周末,过了周末把农村的农副产品带到城市去,城乡对接也就完成了。所以这里的农民收入连续7年每年增长50%以上。而且那边还有一个新的犯罪的动机:把自己子女的户口偷偷转成农业户口,这样在杭州郊区就可以分到一亩多的茶园。龙井茶一年收入十几万元,盖个房子一年出租收入又有二十几万元。这边的这个村庄原来办过乡镇企业,集体很有钱,把农民的房子拆了,盖成一模一样的,然后抓阄决定谁住哪儿。结果原来这个村庄有"农家乐",现在一看就像城市里盖坏了的别墅群,城里人就不来了。这个村庄就相当于把古代留下来的祖传名画变成了印刷品。

第二,从高耗能城镇化转向低耗能城镇化。我国最主要的问题是,煤炭储量人均达世界平均水平的一半左右,人均的石油、天然气储量只有世界平均值的 7.4% 和 6%,所以在 50 年之内就必须以煤来代替气才能安全地解决能源问题。为什么新能源汽车国家补贴 12 万元/辆,美国只补贴 3 000 美元?因为要把用汽油的车改成电动的,用电就是耗煤,所以我国的补贴是美国的 5 倍。其次,我国要达到发达国家水平就要开发一种更为集约的发展模式。我们即使按照日本、西方最集约的模式,人均消耗石油也有 17 吨,乘上中国人口就是 36 亿吨,比世界产能还大。再次,我国确实已经是最大的温室气体排放大国,减少排放和可再生能源的推广将成为我国能源的头等大事。中国在前几年超过美国,而且增长比它快 4.7 倍。更重要的是能源由三个板块组成,其中建筑的能耗和交通的能耗将占全社会总能耗的 60% 以上,而且会成刚性需求。也就是说,如果一个建筑是不节能建筑,它就没法调节能耗;如果一个城市道路网架不适合步行、骑自行车,那就只能驾车,所以交通的能耗和建筑的能耗是用户没法调节的,需要政府来做。世界上交通、建筑、工业的能耗基本上占 1/3,但是我国处于工业化时代,很大一部分工业品都是为出口做准备,在我国这里搞加工,能耗污染留在中国,这里面30%的能耗叫转移能耗。我国工业能耗占60%,建筑能耗占25%,剩下的占10%左右。交通、建筑能耗突飞猛进,而对于工业能耗,随着资源价格上升、技术革命以及"退二进三",还有资源税、污染税的出台,企业家自动减排,严格意义上政府是在创造外部环境。但是交通能耗、建筑能耗就意味着政府要负责。建筑能耗对地球会造成什么影响呢?所谓全生命周期是指运输、制造、再制造等包括材料回收的整个过程。在此过程中,材料消耗能源达50%,污染也是50%。在建筑的节能上,我们的祖先就提到了建筑节能:不仅要着眼于能源使用,更重要的是要采用低品质能源——窑洞就是这样,窑洞有地热。在建筑的设计中间,尽可能用简单的、廉价的自然采光,重要的是不要受大工业化的迷惑。大工业化带来的概念就是流水线,又大又集中,美国现在的笑话就是集中制冷,一个校区很大的制冷机管道送到每个教室,非常荒唐。中国有个很古怪的现象,南方地区的建筑能耗只有美国的1/3,北方地区的能耗是美国北方的3倍以上,为什么?因为北方到处都暖洋洋的,是一个大工业化的供暖体系,所以浪费。那么南方呢,为什么能源那么节约?因为我们用的是分体式的空调,没有像西方那样,一个区用一个集中供冷系统,所以是分体式的空调解救了我们的能源问题。想不到美国副总统戈尔应对气候变化还获得了诺贝尔奖,记者到他家里抄抄电表,比一般老百姓高出好几十倍,他的豪宅的空调不管人在不在都开着。同时,尽可能用低品质能源进行建筑整体性或基础性调温。世博会的建筑就是采取了所谓零能耗调温,还有北方地区现在大力发展地缘热泵——这非常适应长江流域,冬天需要取暖,夏天需要制冷。但是北方的地方政府是强政府,集中力量办大事,推行的面积很大,三年以后地下结冰了,夏天又不需要制冷,所以过多使用地缘热泵的城市,春天树发芽的时间都推迟了一个月。但是在长江流域可以广泛推行。这些是有气候适应性的。

另外,便是从单一的产能建筑走向集合。现在清洁能源发展到什么程度了呢?根据麦肯锡的分析,发达国家到2030年可以实现煤发电,但是我国再过3—5年才可以实现。当然还有住宅的全装修。只有中国现在还有毛坯房,发达国家都是全装修房。如果实现全装修的话,光是这一项,每年就可以节约300亿元的建材浪费。加快发展绿色建筑、实施财政税收激励政策,这是前几天财政部和住建部发布的消息。绿色建筑就是节能、节电、节水、节材、环保的建筑。这样的建筑成本当然很高，中央财政就直接补贴 1/3 的成本，省、市层面再加上 1/3，还有一部分建筑由行业内部容积率返还，一星级返还 1%—2%，二星级返还 3%，一直到 5%。香港政策规定三星级绿色建筑返还 10%，这可能是最好的情况。

再有，要对北方地区供热"大锅饭"进行改革，除了校园。北方地区包括北大，冬天来了以后到处暖洋洋的，南方的学生到了北方高兴得不得了，居然还能到处暖洋洋的！到处暖洋洋是有代价的，现在人大代表、政协委员提出来，我国南方冬天也很冷，为什么不搞集中供暖？当年要划分秦岭黄河供暖的分界线时，也是吵架。有些人说南方也要发展，为什么南方人不能吃"大锅饭"，唯独北方人能吃？吵架吵到周恩来那儿。他说从长远来看，中国的能源肯定是非常紧张的，还是把这条线往北方移。凡是集中供热的地方，黑点都特别大——就是说每户人家因为要过冬，所以燃烧了大量的煤，因此户均二氧化碳气体排放达到 2—3 吨。南方就很小，因为没有集体供热，夏天弄一个小空调。你可以想象一下，以北大为例，冬季到处暖洋洋的，每一个平方米的建筑就要消耗 18 公斤煤。我们有一个非常简单的办法，在所有的居民区烧多少热就付多少钱，就像自来水。这样的话，根据国际上的一些经验，整个国家（比如波兰）的建筑都是旧建筑，但是所有的建筑都必须计量供热，就这一项就可以节约 1/3 的能源。如果汽车实现节约能源 10% 就能获国家大奖，搞不好还能获诺贝尔奖，但是建筑的一项改革就能节能 30%，有的人还不愿意。所以要在北方地区大力提出用多少热，付多少钱，调动起积极性。同时对既有建筑进行改革，对绿色校园发放补贴。

第三，从数量增长型到质量提高型转变。理解我国城镇化空间环境的质量提高，首先一点就是：城市的本质就是使人们的生活更美好。这句话不是上海世博会的创造，而是两千年前古希腊的哲学家、科学家和教育家亚里士多德总结的。同时，在知识经济时代北大毕业生往哪儿去？风景优美的城市。凡是城镇化率达到 50% 的时候，都出现了城市美化运动。在美国，1898 年芝加哥世博会提出"梦幻的芝加哥"，开始了城市美化运动，波及整个美国。在日本有一个叫"再造社区魅力"的运动，也是从 20 世纪 60 年代开始兴起的。中国的城镇化率到 50% 的时候，也提出了"城市生活更美好"，也有个世博会，所以历史都是非常相似的，但不是重复的。一个城市的空间形象由什么决定？概括起来有五个要素：一是道路，通过绿化实现。从过去、现在走向未来，从城市中心走向郊区，方向感很强。二是边界，除了道路以外的线型空间，特别是河、海、湖。比方说巴黎，巴黎的起源就是巴黎圣母院的小岛，所以塞纳河非常漂亮。我问巴黎市的副市长，你们的防洪标准怎么那么低？为什么不像中国那样以两百年一遇为标准？他说，我们要是提高防洪标准，塞纳河两边的古建筑就要拆了，我们要把美丽的塞纳河还给全世界恋爱中的情人们。我说如果遇上强于三十年一遇的洪水怎么办？他说，现在洪水预报很准，一看不行，电视上广播，居民马上上二楼，洪水走了下来就行，很简单。那里还讲究自然风光与人工建筑的和谐，地中海的五乡，就是五个村庄，那些村庄美得就像岩石上面长出的苔藓。三是区域——不是城市外面的区域，而是城市里面的不同板块。为什么来北大旅游的人多？因为这里有经济学院这样的现代化建筑，有古色古香的未名湖，不同板块丰富多彩。城市也一样，要有丰富多彩的板块，既传承了历史，又与自然和谐共处，不同爱好的人有不同的去处可以游玩。这方面典型的是青岛的自然街区，是德国人在两百多年前盖的。街区里边有四个功能要素：绿树、丘陵、红瓦、黄墙，但是每个建筑都不一样。孔夫子两千年前说过一句话，什么叫大美？君子和而不同。但是世界40%的建筑在中国，巴不得设计一个复制无数个。所以所有的员工宿舍包括机关宿舍都是一个样，非常丑陋——小人同而不和。最美的景观应该留给最广大的群众享受。比如在斯德哥尔摩有一条河，河的两边是绿地，绿地两边是公用建筑，再外面是小高层，再外面又是个高层，这样形成一个坡度，让更多人看到河流。我们中国的城市就不一样，好不容易有条河，有水则灵，在河边上房地产开发拍卖，门板一样的高楼一竖，把整个城市的风光都挡住了。韩国的首相李明博当过首尔市市长，他在没有高潮点的地方要弄个高潮点出来，就想到要把一条20世纪50年代被水泥板盖住的河流恢复起来。在当时很不容易，周边的居民反对，坚持了三个月。后来李明博想了个办法，把未来的图纸画出来，告诉他们，你们的家园未来是这样的，他们才同意了。所以这条河恢复以后，把20世纪五六十年代盖的双层立交桥留了两个桥墩作为纪念。修好了以后，在这个地方就形成了一个河流，两边都可以钓鱼。后来李明博像个小孩子一样在河里洗脚，似乎又回到了美丽的孩提时代。据说他能当总统，这件事还帮了忙了。四是节点,即游人可以进入的景观高潮点。说到广场,其实广场这个符号在中国古代城市里是没有的。但是古希腊的城市规划里就有广场,所以我们看到了古罗马时期的威尼斯圣马可广场的建筑功能,它的商业建筑、宗教建筑非常和谐,所以真正是城市的客厅。但看看我们自己现在做的广场,到了每个城市一看,大江南北所有的广场都一样:广场很大,全都光秃秃的,然后左右对称、庄严肃穆,市委市政府坐北朝南,广场的名字一定要取"市民广场",这是五千年的封建思想。当然也有人说广场实在不行,还是改成公园吧。五是标志物。标志物是游人从外部观赏的物体,是有历史故事的,像北大的未名湖,还有自然界中的山峰。再比如开普敦桌山,上面几个平方公里像桌子一样,所有城市道路放射性地从桌山延伸开来,非常漂亮,让更多的市民可以看到。再就是历史遗物。杭州市的土地出让金很多,市长、市委书记都愿意搞建筑,但是都没有杭州保俶塔好,在过去、现在、将来都是杭州的标志。

第四,高环境冲击向低环境冲击转变。因为环境问题非常多,但是城市与自然界最大的差别,就是前者没有降解功能。自然界处处是微平衡、微循环,所以自然界可以无限发展,但是城市对周边的环境冲击非常大。加拿大科学家为了描述城市对周边环境的冲击,用了一个生态脚印的概念。像美国洛杉矶,生态脚印是最大的,大概是800倍,也就是说需要800倍原始土地来为洛杉矶做支撑。洛杉矶比方说有1 000平方公里,要比1 000平方公里还大800倍的原始土地才能支撑,但是到纳西族的小城镇,只要3—5倍就行。纳西族不杀生、不砍树,它的生态脚印非常小。第二点就是我国现在面临非常严重的水危机,水危机是怎么来的?就是水源头的危机。目前的水处理过程中,完全没有办法降解这些化学合成物水在中国的污染,很直接的是水的自净能力消失,所以大部分水只要流经城市就不合格了。还有,一旦水失去自净能力,重新把它恢复起来难度极大。例如日本的琵琶湖,用了20多年时间总算恢复了;哈佛大学边上的河,到现在都污染得不得了,多少年过去了,没有人敢吃里面的鱼。美国的五大湖有个牌子,怎么写的呢?它说20岁以下的人不能吃这五大湖里的鱼,儿童更要禁止,年纪大的没关系。所以人类要与自然和谐相处,前提就是使自己的城市与自然和谐,对自然的索取最小。那就是低冲击开发模式,或者叫生态城市。生态城市的概念,就是对自然冲击最小的城市的发展模式。

希望光华管理学院的学生们记住,国家的体制可以集中力量办大事,但是如果决策错误,那就就集中力量干坏事了。你看我国的滇池、淮河,花几百亿元都没治理好。为什么没治理好?治水方略错了:不把它看成一个活的水体,而把它看成可以无限分割的简单的个体。淮河怎么治?污染的水体用1 000多条坝拦起来,变成1 000多个污水池,雨季来了以后把所有的闸门打开,一江污水向东流,这不叫治理。至于滇池,我给当地政府派了个顾问,讲怎么治理滇池,他们听取了这个意见。他们把过去所有用于滇池治理的、花了100多亿元的遍及所有河流的三面光的水泥,全拆了,恢复湿地。湿地一恢复,芦苇就长起来了,蓝藻一开始是流动的,风一吹吹到芦苇底下,然后二者开始争夺阳光,芦苇长得高,蓝藻就照不到阳光,结果蓝藻暴发的时候,上面有一公尺厚的蓝藻尸体,臭不可闻。接下来水体就改善了,再加上把所有城市污水收集起来,处理以后重新排到滇池里面,这需要长期的工作。最近三年滇池环境明显改善。这证明过去搞错了,过去是集中力量办坏事。所以我们要尊重自然,按照自然的规律,尊重农村,按照农村、农业的规律做事。

我们的对策要点,其中有一个与现在有关系,就是发展民营企业。地方政府要干什么?我一再强调地方政府不需要对污水处理厂进行投资,而要把有限的资金投在污水管网的建设上,因为我们国家99%的城市都需要专门的污水收集管网,污水收集以后送到污水处理厂。"十五"期间我国大量地投资污水处理厂,结果没有污水管网,污水处理厂都空置了。结果污水处理厂厂长想出一个办法:污水处理厂水池放空,用来养鱼。结果这个厂长就要被处理,后来我们出面,说他做得对,因为没有污水,不能把污水池拿来暴晒,否则一年就晒坏了,养鱼还能致富,他有功。如果说我们把污水管网铺好,然后再加上一吨自来水,加上八毛钱的污水处理费,污水处理能源是有人投资的。所以事实上我们经常把投资次序搞反了,造成很大的浪费。

另外就是我们的城市经常被水淹。为什么被淹?毛病就在这儿。现在北大也发展工科,给排水专业是新的。所以就需要低冲击开发,也就是说雨下来的时候在屋顶上就开始把水吸收了,吸收了以后放不下,然后流到房子底下的储水池,储水池不行就再到停车场、到小区,再不行还有公共设施,这一级一级都是满出来的,还有40%的面积是透水的。所以所谓水的低冲击,也就意味着,原来这个城市地表的积雨量和现在已经建成的城市地表积雨量没有区别,30毫米的雨一般不见水。当然还有一个小型的分散低循环。第四,还有从简单地对洪水的截排,到与洪水和谐相处的转变,就如我刚才讲的塞纳河的故事。我在杭州当市长的时候遇到的第一个问题是,市长要拍板防洪标准。当时国家有个机构编了一个杭州的防洪标准:省会城市200年。200年一遇的防洪标准我们拿来讨论的时候,吓了一跳:西湖要用1.5米高的坝围起来!城市要分散在13个区,每个区都要用2.5米高的坝围起来。这可以抵御200年一遇的洪水,但是需投资300亿元。损失多少?西湖被围起来,没有旅游景观了,每年损失500亿元!投资300亿元,来防200年一遇,也就是偶然出现的情况,这是一个愚蠢的规划。所以我当市长时就当场决定不执行这个规划。而且规划的编制费要700万元,我们也不准备付了。这样的规定同样发生在库里蒂巴:原本它的堤坝修得很高,水压得很窄,外面的洪水退了,城里的水还退不了。后来来了一个有规划头脑的市长。这个市长做对了两件事情:一是发展了公共交通;二是把这个河道拓宽两倍,把堤坝也拆了,结果洪水到了河道以后,河面变宽了,水位就降低了,所以这个城市从此与洪水和谐相处。一旦有很大的洪水上来的时候,没关系,上楼,等会儿再下楼就解决了。而且两岸恢复了很多湿地、公园,每年发洪水都相当于为这些公园施了一次肥。

当然,现在我们从水环境低冲击走向了综合性低冲击。比如城市紫线,用于保护历史街区和典型的建筑群——整个北大未名湖这一带应该由紫线规划起来;绿线保护公园、绿地,不能改变;蓝线保护江河湖海;黄线把垃圾处理厂、污水处理厂、有臭味的地方定位进来。城市规划不可能百年不变,许多市委书记、市长,编城市规划百年不变,第二个市长上来又编,还是百年不变,其实中间只有五年。但是真的有百年不变的内容,就是市县划定的内容百年不变。这非常重要。关于生态城我们有门槛,不能什么都是生态城。中国现在假冒的东西太多,比如山寨法。现在生态新城的门槛有六个条件:一是紧凑型的混合用地,每个平方公里人口1万以上;二是可再生能源占20%以上;三是绿色建筑占80%以上;四是要有生物多样性;五是步行、自行车、公共交通、绿色交通占65%以上;六是要有低能耗产业。只要达到这个标准国家就有补贴,现在我国和日本、新加坡、德国正在合作共建生态城市。

第五,放任式的机动化和集约型机动化。美国和中国一样,机动化和城镇化在同步发展,所以美国出现了大面积的城市蔓延。美国在一百年的城市化过程当中,城市的人口密度降了2/3,结果一个美国人消耗的汽油相当于5个欧洲人消耗的量,并且现在没法纠正。同时,机动化有锁定效应。如果现在不发展绿色交通、不带头坐公交或者骑自行车的话,一旦人们已经习惯于使用小汽车,绿色交通就有问题了。最后一个尝试就是增加道路的供给,但解决不了交通问题。为什么增加道路解决不了交通问题呢?中国道路经常在拓宽,一个书记上来拓宽马路,把行道树砍一遍,再上来一个又砍一遍,所以一个树林只有五年。北京五环刚刚修通的时候像飞机场一样没有人跑,过了三个月大家就都知道了,都往五环跑,现在很堵。还有一个悖论:让城市适应汽车。这是一个矛盾,要解开这个矛盾,就要知道城市交通是一个稀缺资源,首先要公平分配,越是废气排放少、能耗少、占空间体积小的交通方式越应该优先采用,自行车、步行道占的空间最小。你们有没有想过,长安街这么宽的机动车道,一小时通过的人还不如两边的自行车道多,为什么?从空间占用的效率来看,一辆小汽车等于20辆自行车,所以需求管理是非常重要的。有一次中央号召我们了解群众的呼声,为群众解难,听取杭州人民的意见。杭州人民现在很大的问题就是停车停不起。好!市政府宣布,西湖风景区免费停车!第二天起来这里就停满了车,没地方走。后来赶紧宣布,西湖风景区停车费上涨5倍。第二天一看,一辆车都没有了。所以我们要降低中心区的停车位数量,提高停车费,虽然这和老百姓直观的福利是相背离的。比如上海和北京,上海坚持牌照费,北京没有牌照费。虽然人一样多,手里上海人更有钱,但是上海的小汽车拥有量只有北京的1/3。说明它的需求管理是有效的。我们有许多决策者非常痛恨电动自行车,要封杀它。但它的能耗只有摩托车的1/8,小轿车的1/12,比公交车还少。我们一看,新能源汽车补贴12万元,电动自行车叫新能源电动自行车,不仅不补贴,还要封杀,没道理。我问一个市长,为什么封杀电动自行车?他说不安全。可我们一年交通肇事死亡9万人,电动车交通死亡只有300人。到底应该禁谁?所以不是这个道理。可再生能源不稳定,将来可以有可租用的电动车,因为老年社会马上就到了。比如我们部里一些老院士,每天上班就骑小电动车,非常简单。

第六,从少数人先富的城镇化转向社会和谐。这主要是公平和基尼系数问题。现在国家在决定建设保障房的时候,一定要提倡混合建筑。昨天我和法国的一个官员吃饭,他说法国20世纪60年代的时候来了一批北非人,涌到巴黎,没地方住。法国人就赶快在巴黎北部造了几个新城,专门提供给北非民族,从此造成北非聚集区的骚乱事件等。还有同时代的李光耀总理。新加坡从马来西亚独立出来以后,他就宣布了一条规定:所有的住宅必须要有华人、马来人、印度人混合居住,所以新加坡就很稳定。另外,对失去生计或者病残的人,要提供社会福利。我们观察一个城市的光荣与梦想、人民幸福与否,就要看最穷的人生活得怎么样。

我相信这六个方面的转型,既能应对我们面临的问题,又能根据城镇化发展的规律,抓住关键的问题,促进社会的可持续发展。只要这样做了,我相信就能够有个平稳的过渡,而且保持经济的增长,为我们子孙后代留下一个发展的余地,谢谢大家。

互动环节

问:仇部长您好,我是北京大学国际关系学院的本科生。我想请教您两个问题。刚才在听您的介绍当中,听出来您对我国这些问题有些无奈,您作为一个国家的高级官员都对这些问题有这些无奈和忧虑,那么我国解决这些问题的前景在何方?第二个问题:我是来自南方某省的学生,我们那儿也出现像您刚才说的新农村建设中的一些问题,比如说一些农村把面向公路方向的墙全部刷白,就叫新农村建设,其实没有什么实质性的改变。我想问包括住建部在内的中央部委是如何监督的执行和地方对中央政策落实的,谢谢。

仇保兴:无可奈何是人类面临的一个基本形势。任何一个国家都是这样。但是无可奈何有两种,一种是积极去发现真相、发现问题,找对了问题等于解决了一半,这种无可奈何是力求找对问题。还有一种是真正的无可奈何。我现在还属于第一种。我们发现了这些问题,然后也去努力地找出应对之道,因为一个国家要在这么短的时间内转型,走过了发达国家用一百年甚至更长的时间走的路,用的是奔跑的速度,路边的磕磕碰碰经常发生。我们要承认现在存在的问题和面临的危机,任何决策者最高的品质都包含危机感,这点很重要。比如国际关系,就要从全人类创造智慧的角度来寻找国与国之间不同的发展阶段,必须要带着无可奈何、先天下之忧而忧的心态,这种心态非常重要。

  关于第二个问题,中国有个特殊的国情,就是我们的市长体制和国外不一样。国外要选一个市长就规定,你必须在本地生活过多少年才有资格;若当选了市长还要学习调查研究,他们需要找一个上任后不需要调查研究直接就能马上开展工作的。但是中国从唐代以来就开始实行回避制,一直到现在都是这样。所以主要的决策者,市委书记、市长等十大巨头都是外来的,然后五年一变,因此就会有这个问题。特别是广州,一年一小变,三年一大变,关于城市的一个小变、大变,市政府办公室的书记、市长要听取下属的意见,收集一些问题,看三年内能不能实现。若是这个规划要十年,那就免谈,得把三年计划拿来,因为只能干三年。所以我经常和我的同事们讲,由于地方政府一千多年来形成的回避制,没有办法去改变。中央政府就要和地方政府的短期行为相互制衡。所以现在提出,若做得比较好,符合可持续发展观,就给一点点小钱表示鼓励,做得不好就曝光。我们隔壁省也有搞得更"土"的,北方有一个省让农民"上楼"。上楼上不去怎么办?凡是靠近街的这些农房都要盖三层楼。结果农民就很聪明,你让我盖三层楼,我就在沿街这边盖个空楼,就一张皮。因为我国整个华北地区是地震多发地带,这一摇就倒下来了。搞形象工程北方比南方还严重。另外一个形象工程(你们以后到地方工作马上就知道了)我们叫"急匆匆地来创造某某城市",举个例子,栽了几棵树就号称是"森林城市"。我上次到德国,德国的市长和我说,中国的姐妹城市我看没有多少树,怎么会发了一个电报说获得了"森林城市"的称号?我觉得避免这种急功近利一靠自觉,二靠制度上制约。

  问:我有三个问题,第一个问题,《物权法》生效已接近五年了,但是五年以来一直存在和《物权法》相抵触的物业管理条例,作为主管官员应该何时制定业主建筑所有权的实施细则?第二个问题,国家严令禁止福利分房,但是今天北京还有很多企事业单位盖房分房,作为国家主管部门,这块监管缺失怎么解释?第三个问题,作为住建部主管公职人员,您在任内为新农村建设做过哪几件实事？

仇保兴：你提的问题数量多、质量好。首先回答你说的《物权法》的问题，《物权法》经过了大概前后五年终于出台了。《物权法》出台以后，与《物权法》抵触的二级法律正在逐步修改。你刚才讲的问题我们现在正在修改，而且会朝着和《物权法》完全吻合的方向发展。这不可抗拒，上位法定了，下位法一定要修改，这点你放心。

第二是关于福利分房的问题，这是一个很棘手的问题。国家提出这个口号的时候，企事业单位比较偏颇。我国前30年的改革，改对了一件事情，就是政府不能统包一切；但是改错了一件事情，就是认为市场能够自发地把所有的房产分配问题解决掉。其实这个市场解决不掉房产分配问题，因为房产不是商品。很简单，房产是自然空间垄断。像你们老家，肯定农村的房子很宽敞，几百平方米空在那里也有可能。但是在北京就要租住小房间，你也不可能把农村的房子搬过来，所以空间上是垄断的。空间上垄断要怎样照顾不同的阶层？这个时候人类的智慧还不可能说完全依赖市场，市场也没有这样的智慧，绝对不可能公平。所以说对房地产，必须要切块，一块政府分配，一块市场分配。那么既然是政府分配，公务员先分配一点，大专院校的教师们先分配一点，这样对不对？这本身就不公平。但是要把公务员、大专院校的教师都纳入低收入的保障房群体里面去，我觉得是非常应该的。因为开始工作的时候，大家都是这样。新加坡的模式是有借鉴意义的，但是这个比例是多少，没说清楚，新加坡政府分配85%，市场行为是15%。在欧洲，像维也纳这样多年被评为最适宜人居住的城市，我问了一下，他们说15年前还是100%，现在好不容易减到80%。只要政府盖房子，这个分配就是极其复杂的，腐败丛生，会发生稀奇古怪的事情。我从基层出来，有一件事情非常悔恨，就是当年我们做了一个非常错误的决定：有地就可以盖房。结果小学、中学首先把操场盖成教师宿舍，学生体育课没地方上了，就到马路上去，很危险。当时就是非常简单，各负其责，自己有地自己盖，这是不可想象的一种愚蠢。所以这件事现在还有许多不公平的地方，但是我们已经清醒地认识到这种不公正是不能依赖市场的，必须靠我们政府权力的制约。那些制度公开的、群众监督的办法正逐步使不公平的一面减少到最低限度，使公平的一面无限弘扬，我们正在朝这条道路上前进。希望有那么一天，但是还有漫长的路要走,许多政策都需要在座的各位制定,我已经来不及了。

第三个问题,我很高兴,这是我汇报政绩最好的时候,领导人要我讲,我可以滔滔不绝地讲三天都不觉得累。首先,年前我做对了一件事情:频频开展中国的历史文化名镇、名村评选,那个铜牌子是我设计的,36斤重,青铜铸造,挂上这个牌子你这个地方就像聚宝盆一样,游客都来了。旅游业是一把双刃剑,可以毁灭古村落也可以保存它。它这样保存古村落:许多乡村古色古香的,结构非常精致,与自然和谐,它自己不知道这个价值,游客一来,便证明这是个好东西,这就是旅游业对这些文物古迹、历史遗产保护的功能。这样,当地农民就把过去初级的破坏性的开发变成高级的开发,所以这些历史文化名城就能保留下来。现在大概有一千多个,还在评选。不够历史文化名城资格的,我们就和国家旅游局合作,推出了特色景观旅游村镇——有地方特色,但不是老房子。现在大概评了三批。还有一个最近我们做起来的传统村落保护活动。我国有三百万个自然村落。作为农耕文明最悠久的一个国家,在传统的村落里面集聚了祖先的智慧——如何与自然和谐相处。这个活动叫"中国美丽乡村",给我们打开了一扇扇门。最近我们在调查,随着越来越多的人进入城市,乡村传统的美会越来越值钱,所以这件事情我觉得是非常合适的。还有农村的危房改造。农民生活状态不同,最穷的农民就是享受低保的农民,现在居住的是漏风的破房子,又没有钱维修。这样的破房子有多少?有三千万户。我们准备花十年的时间全部整修,而且要整修成当地的传统形式。2012年大概要完成三百万户,这个计划也是一个好计划。有本书叫《妖魔化的日本》,这是日本人自己写的,说当时中央财政的钱在乱投,不该铺上水泥的铺上了,不该建堤坝的建了。中国也是这样。计划经济,都是人的智慧。如果我们自己认识到了,也应该主动地写一本《妖魔化的中国》。如果我们认识到"铁公基"投资是有问题的,就可以自主地减少这些虚假的或者泡沫式的投资,把老百姓的钱尽可能用在刀刃上,这非常重要。

告诉你们一个好消息,审计署前段时间想出进行效能审计。就是对所有的投资项目进行一个效能评估,应该这件事情做得太好了,这样做了以后,所有的工程项目要是乱七八糟、有大量浪费性投资,就能够追溯到谁是拍板人,这样就促使对老百姓的财富的高效率使用。我们虽然没有市场那么聪明,但是我们可以聪明地弥补市场的缺陷,这样就真的对得起百姓的血汗钱,谢谢大家。

问:我是刚入行做规划的工作人员。最近网上在议论宜宾城市过度营销问题,有没有老百姓参与权?绵阳拆迁时香港政府援建的中学都敢拆,对老百姓、中产阶级呢?是体制问题还是上级压力,抑或是为了政绩?

仇保兴:在中国现有制度缺陷之下,我觉得这样的事情经常会发生。绵阳的事我可以说这么一句话:当时网上一出现,我就觉得这是一个非常愚蠢的城市规划的反面案例。当时大地震恢复重建,我们派了两万多个规划师在现场帮助选点。这个项目三年计划两年建成,规划师要画图、选点,简直是一个人要完成几百个人的事情,难免有一些学校选点是错误的。但是后面可以补救,而不要拆掉。后来无非是说有个大型的房地产项目,那完全可以把这个中学就镶在这个房地产开发项目里。这个房地产项目也需要这个中学。所以就需要包容,对于城市规划很重要的一条是要有包容的能力。不知什么原因,个人判断就是房地产商非常强势,要求土地完完整整交给他,要一张图盖到底,拒绝中途调整。这个时候当地的政府就答应拆掉,这一拆,拆掉的可不是一般的建筑:从浪费的角度来讲,拆掉的建筑才建了一年;从质量的角度来讲,当时的建筑图纸是按抗八级地震设计的;从功能的角度来讲,房地产也必须要有学校配套。都错了。所以这个问题上,我感觉到城市规划有无数定律,但是三大定律最重要:第一定律就是要尊重自然,这就是生态城由来的一个理论根据,必须要和自然和谐相处;第二定律就是尊重当地文化,当地文化是无数的社会资本、文化习惯积累的综合;第三定律就是尊重普通人的利益。坚守三个尊重,就是一个合格的规划师。所以刚才讲的这两个错误都是没有坚守这三个尊重。因为我们城乡规划有个很大的缺陷:上级政府干预不了下级政府。中央政府有权吊销地方政府的"一书两证",而且中央政府要派员入驻到地方政府观察,地方所有的建筑或拆或建,都要中央派员签字。如果发生纠纷,要在现场开公证会,然后中央的派驻人员单独向住建部部长汇报。住建部部长可以立即发一个改正书,中止地方政府的许可证。英国政府在整个城市化过程中间中止了两百张地方政府的许可证,但是发放了几十万张许可证。所以纠正机制虽然是一个很小的机制,但是四两拨千斤。我国许多法律都没有这么一个纠正机制,所以希望以后在制定法律的时候,这个纠正机制一定要放进去。国家要建立真正的法治社会,还有很长的路要走。至于你提出的问题,我相信随着时代的变迁、法治社会的建立,这些丑陋的现象总会减少。我们现在就在做,就在努力加速这个进程。

问:我是来自北大光华MBA的学生,我的老家是浙江的。您现在是我国水治理方面的官员。在世纪之交的时候,我国的环保人士提出一个问题,能不能给我们的子孙后代留下唯一一条原生态河流,当时指的是怒江。当时国家正在如火如荼地进行水电站建设,瞄向了任何一条有可能建水电站的水利资源。欧美国家处于拆高坝的浪潮当中,而我国的坝越修越高。就拿我国的三峡来说,关于三峡的争议和权威媒体发出的声音,大家心中都有考量。以您深厚的学术功底和为官一任的职业道德,给我们一个您的判断,五十年甚至一个世纪后再看三峡工程,您觉得对子孙后代是遗憾还是福份?谢谢您。

仇保兴:在人类历史上,西方文明有个启蒙阶段:就是从神学回到了人可以主宰一切的思想。这个启蒙阶段虽然萌发了科技革命、工业革命,也给人带来了新一轮的愚昧无知,也就是人可以挑战自然。工业文明给我们带来的余毒现在都没有消除,我们对河流无休止的约束、建坝、建水库,实际上就是印证了工业文明。尽管只有两百年,但是它留下来的余毒需要几代人才能消除。首先背景就是这样,没有一个人能够离开,你时时刻刻都在吸收工业文明带来的余毒。党中央提出要走向生态文明,因为工业文明不可持续。但是我们的思维、制度、习惯、文明、文化都停留在工业文明,中国人刚刚开始享受工业文明。在这样一个背景下,把一些事情做错了也是难免的。但是新一代——包括你们这些参与决策的人,肯定要比我们这一代人聪明很多。关于你刚才讲的都江堰的问题,都江堰两千年来完全是顺应自然,是非常没有冲击的一种筑坝方式,充满了智慧。我们愚蠢到什么程度?在都江堰的上游几十公里处修了一个巨大无比的水库。完全抛弃了我们传统的智慧,而且把前人两千年的智慧功能也废掉了,你说可恶不可恶?现在还有人探究,地球是非常脆弱的,每个板块之间好不容易形成各个利益的受力点,突然加上一个很大的水网,就出事了。我们的老水利部部长钱正英是非常伟大的科学家。他说,搞水利的首先要知道我们的无知:关于水污染怎么治理我们学水利的确实不知道;其次,我们学水利也不懂整个工业发展和城市发展到底需要多少水,这是另外一个学科。他们说我们搞水利的人评估出来的水需求与搞排水的人评估出来的相差一半,因为我们想把工程做大;再者,我们也不懂水生态怎么修复、保存。刚才讲任何一条河流都要解放、要和谐,都要保证它的生命能够健康。但是钱正英就讲:我们已经修了25万公里的高坝和堤,不能再修了!他的判断就是再也不能修了,他80多岁,是工程院院士、著名的水利专家。我想他说的这句话,就是我们这些人都必须要努力的方向。他说,我过去建了坝,可我现在认识到再不能建了。所以只能说,在今后的决策过程中要尊重生命、尊重自然、尊重周边老百姓的长远利益,这样我们的决策才是科学的,才是可持续的。所以我们不要就唯一的项目争论来争论去,我相信历史会得出结论的,相信下一代人肯定比我们聪明,肯定能找到解决的办法。我们急匆匆地、没有经过很好的论证就盖上去,然后再一个个急匆匆地拆掉。所以有的时候,时间是一个非常好的、对任何问题都有一个成功与否的注解。我们的聪明才智只是用来使这个注解赶快到来,而且使这个注解能够举一反三,这是非常重要的。你就把它作为一个案例,做持续的研究,来为水治理做出贡献。谢谢。

问:大家都称您为学者型官员。我的问题是想问作为学者的您,以及作为官员的您。一开始您就提到中国城镇化率马上达到50%,达到50%是一个转折点,中国将马上进入快速城镇化阶段,西方城镇化到了70%、80%就是一个成熟阶段。您刚才强调中国作为一个农业大国,要强调农村和城市的"阴阳平衡",那么我国城镇化率是否一定要像西方一样达到70、80%?第二,您一直表示对一个现象十分反感,就是让农民"上楼"。有人说就是因为把城市的地卖完了,才来剥夺农民的地。您十分羡慕德国和日本保留自然村落,但是在中国没有土地私有制。我国的农民被赶"上楼"的时候,他们用什么办法保护自己的利益?您刚才说的用历史文化名镇的手段,也许可以保护一部分农民的利益。但是中西部不能发展绿叶、没有游客资源的农村,就应该被拆吗?我想知道的是,住建部有什么样的有力措施能够限制这些"拆村并点"、赶农民"上楼"的政策?谢谢。

仇保兴:"拆村并点"确实是非常错误、非常短视的。这个政策的起因确实是我国的干部制度,现在主要的城镇干部只有三五年的任期,所以自然会存在问题。干部们会想,三五年之内尽可能把土地变现为人民币,然后用掉,至于后一任有没有土地可用我才不管。这是本质上的问题。但是怎么解决这个问题,理论界有两种办法:第一种办法叫釜底抽薪。既然是土地的集体所有造成了城市的行政长官可以无限制地剥夺人民利益,我们就来个土地私有化。如果认为土地属于农民就能坚守,那我可以告诉你这属于基本错误,是幻想。为什么?自古到今,中国要是能够发展土地私有化的话,从秦始皇时期就发展了。井田制就是私有制,一直延续到后世。所以中国的土地私有制比西方任何一个国家都根深蒂固、历史悠久。我们是土地私有制祖先的祖先,可惜我们作为祖先没有在私有制里面弄出什么财富,还一直被人家欺负。西方一直到中世纪还没有实行土地私有,一个贵族只要拿到称号,方圆多少公里就都是他的土地。他可以雇工,这个土地上的人都是他的雇工。所以西方一直到中世纪之后才建立土地私有制,我们比它们早得多。一项错误的制度必须有另外一项强有力的制度抗衡,为什么我们建立那么多制度?因为如果是历史化名城,就进入城市规划法的保护范围。作为历史化名城,要是把它拆掉,那就犯法了,就要被绳之以法。如果现在就说土地私有化,把现在没有盘活的资产盘活起来,那么其实我们 1 000 年前就在盘了,产生了那么多地主。在经济学还没有成为学科的时候,我们的祖先就在琢磨如何发生土地交易、如何盘活地契,非常熟练。再看看发展中国家,土地私有化之后——像阿根廷,我们在这里现场调查,发现一个地主拥有的土地比一个州政府的管辖范围还大!他不是用土地来增加农产品,而是囤积、等候土地底下还有的无数可以挖掘的资源。农民失去土地后又回来种原来的地,结果发生火拼。阿根廷有一年死了 175 人,就是因为农民要回去,而农庄主不让。所以阿根廷提出新的土地革命,但是没有成功,因为宪法保护新的土地制度。所以无论历史还是现在都证明,此路走不通。但是我们经常犯错误的是什么?我们搞经济学的相信经济学本身就有的四大假设,假设的结果认为一切东西都是可以流动的,边界划分得越彻底、越绝对,产权的性质就越明确,一切权力就附加在上面了,这是一个梦想。所以很有意思的是,当主流经济学的那些设想、那些梦想一个个被现实粉碎的时候,只要你总结就可以拿到诺贝尔奖。土地私有化也是一个梦想。在这个问题上我们犯的第二个错误,就是我们总是将工业或者城郊农民的方式推演到整个农村,所以制定的许多政策都是根据城郊农民的情况制订定的,这是很荒唐的。比方说土地上产生的收益巨大,谁要是拥有了土地产权,土地收益就非常大。为什么黑龙江的土地不值钱？浙江人去承包30年的话，只要3 000元一亩。但王府井的土地，一平方米就100万元，为什么？二者的交易性不一样。王府井正好在基础设施的中间，很值钱。王府井的土地增值不是因为土地肥沃，是由于基础设施围绕它，价值渗透到了土地里面，所以使在土地上盖的房子的可达性、景观性、舒适性、方便性都得到极大的发挥，所以土地才升级。所有搞土地规划的人都知道土地价值应该归全民所有，但是我们经济学家跑出来说应该归农民所有。最穷的中国农民不是城郊农民——我们很清楚城郊农民：他们失去了地，但是不失钱、不失保、不失业，在中国真正需要关心的农民是边远地区的穷苦农民，是享受不到城市化带来的土地产权收益的农民，特别是那些失去了社会资本的农民。我经常和经济学家们吵架。有些经济学家开会的时候提出来，我们应该大力发展农村的土地抵押、银行贷款，这样农民就富了。我说你想象不到，中国的村落，像李家村、张家店都是一个姓的人就在一个村落里。90%的村落都离城市很远，你要拿它的产权做抵押物的话，首先要有可交易性。而中国的自然村落除了城市交易，绝大多数土地无法交易。我拿土地来抵押后，亏本了，银行拿土地来拍卖，卖给谁啊？搞经济学的同行们怎么能忘记土地是空间垄断的，不可交易呢？所以我们经常犯的第二个错误，就是把在市郊行得通的农村政策推广到全国去。现在像重庆的地票市场完全是很荒谬的，我们都很清楚。

第二个问题是中国的城市化要不要城市化率。根据三个曲线，城市化率从30%开始起飞，越过50%，一直到80%开始趋于平缓，到85%、90%的时候终结，再来一个逆城市化。想法还是不错的，日本每年还有千分之零点几的人回到乡村去。这种逆城市化倒腾来倒腾去都是资源浪费，所以中国城市化的设计为什么从现在只有50%的城市化率的时候，就把农村看作一种资产？就像我们祖先留下一幅名画，现在就要防止有人把它贱买了。我相信我们国家和发达国家不一样，我国的城市化率到了75%的时候就会趋向平稳化，因为我们的土地制度、农耕文明、我们对土地的关切以及我国人多地少的现实情况。现在上海的许多老年人让子女到周边的山村租农舍给他们养老，北京人现在还没有想到。所以这个趋势是根深蒂固的，东方的文明比西方的田园梦还要深刻得多。

问:我是北大 EMBA 毕业生。我是从事生态规划和绿色建筑的设计师,也在曹妃甸推行生态城的绿色标准实施。您刚才说,中国要实现生态新城,另外希望实现世界级生态城市,希望超过日本。因为我们能源所限,这也是我们的必由之路。在曹妃甸的实施过程中,虽然我们能够明显地感到地方政府非常愿意做这样的生态城市——这也是成功的业绩,但是作为投资方就会觉得生态城市、绿色建筑带来的是高投资、高成本。国家大力推广绿色环保产业,如果没有形成生态城市、绿色建筑的规模,就没有产出。您作为住建部官员,也一直在大力倡导包括绿色三标准的理念。住建部应如何推动生态城市的真正实现而不是使之变为一个口号?是不是能够搭建这样一个平台:使有志于这方面的地方政府、投资方、绿色产业,还有相关的像北大高新技术产业开发区战略研究院包括专业的绿色咨询团队的知识机构,能够整合成一个真正实现生态城市绿色建筑的平台,并负责其最后的评估和监督,不仅仅只是冠了这样一个名称?

仇保兴:刚才讲了生态城市、绿色建筑、绿色交通,这些都是新的概念。一个新生事物的成长有三个决定要素:

第一是观念。要有人觉得,从心里面认同这件事是个好事情,要朝这个方向努力。原来我们是走工业文明的路一路走到黑,这样不对,我们要走生态文明的路,所以观念要转变,这非常重要,任何事情首先都是观念问题。

第二是支持。也就是说有了这个观念,但不知道怎么做比较好。再加上中国的体制都喜欢立一个牌子,至于牌子后面是什么东西,不管;或者有一个牌子,但是里面装的东西还是工业文明的老陈醋,贴上一个生态商标——中国经常出现这种地方。所以我们有六项生态城市入门门槛,包括在曹妃甸,有了这个门槛我们就去分析它。我可以明确地告诉你曹妃甸是有缺陷的,它的路网结构不合理。为了适用于步行、骑自行车,每一平方公里一般要有80—200个路口。曹妃甸很有意思,因为是盐碱地,是工业经济开发区演变过来的——经济开发区的马路大得不得了,所以虽然我们要求90米一个路口,但曹妃甸是400米!我们准备发一个通知书给曹妃甸。观念转变之后,还要有知识。为了实现这一点,有的时候要强迫自己接受知识,又要愿意来学这些知识。例如我想做生态城,但是不知道生态城是怎么回事,就愿意来学,这是非常务实的态度。

第三是成本。天下没有免费的午餐,生态城也不是免费的。绿色建筑、生态城都比传统建筑、传统城市成本高出5%—30%,这是很显然的事情。我们把生态城分为两类:一类是纯粹试验型,不可复制、拷贝,二百多亿美元投资下来,结果里面只住了五万人。阿拉伯联合酋长国石油多得很,可以搞个试验田。但中国领导人访问都要看成本,成本太高,受不了。二是宜居生态城,可以复制、可以经营、成本可控,比以前的城市成本高30%、40%,但从未来讲,成本会冲销。因为虽然经济成本高了,但是生态成本赚了,社会成本也赚了。虽然可能到10年、20年以后会越来越显示出建设宜居生态城是低成本的,但是初期的成本接受不了,那就需要国家补贴。所以我们千方百计和中央财政、国家发改委讲,你们高抬贵手,在"铁公基"上少投入点,投资我们"绿公基"吧。现在大家都想通了,给钱了,包括绿色建筑,给的钱不少,至少成本的30%可以覆盖;如果省政府想通了,再给30%,那就达到60%的覆盖率。

这三个要素方面的问题我们都能够解决,许多新的东西,包括生态文明都是一种文明的转型,包含巨大的新生事物。这个时候如果在观念、知识上没有准备,在成本上不愿意覆盖,那生态文明永远到不了,就只能成为一个口号。那样的话,生态城市的命运就悲惨了,绿色建筑也悲惨。但是我们相信现在形势大好。大好的形势下,我现在很担心的就是过去我们推动绿色建筑,但是没有成本覆盖;现在说中央有钱,搞个山寨绿色建筑,一个晚上可以搞出几千幢绿色建筑,很危险。现在要利用一切手段把山寨版遏制住,一步一个脚印地,使我们好的东西茁壮成长,然后"星星之火,可以燎原",这样我们的生态文明才可以真正继续。

(时间:2012年11月28日)

第七篇
一样的土地，不一样的生活
——以华明示范镇为例，探索城乡统筹发展新路径

张有会：天津市政协副主席

各位老师、同学、嘉宾，大家晚上好！占用大家晚上的一点时间汇报一下天津市统筹城乡发展的一种新模式的探索：华明示范镇以宅基地换房，也就是刚才武院长讲的"一样的土地，不一样的生活"，在这方面我们所进行的一些探索、实验和创新。因为长期在基层工作，所以我比较注重实践中的创新，在理论上研究得不够。我说得对的请大家给予鼓励，错的给予批评。

一　东丽区概况

东丽区位于天津市中心区和滨海新区核心区之间，是天津市的一个行政区，它的区位就相当于我们北京现在的朝阳区。天津滨海国际机场坐落在东丽区，区域面积478平方公里。这个区域由三部分构成：第一部分在天津市中心城区外环线以内；第二部分区域面积225平方公里，规划为滨海新区，现在的滨海高新区、泰达新区都坐落在我们的版图内；第三部

分是行政管辖区,现有人口 80 万,户籍人口 33 万,农业人口 20 万,是外来人口倒挂区最多的地区之一。东丽区下辖 9 个街,从行政管理体制上全部按城市化规格设置,就是所谓的城市管理体制创新。由农村到城市,在行政机构上现在已经实现了。滨海国际机场、空港经济区、泰达新区、滨海高新区、现代冶金工业区这几个功能区都在这里,未来的人才科技城也将坐落在这个地区。现在比较有影响的大火箭、空客 320 项目,还有云计算项目也在这个地方。

华明示范镇以宅基地换房是什么概念呢？因为我们是农村,在大家的印象中农村就是平房,每家每户都有一块宅基地。我们是以宅基地换居住社区,把一个镇的 12 个村全部撤掉,集中纳入华明示范镇。这个示范镇从 150 多个国家、56 个国际组织中脱颖而出,进入了上海世博会最佳实验区,它的公认度、价值度和推广度得到普遍认可。华明示范镇进入上海世博会以后引起强烈的社会反响,宅基地换房这种模式吸引了全球的眼光。华明镇在世博会展示 184 天,有 201 万各界人士前来参观考察,有 5 万人签字留言。我们正在做一件事情:要把 5 万个留言变成一本书,反映当时参观者对华明示范镇以宅基地换房的认识和农民对过上美好生活的期盼。各级、各界领导、群众到华明镇世博会展览馆来考察,其中包括上海世博会组委会副主任。当时我们在世博馆坐了两个小时,与世博馆的馆长进行了深入交流。馆长从举办世博会到组织世博会的整个过程中,被评为全国劳动模范。华明示范镇在破解"三农"难题上有一些探索和创新,我被提名为中央电视台农业频道"十大'三农'人物",获得创新奖。现在每天到华明示范镇参观的人一般分为 5—7 批次,2010 年全年参观的人有 1 500 批次。

华明示范镇进入上海世博会是一件很不容易的事情。我是华明示范镇项目进入世博会申请活动的主要参与者,当时 15 个国家的评审委员到华明示范镇进行考察,评选程序非常严格,最后以投票的形式表决华明示范镇是否可以进入世博会。为什么能进入世博会？是什么特点使得能进入世博会？我们当时想得比较简单,就是以人为本、生态环保、绿色发展,我们就是以这个概念进入了世博会,我是这样认为的。因为这 15 个投票的代表有 14 个都是外国专家,中国人只有一票,所以进了世博会以后影响非常大。世博会的宝贵财富应该说对我们也有很大的教育意义。回过头来看看华明示范镇以宅基地换房的意义,我们分析了这样四点,也想和大家进行汇报交流。为什么是"一样的土地,不一样的生活"?它有四个方面的特点:一是有效地破解了农村城市化建设中土地和资金两大瓶颈。没有土地不能搞建设,没有资金同样也不能搞建设。靠什么样的政策、制度和办法破解土地和资源问题是一大难题,而华明示范镇解决了这个问题;二是满足了广大农民提高生活水平和生活质量的愿望,维护和发展了广大农民的根本利益;三是节约土地、增加效益,推进了农村经济社会协调发展;四是符合现阶段天津特别是滨海新区开发开放的发展实际,为我国统筹城乡发展探索出一条新路。宅基地换房要实现一个目标、把握两个基点、遵循三条途径、坚持四项原则。

今天能够到这里给大家汇报情况,首先感谢武常岐院长,感谢各位朋友给我提供这个机会。有的地方也请我去讲这些事情,但我一直没有去,我为什么要到光华管理学院这个全国最高学府、最神圣的殿堂来讲这些事情?因为宅基地换房活动,这个工作、这种新的模式前一段时间在舆论方面、媒体方面遭到了一些非议,所以我想在这里跟大家汇报华明宅基地换房的价值和意义,这是我今天来的一个主要动机。讲出来让大家去评论,甚至去批评,让大家去研究怎么样破解中国统筹城乡发展中土地和人的关系难题。我们将其归纳为四句话:

第一,实现一个目标,推动统筹城乡发展,要以保障和改善民生、满足广大农民过上美好生活的新期待为目标,在城市化进程中真正让农民"安居乐业有保障",在一样的土地上过上不一样的生活。通过两个例子向大家说明一下。一个例子是北方很普通的一个农户小院。我们的宅基地换房不是以现在居住的房子来换,而是以房子所占的宅基地就是我国宪法规定的宅基地来换。在我们那个地方一般是每户二分二,包括村庄面积。第二个例子是为农民新开发的农民居住社区。2005 年 8 月,国土资源部和国家发改委审批了方案;2006 年 6 月,开始动工建设,一次建了 156 万平方米;2007 年 9 月,居住区、配套区、服务区基本建成;2007 年 12 月,70% 的农民就已经搬入了居住区。为什么农民搬入新社区引起各界极大的兴趣?有一个关键问题值得研究:中国的农民不应该再是面朝黄土背朝天。我这人讲话很直白,对这件事大家不要评头论足,关键是农民满意不满意。强迫农民务农不符合民意,是错误的。如果农民愿意,要求过上美好生活,也适应这种新期待的需要,那就应该根据需要来。搬入新的社区以后实现了公共服务的均等化,农民可以享受更高层次的文化生活。现在农民有这个要求,所以那天我讲了一句话,"不要农民刚直一次腰,咱们大家就都不舒服"。在历史上,农民为了城市发展做了很大的贡献。就像有的领导同志讲,农民生产农副产品供应城市、贡献劳动力建设城市、贡献土地支援城市发展。所以说我觉得现在统筹城乡发展是非常重大的课题,农民也有过上美好生活的新期待。

第二,把握两个基点。一是要有三个必要条件:天时、地利、人和。还要有三个基本要求:政府不谋取赚钱、政府不片面追求在宅基地上谋取发展空间、政府也不为开发商谋取不当利益,即所谓"三不"。什么叫"天时"?天时就是农民就业以第二、三产业为主。东丽区属于近郊区,我们的政府在市中心区、外环线以内,像这样的大城市近郊区,第二、三产业比较发达,特别是仓储物流业有很好的基础,大部分农民都可以在第二、三产业就业。二是"地利",就是级差地租明显,能够平衡农村还迁住房的建设资金。我们的宅基地换房是政府不花钱、农民不花钱、不占用一寸国家的土地,仅仅是用宅基地换房所结余出的土地通过市场招、拍、挂的形式所产生的利润来给农民盖房。比如华明示范镇规划 5.6 平方公里,这 12 个村庄占 12 071 亩宅基地,我们的住宅区有 2 943 亩,这是指拍卖用地,农民安置区占 3 476 亩,还有 1 984 亩的产业发展区。这样就是用土地级差地租的办法,解决了农民还迁房所要的资金问题。三是"人和"。农民有强烈的改善住房条件的愿望:95% 以上的人赞成,5% 的人不反对,这是农民签协议书的情况。关于这不反对的 5%,给大家细说一下,为什么 5% 的人不反对呢?因为这 5% 的人的结构比较复杂,有的人已经在城里居住,房子已经闲置,对于改善不改善没有看到、得到实际利益,所以不表态;还有一些人是因为计划生育和一些历史的遗留问题没有解决好,有点意见;还有的人对个别干部的作风有意见,所以他对这件事情不反对,也不签同意意见。我们觉得这已经符合绝大多数人同意的要求,达到这个标准,都自愿签协议,我们才能推进宅基地换房。还迁房用了 3 476 亩,土地出让用于招、拍、挂,建商品房,用土地增值部分给农民盖还迁房。还有就是宅基地复耕 6 400 亩,另有 4 000 亩地等待统一规划利用。我们在华明示范镇建设过程中,有一个测算:按当时的建筑价格,包括土地价格,盖 156 万平方米的农民还迁房需要37亿元资金,而利用4951亩地的出让可以置换38亿元,这样就实现了资金的平衡。所以解决了两大难题:一是土地,一是资金。宅基地换房模式之所以成功是因为农民欢迎,这是最重要的基础条件;更重要的是破解资金和土地难题,实现了两个平衡,这也正是国土资源部所要求解决好的问题。

第三,遵循三条路径。这三条路径包含了发展区域经济、改革政治体制和增加农民收入,实现区域可持续发展。第一条路径是"三区联动",在东丽区已经形成了居住社区、工业园区、农业产业区同步规划、同步建设、联动发展,广大农民居住在社区、就业在园区、保障在社会,城市发展有产业支撑,使整个新城市充满生机。现在正研究统筹城乡发展,农民集中居住。这个区域能不能进入良性循环,实现可持续发展,关键在这个区域有没有产业支撑。中央电视台《新闻联播》曾经报道了天津市的统筹城乡发展,有两分钟的时间是报道华明示范镇的,主题是以产业支撑城市化发展,华明镇的党委书记有一段精彩发言。第二条路径是"三改一化",在华明示范镇建设中坚持推进"农改非""村改居"以及农村集体经济改股份制经济,实现城乡一体化发展。这就涉及管理体制创新,现在109个自然村都是村委会管理,准备随着城市化进程的推进,陆续改为居委会。华明示范镇已经搬进18个村,这18个村都处在实行村委会与居委会双轨制的过渡期。此外就是推进农民集体经济组织改股份制经济。这对我们国家现阶段的发展,特别是建立健全社会主义市场经济体制,改革、创新集体经济组织,适应现在经济社会发展需要,是一个新的探索。集体经济组织改革的基础性工作就是要确定村民资格,因为农村居民包括农业户口、非农业户口,还有倒挂户——就是户口在这里,人不在这个地方住。搞集体经济土地改革时,怎么样清晰地界定产权,让农民变成股民,最重要的是确定村民资格。我们现在有109个自然村,其中83个村已经搞完了村民资格界定。资格界定很复杂,必须靠民主、公开的办法,这样才能维护农村的稳定。另外就是农业户口改非农业户口。通过"三改一化"才能真正巩固农村城市化的成果,才能实现农村经济社会的更大发展。第三条路径是打造"四金农民"。主要是让农民同时拥有薪金、租金、股金和保障金,建立一个农民就业增收和家庭财产持续增长的机制。"四金农民"是指:第一是要有薪金,即要有工资收入,第二是有租金,第三是要进行股份制改革,第四是要有保障金。现在"四金农民"已经写入市委关于贯彻胡锦涛总书记视察天津"四个注重"的指示精神的具体意见。华明镇现在有43 000人,整体劳力和半劳力21 000人,现在已经实现就业的有18 000人,其余3 000人有的是没有就业要求的,有的是没有就业能力、享受社会保障的,90%已经全部就业。现在每个农民的保障金最低550元,最高1 200元,全部加入了城乡职工养老保险。因为有了保障金收入,农村社会稳定有了基础,这是搞股金收入时给他们发"股权证"的情况。租金收入要用来给农民盖经营性住房,每个农民15平方米,三口之家45平方米。用于出租,每年的收入在一万元左右,这种情况下盖的就是工商业地产。怎么组织这项活动?区里成立了一个公司,把农民股份制改革的资金以企业入股的形式组织起来,发展工商业地产,让农民有可持续的收入。在社会保障和救助方面,东丽区已经出台了三大类共66项社会保障和居住政策,全区形成了广覆盖、保基本、多层次、上水平、可持续的社会保障体系。东丽区的社会保障和救助水平在全市领先。

刚才说了华明镇的情况,现在介绍一下全区的情况。全区城乡居民参加基本养老保险的有8 782人。我们对有参保意愿的居民做到应保尽保。全区57个村,有7.2万被征地农民参加了养老保险,104个村1.6万人享受了区退养补助,24.1万人参加了城乡居民基本医疗保险。2011年1月1日起,如果本区居民在区属定点医疗机构住院,在城乡居民基本医疗保险报销后,再对剩余部分给予20%的补助,现金直接返给住院病人。这项政策出台以后深受广大居民、农民的欢迎。出现了一个现象:好多户口迁出去的又迁回来了。农民是最讲实惠的,他们对利益问题有一个非常准确、公正的评价标准。东丽区财政一年要拿出1 000万补助农民。经济发展了,按照中央共建共享的要求,就应该给农民以福利。随着经济社会的发展,低保标准、救助标准、保证金标准都在逐年提高,区财政设立了10亿元的农民保证金专门账户,这些资金主要来自东丽区和滨海新区的合作开发。东丽区是融入滨海新区最直接的一个区,全区有478平方公里的土地,其中225平方公里与滨海新区合作开发空港经济区、泰达新区和高新技术园区。土地产生的税收,地方留存部分和滨海新区五五分成,我们有比较充足的后备资源。

处理好农村改革发展稳定这个关系最大的平衡点在于改善民生。如果老百姓不富裕,改革也深入不了,发展也进行不下去,农村也保证不了。华明镇之所以成功,是因为通过宅基地换房这种模式实现了农村经济发展,居住社区、工业园区和农业产业区三区联动。比如说,宅基地换房这种模式实现了土地复耕,复耕了811公顷,不但偿还了国土资源部建设华明示范镇借给的426.3公顷建设用地指标,还多复耕出6 000亩的农业用地,国土资源部对比很满意。目前已经通过国土资源部的检查验收,已经归还了建设用地指标。农民通过发展设施农业,实现土地规模经营,既可以把土地作为股金收入,又可以在农业区当工人,有薪金收入。为什么反反复复讲"四金"?我觉得重要性在于农民富裕、农村稳定。

第四,坚持四项原则。第一项原则:切实保障农民权益、充分尊重农民意愿、公开公平公正地实现换房项目;第二项原则:坚持承包责任制不变,确保可耕种土地占补平衡,实现可耕种土地不减;第三项原则:集约、节约利用土地,实现土地产出效益的最大化,切实转变经济发展方式;第四项原则:注重将生态环保理念贯穿城市化建设的全过程,努力实现低碳绿色发展。我们定了这样的原则:只要是华明镇的农民或者集体组织成员,户口在农村,无论你有房没房,全部按人均30平方米搬到新建社区的楼房,三口之家共90平方米。这是一项基本的规定,你没有房也按这个标准,有了房不足的给你补到90平方米,住120平方米超了30平方米据实兑换,所以老百姓都很满意。华明镇换房的结果是,原来住平房的时候人均26平方米,换房以后人均37.8平方米,户均1.66套,应该说80%的人都有两套房。四项原则之二就是承包责任制不变,可耕种土地占补平衡,实现可耕种土地不减,这是国土资源部五省市宅基地换房(也叫城市建设用地增加和农村建设用地减少相挂钩)的试点项目。四项原则之三是集约节约利用土地,实现土地产出效益的最大化,切实转变经济发展方式。这是经过复耕以后搞设施农业的一个园区,现在这些园区已经全部建起来了,种了两年的大棚菜,效益非常明显。宅基地换房以后节约了大量土地,12个村12 071亩宅基地结余出4 000亩发展用地。有一个地块原有12个村庄,中间是现在的华明镇,这12个村庄宅基地达12 071亩,搬到集中居住区才用了3 700亩。四项原则之四就是注重节能环保。大家觉得现在的农村实行城镇化,在环保方面标准比较低。但是在这里,目前每户都装了太阳能,一共装了9 600套,而且是一次装成的,可以称为世界之最;房间里取暖是用地下温泉,热水循环,处理过的中水循环利用,每户都是这样。洗澡是用太阳能,垃圾不落地,小区管理得非常卫生,小区可以说达到了北京中产阶级的住宿条件。小区物业费是一平方米一块钱的标准,对农民一平方米只收一毛钱,五年以后不超过三毛钱,我们对农民做了这些承诺,都兑现了。如果农民交不起物业费怎么办?地方有财政收入和工商业地产出租收入为农民提供补贴。所以农民很满意,钱花得少,生活质量还高。为什么华明示范镇能进入上海世博会?其中也有一个很重要的原因是绿色、低碳、环保,当时是有这个理念的。世博会展区的英国低碳馆,都是在循环使用这些产品,体现生态保护。为什么我要展示这个?我们当时有一个理念,就是参加一次世博会,带回一个实践区。和住建部的徐秘书长也正式汇报一下,我们就是要把整个东丽区都搞成一个生态环保、低碳、绿色发展的区域。我在全区大会上说,华明镇已经进入上海世博会,体现了生态环保方面的最高水平,以后东丽区要建设的每个新市镇的品质、质量都要超过华明示范镇的水平。华明示范镇在农村城市化方面具有典型意义。华明示范镇保留了建设以前的桃林、柳林,还有建成以后的柳树。既然是农村城市化,还是要把农村原来的生态文明保留下来,所以我们在做规划的时候给桃林绿树让了空间。欢迎大家到华明镇去考察,现场感受一下我们华明镇保留下来的桃林、柳树、生态湿地。

二 东丽区未来展望

在2010年人代会上总书记接见天津代表团时,询问我当时的情况。总书记问,现在农民最关心的是什么?我说最关心的是两个问题:第一个是农民增收问题,第二个是农村城镇化问题。然后他问我,说到农民增收,你们农民人均收入是多少?我说东丽区农民人均收入是14 810元。总书记说,你们的人均收入够高的,我说,我们在天津市区县中人均收入是在前列的。总书记说,天津市城乡收入差别比较小,你们算搞得比较好的,其实老百姓现在最关心的是农村城市化问题,过上新生活的期待非常强烈,他们都想通过农村城市化来改善生活环境、增加收入,特别是财产性收入。我说,在华明示范镇建设过程中,农民增加财产性收入的幅度非常大,农民特别欢迎。比如我们平时住三间平房,但这次人均分配了30平方米，一户三口人就要分到90平方米的楼房，90平方米的楼房按当时的市场价格来算是6000元每平方米，总价就是54万元，而一套平房只有三四万元，农民的财产性收入一次增加了10倍，还没有钱花，财产收入大幅增加，农民特别欢迎。华明镇宅基地换的房不是小产权房，是可以进入市场的大产权房，而且土地是政府划拨的，不是招、拍、挂的，可以享受国家保障性用房的政策，5年以后可以上市。2006年到现在已经5年了，现在房子已经可以上市流通了，还抑制了房地产的价格，一举多得。

江泽民同志和贾庆林同志都曾经到华明镇调研。贾庆林同志那天还现场找了几个农民，聚在一起站着开了一个简短的座谈会。主要问了两个问题：第一个问题就是问你们搬家高兴不高兴，是自愿的吗？农民很朴实，实话实说，说开始时我们不了解情况，后来市、区领导也来了，让我们看规划、看方案、算账，后来我们想明白了，都非常愿意搬到居住区，搬了好处多。比如一个农民说："我今年60多岁了，从来没和老伴儿溜过马路。这一次住进来以后整个环境都改善了，也不用备煤、柴了，都有天然气，做饭也方便了，也有保障金了，不用发愁了。每天早晚我和老伴儿一块儿溜马路，也有文化广场了，我们不就和城里人一样了嘛。"第二个问题是问儿女孝不孝敬。农民说手心朝上的时候不孝敬，现在用不着他们给我钱了，因为我有保障金了，老两口一人一个月550块钱，这一年下来就是一万多块，吃喝都够了，用不着找他们要钱了，他们比原来都孝敬了。《天津日报》头版下半部分发过一则新闻，就是长辈请儿孙吃饭，是在宾馆饭店吃，不是在家做，说明农民富裕了。看了这则新闻，贾庆林说你看这个照片，笑得不得了。贾庆林说，我也是农民出身，我了解农民的情况，你们生活这样好，我都羡慕了。李克强副总理视察的时候讲了这么一句话，这是农村社会主义房价。这个项目最早开始的时候是由中央农村工作领导小组的陈锡文同志首先视察，是国土资源部的徐绍史部长去看建设情况，厉以宁老师被聘为环渤海城市发展战略研究院理事会主席，武常岐院长被聘为我们的院长。厉老非常关心东丽区华明示范镇的建设情况，刚才送给大家一本书——《一样的土地，不一样的生活》，有厉老亲笔写的序。厉老说："华明示范镇农村城市化的最大特色是解决了农民就业增收问题，是以产业为支撑的，可以实现区域的可持续发展，农民搬住房是自愿的。我都入户调查过，他们认为这样可以得到很多利益，这保证了农民的权益,非常成功。"序言里有这么一句话:如果全国的城镇化道路都按华明这种模式走,那么应该说农民的权益就得到了保障,就在稳定中推进了城市化。

华明镇宅基地换房进入上海世博会,得到了广大农民的认可,实现了区域经济又好又快的发展,对我们全市的推动、带动作用很大。天津市在东丽区还召开了居住社区、工业园区、农业产业区三区联动发展的现场会。三区联动模式作为天津市统筹城乡发展的一种模式在全市推广,像华明示范镇这种模式已经在天津市42个小城镇进行,其中标准最高、规模最大的应该是华明。我们按照市委的要求规划了一个"三四五六"发展计划,我也想把这个献给各位朋友,作为研究农村经济、社会发展的一个案例。以华明示范镇为基础的全区的发展计划,第一个"三"就是GDP结果。以2008年为基数到"十二五"末,每三年翻一番,基本上是每年25%左右的增长速度,现在看来这个目标可以实现。第二个指标"四",就是四年高标准地建成示范工业园区,区里规划了"两区四园"。这里有一个发展的过程,有的标准比较高,有的低一些。现在我们依托华明镇建的华明工业园,达到7.2平方公里,标准是成为天津市31个示范工业区之首,而且发展的产业项目都是战略新兴产业,清华大学的天津科技园就坐落在华明镇。有几个标准低的园区,我们按照这个标准进行改造,四年时间能基本完成。"五"就是五年实现城市化。就是用五年时间将109个行政村的20万农民全部搬入像华明这样的四个新市镇。2010年一年安居工程竣工面积达197万平方米,13个村的3.6万人迁入城镇新区。2010年以前还有17个村迁入了新城镇,这样109个村中已经有接近1/3搬入了新市镇,村全部撤掉了。我们计划2011年竣工面积121万平方米,让6个村的1.7万人迁入新镇区。2012年将会是个高峰:计划竣工339万平方米,让20个村的7.3万人迁入新市镇。

我把东丽区未来的空间规划给大家汇报一下,目的是想让大家去考察东丽区,为东丽区招商引资,特别是邀请人才到我们那里。中间有块如意形的地方是空港经济区,最右边是泰达新区,这就是将会有近10万农民搬入的新市镇。东丽处于新城区和滨海新区之间的一个中间地带。按照天津市的总体规划,双城双港双项拓展就是东丽区。所以在对外宣传的时候,东丽区的区位优势和资源使它日进斗金。只要想来建设投资的,保证可以有大的发展。这是将来东丽区村庄全部撤掉以后6个板块组成的组合式城市。中间是中心城区,未来的城市中心达147万平方米,2011年年底全部封顶。这项规划的面积达19.7平方公里,还迁农民10万人。这是25万人口居住的小城镇,按照大唐芙蓉园的风格设计。这些楼的高低都是按照唐诗的七律来建造的,我参与了这一策划,很漂亮。

互动环节

问:张书记您好!我是东丽区的一名成员,也是北大的研究生,今天您来到这里我非常高兴。想问一下华明镇示范的典型如何推广,或者有没有可能推广?因为东丽区有比较好的经济和物质基础,但是如果把它扩展到其他一些地方,本来政府资金就比较紧张,在前期投入会有很大的困难。对于这个问题您有怎样的思考?还有,给他们什么样的建议?谢谢。

张有会:作为东丽的代表,我为我们的子弟能在北大读书感到骄傲。你提的问题很好。对华明的这种模式,大家都很感兴趣,都在研究它,但到底有没有推广的意义,怎么推广,或者怎么做才会更好?我和各地的参观考察团都讨论过华明的模式,我认为在我们国家有四类地区可以推广借鉴这种模式:第一是像东丽区这种大的近郊区,因为土地有空间,大城市建设需要土地。第二是新的规划区,现在我们国家在建很多高新园区,需要用土地,需要裁撤一些村庄,通过这种模式既可以节约土地,腾出空间发展经济,又可以解决农民的居住、生产和生活问题。第三是县城周边地区也同样有这种条件的优势,虽然是县城,条件差一点,但是它的开发成本低,增值空间比例也高。第四是中心镇。我认为这四类地区可以借鉴甚至照搬华明的模式。

怎样推广这个模式也是大家比较关心的。一个是西安市,还有一个是重庆市,它们的一些领导提出来,让华明模式输出。在模式推广方面,我们做了两件事情:一是把华明示范镇这种模式标准化,包括生态的理念都要具体化,涵盖建设要求等,从头到尾一条龙服务;二是我们已经有了开发建设小城镇的这套市场运作的办法和体制,有了国有开发建设公司,如果哪个区域需要搞华明示范镇宅基地换房的模式,我们可以提供支持,但是得有回报。谢谢。

问：张书记您好！非常高兴能听到您精彩的报告。我想请教一个问题，华明镇原来有 12 个村，通过宅基地换房，由农民变成市民。但是肯定有一部分农民还没有离开土地，这部分农民居住到集中区，在土地的耕作上是否方便？如果不方便，该怎么解决？

张有会：我们宅基地换房有四项原则，其中一条就是承包责任制不变，农民没有失去地。离地远了怎么解决？一是让农民以第二、三产业就业为主，大部分农民不亲自耕作这些土地，一般转包、出租，只有 2 000 多人还以农耕为主业。当时我们采取了这种方式：对于以林业、果木种植为主的农民，则在生产基地上建生产性的用房，可以在这里住，就近生产，上班的时候街道里面有班车。二是实行规模经营、土地流转、发展设施农业。土地规模经营以后有租金收入，有些年龄大的农民，比如四五十岁的人，不愿意做工，而是习惯于种一些地，就可以在这里打工，增加薪金收入、土地流转、规模经营、打工和股金收入。三是让一些企业搞设施农业，在这里租赁土地。尽管农民居住在新市镇，可我们华明的土地一亩也没荒芜。并且因为实行规模经营、设施农业，土地的产出大幅增加。今天我还少带了一个礼品，就是华明蔬菜现在已经形成品牌了。谢谢。

问：张书记您好！我是一名金融公司的员工。我现在正在研究一个问题，是关于最近保障性住房开工建设的。我想问张书记一个关于华明镇还有东丽区怎么应对保障型政策的问题。在国家货币紧缩、几次连调准备金的情况下，东丽区是怎样利用金融手段完成保障型住房建设的？

张有会：在这个问题上我们解决得比较好。华明示范镇的建设破解了两大难题：一是资金问题，一是土地问题。华明镇的建设用的都是国家开发银行的资金，用了 25 亿元进行周转，花费五年的时间，到 2011 年年初，25 亿元贷款全部如期归还。因为华明示范镇的成功，增加了东丽区小城镇建设的品牌吸引力。我们起步得比较早，那几项行政建设也想大部分用银行资金解决，我们在 2010 年上半年就和几家大银行签订了开发保障性用房建设的授信，确定了授信额度，现在的额度能保证我们的工程如期进行。我们还准备发行价值 18 亿元的小城镇建设债券，用来解决我们现在的资金困难。主要是国有企业在运作，是区属国有企业，这样就规避了将来的偿债风险。所以现在来看，对于五年实现小城镇建设目标我们很有信心。谢谢。

问：张书记,您的讲演很生动、精彩。我来自农村,家乡是和重庆接壤的一个小城市。我在本科时出去调研过,比如成都就被当作统筹城乡的示范点,市政府每年给每个村庄划拨 20 多万元资金,以这种模式开发。如果把天津东丽区的模式和成都模式进行简单的一些比较,优势和劣势是什么?

张有会：统筹城乡发展的模式不一定只有一种,可以多种多样。刚才我讲华明示范镇这种模式适应这四类地区,得从区域实际出发,根据当地的区位、资源,包括人们的生活水平和老百姓的心理承受能力来研究具体的办法。重庆我也去学习考察过,重庆实行土地地票或者农转非制度,那些做法也很好,各地有各地的情况。华明镇在北方,大城市近郊区比较适合。因为区域情况不一样,我觉得各地搞农村城市化都得从实际出发。有两条标准,只要这两条做到都算成功。一是农民满意,不上访。华明示范镇 2005 年以前是只有 5 万人的一个镇,但是进北京、天津集体上访的有 8 000 人次。从华明示范镇建设到现在无一例上访,说明农民欢迎。二是要看区域发展、经济发展程度。比如现在三区联动的模式,我们的工业园区搞得非常成功,华明镇从 2010 年开始财政收入每年增长 60%。因为项目好,要不怎么能承诺五年以后物业管理费最高不超过三毛钱?我觉得做到这两条都算成功。谢谢。

问：我是中央电视台的记者,做农村报道很多年了。刚才听了您的介绍,对东丽区城市化建设的发展成就表示祝贺,也对您在这方面的探讨表达敬意。现在包括微博上爆料的关于强拆这类的事情很多,如此大面积的拆迁城镇化建设有没有遇到所谓的钉子户?如果遇到农民有些要求满足不了怎么办?

张有会：您提这个问题应该说是怎么样不强拆,让农民自愿搬。我首先和大家说明,我们东丽区在拆迁问题上没有"刁民""钉子户"的提法,从一开始就不允许人们这样讲,这是要求。第二就是结果,12 个村有 12 071 亩宅基地,全部拆平了,大家可以想象工作量有多大。也就是说,地面上没有一间平房了,没有建筑物了。因为如果有建筑物土地就连不成块,是通不过国土资源部的验收的。我们除了搞设施农业以外,还发展了蓖麻、香椿种植,都很成功。我说的是什么意思呢?拆迁过程中难度大但是不如工作量大,难度大是个别人,大多数人是愿意拆的。因为他们都会算账,能得到实际利益,所以愿意拆。老百姓的攀比心理很强烈,大多数人同意了,个别户开始不拆,后来主动找我们说要拆。我有一套奖励政策,如期早拆的有奖励,过了时限不拆的没有奖励。对于老百姓,多给一百块钱和少给一百块钱不是一回事儿,我们得善于运用激励政策。

再有就是强大的思想政治工作。我们入村入户、住在这里做工作,工作做到了什么程度?有些老百姓有想法,有什么想法?除了宅基地拆迁之外,他还想把过去遗留的一些问题解决掉,比如说把未缴到位的计划生育罚款都免了。我们说那不行,一码是一码,这笔钱必须交。也有些特殊户,比如说低保、残疾人、贫困户,我给他们一些特殊的补助办法。还有的思想工作就是党员干部带头。开始挺难的,要带头搬家。但老百姓觉得他们先搬了,选了好房,我们没有好房,也搬吧。所以用多种方式打组合拳,加大思想政治力度,让老百姓都搬,我们没有一户强拆的。

问:张书记您好!我是北京大学的学生,也是天津的女婿。我想提个问题,对于农村土地流转很大的问题是土地所有制的问题,也有很多小产权房属于集体所有,已经卖出去了,就等哪天能够正名过来。在这方面您做了什么样的工作?有些什么样的经验可以和大家介绍?

张有会:这次宅基地换房是用来解决农民旧宅基地的,有自主产权资格的才能换房。比如我有两个孩子,有一套房子,农村一般是大儿子给宅基地,所以老大有一套,老二没有,到了18周岁也应该分宅基地的时候,根据他的户籍、人口结构考虑搬家以后分配房屋的比例问题。主要考虑农民。你提到集体土地上也有职工干部住的房,我们是拆一换一,实物置换,不动宅基地。宅基地是农村集体所有,不是个人的。他自己买的、建的房子,仅仅作为地上建筑给他置换。如果你的房子只有70平方米,不够90平方米怎么办?我提供三种价格:农民的有成本价,他有优惠价,此外还有市场价。他可以享受优惠价,给他分到90平方米,补足20平方米,所以他也很高兴。

问:张书记,我发现您做事很扎实,讲话很风趣。我有两个问题:农民"上楼"真是一分钱不用花就可以吗?38亿元的土地出让资金全部用到建房上来了吗?因为我发现很多地方政府都很吝啬,给老百姓补偿新房出让的土地很少,所以是不是一分钱都不用花?

张有会:你提得很具体,也很实际,我们还真遇到这个问题。按照我们的置换标准,比如我们总共有六楼,农民一般都要二、三、四楼,不愿意要六楼。一楼是最受老人欢迎的,我们就优先给老人、残疾人。二、三、四楼我们有一个标准价,住在五楼、六楼的价格要便宜一些,比如说,一平方米比别的楼层要低一百块钱,那么住在二、三、四楼的人应该拿出一百块钱给他补齐。所以农民是不花钱的,平均标准确实是一分钱不花。而且我们是装修好的房子,经装修以后的房子,只要标准不高,住得会很好。所以农民确实是不用花一分钱。第二个问题,土地回报的效益是不是都给农民补偿?东丽区做到了。因为地方有财政实力,不需要从农民的土地上拿钱给地方政府做政绩工程,全部用于给农民盖房子,改善居住环境、道路、基础设施的配套。这已经经过了审计署的审计。

问:还有个问题,我想问一下华明镇三产发展的情况,因为很多小城镇没有三产不活。您刚才提到,"四金农民"里面包含有租金,每个人有15平方米经营性住房,能不能说得再详细一点?

张有会:农民搬入新市镇后,由分散居住到集中居住,产生了很大的消费需求,所以华明镇服务业发展得很好、很快。我们提前想过这个事情。农民集中以后就搞了12万平方米的商业店铺。这个产权是归地方政府的,租金是归华明镇的,用于补偿农民居住在新社区以后类似物业费等开支。农民原来分散的时候开小店小铺,现在进来也租了这些房屋。他们是要花钱的,因为他们是在搞经营。这给了我一个很重要的启示。我认为中国人多也有很多好处,其中包括拉动消费。五万人住在一起,有很大的消费区域,有成规模的购买力,拉动了消费。我们还搞了一些大的市场,吸引农民在这里搞各种经营。这些市场现在非常繁荣。

问:我有两个问题。"十二五"规划期间国务院副总理李克强主抓保障性住房,全国保障性住房有3 600万套,2011年陆续开工了。我想问的第一个问题是,天津市东丽区要建多少套保障性住房?第二个问题是,保障性住房或多或少对开发商利益冲击很大,针对开发商这一块,假如有开发商想介入保障性住房我们应该怎么妥善处理?

张有会:保障性住房建设是克强同志提的要求。天津市分两个层面,一是市区市民的居住,国家要求"十二五"期间达到20%以上。天津市安排2011年一年开工1 000万平方米,已经达到30%,这是对于市区层面。二是农村层面的保障性住房,主要是搞像宅基地换房这种模式的小城镇建设。现在已经完成了9个镇区,已经有20万人搬入了像华明镇这种模式的居住社区。并且,我们计划在"十二五"期间达到42个小城镇,"十二五"末期能有100万农民搬入像华明镇这样的居住社区。

在保障性住房建设中防止开发商牟取暴利或者参与问题上,应该说天津市这个市场很公开,在建好保障性住房的同时也遇到一部分阻力,都是通过招、拍、挂的形式解决商品房开发问题。现在看来天津市场应该还可以,特别是滨海新区的带动,这个趋势还是比较好的。谢谢。

(时间:2011年6月16日)

第八篇
天津滨海新区开发开放的创新实践

宗国英：天津市副市长兼滨海新区区长

尊敬的各位院长、老师和同学，今天非常荣幸能够回到母校向大家汇报工作。在座的同学都是北大的高材生，理论基础雄厚，具有国际化的视野，理论问题一定比我研究得透彻。我今天是给你们汇报实战的，你们更侧重理论上、宏观上的东西，但这不是我的长项。我今天汇报的内容就是在基层是怎么干的，是滨海新区开发开放创新的实践。

我很荣幸在 2000 年成为北大刘伟老师的学生。读了三年的全日制博士后，也非常荣幸前两年被光荣地评为北大的优秀校友，校友会还给我发了个证书。我是做梦都想进北大，大学毕业分到北京之后——那个时候被分配到地质矿产部，我第一项任务就是自己骑着自行车跑到了未名湖这个地方，找了北大研究生院的院长——光华管理学院的高承德老师，表达了报考他硕士生的意愿。我把他的书、考题全都背了下来。北大硕士考试的英语单词很难，尽管把 7 000 个单词背得很熟，但我一看考题还是有压力。为什么后来硕士、博士毕业以后又想到北大读博士后呢？这也是想实现我的北大梦。所以我非常羡慕在座的各位老师和同学。你们有非常好的机会,在北大这个地方学到知识,得到发展。

今天我作为一个学生回到母校给大家汇报工作,很多大家关心的内容,汇报稿里不一定都有。内容分两部分:一部分是滨海新区开发开放的基本情况,另一部分是滨海新区创新实践的具体做法。

一 滨海新区开发开放的基本情况

第一部分主要是把过去经济发展的情况跟大家汇报一下,第二部分是重点。有的同学可能知道滨海新区,它从2005年开始上升为国家战略。2005年胡锦涛总书记、温家宝总理率领着15个部到天津考察,为什么要选择滨海新区呢?大家知道中国经济的发展是呈梯度推进的,由南向北。最早的是20世纪80年代的深圳特区,然后是90年代的上海浦东新区,21世纪就是滨海新区。滨海新区也是整个中国长江以北唯一的国家级新区。在座的可能有很多是南方的同学,也有很多是北方的同学,中国的发展要均衡。如果长期的南强北弱,或者叫东强西弱,不利于整个国家的治理。所以中央政府就选择在天津建设滨海新区,目的就是要推进整个北方的经济发展,这是国家的重大战略。滨海新区建设从2006年上升为国家重大战略,然后确定了滨海新区发展的使命:要成为继深圳特区、上海浦东新区之后,辐射带动区域经济发展的新的增长极。有的同志讲是第三增长极。这个话不是我们讲的,温家宝总理确实在现场讲过,胡锦涛总书记也讲过。从2006年到2011年这六年的时间里,胡锦涛总书记大概去了四次,无数次地给了我们批示,批示滨海新区要如何发展。温家宝总理每年去一次,从北京直达滨海新区,就住在滨海新区。这说明当时党中央、国务院非常重视滨海新区的建设,也是全市寄予权势之地。尤其到了2007年,当时张高丽书记(现在的国务院常务副总理)来了以后又掀起了新区开发开放的新高潮,他亲自任领导小组组长。那个时候我还不属于滨海新区,是滨海新区之外的人员。到2009年进行改制时,将滨海新区原来的3个行政区、12个经济功能区进行合并。在2009年行政体制改革之后,我非常荣幸地成为第一届新区的区长,新区开发开放又进入一个新的阶段。所以这是一个历史的过程,当时新区发展的第一个使命就是要带动整个北方的增长。第二个使命是要成为北方对外开放的门户,成为高水平现代制造业和研发转化基地,即"两个基地"。"两个中心"就是北方国际航运中心和国际物流中心。"一个新城区"就是要经济繁荣、社会和谐、环境优美。这就是我们经常讲的国务院20号文里面的"一个门户""两个基地""两个中心"和"一个新城区",这是第二个使命。第三个使命是综合配套改革,希望在金融、土地、涉外经济、管理体制等十个领域进行全方位的改革。国家综合配套改革第一个批的是上海浦东新区,第二个批的就是滨海新区。我们要在5—10年基本建立、完善社会主义市场经济体制。

这几年成果到底如何?我借这个机会给各位老师同学们汇报一下。为什么要提2009年?因为滨海新区第一轮行政体制改革是从2009年开始的。那时候什么都没有,完全是从零开始。2009年滨海新区进入了一个快速增长阶段,新区真正的换届到2010年1月10号才完成。从2009年开始,GDP年均增长21.6%,2013年达到8020亿元。这个数字在整个环渤海地区遥遥领先。在中国的城市里,除了四个直辖市,排在第八位。刚才武老师说的是"龙头",我们现在还不敢讲是京津冀的龙头,但是滨海新区是天津市的龙头,这是市委市政府定的。经济的发展确实非常快,GDP每年净增1000亿元,大家当时都对这个数据感到吃惊。经济总量包括工业总产值等都实现了翻番,经济实力大幅度提升。

再看财政收入。可以看出经济发展过程中的效果如何:从2009年的315亿元到2013年的878亿元,这是一般预算纯税的收入,还不含土地、各种基金的收入等,增长年均29.5%,说明财政收入增长得也非常快。还有一个是大项目、好项目的加速聚集,这可以解释为什么滨海新区发展得这么快。这些项目累计完成了1.65万亿元的投资,这1.65万亿元的投资相当于什么呢?相当于天津市"十一五"之前所有项目投资的总和,相当于30年、50年的投入。所以当时完成的固定投资是1.65万亿元,增长达到21.1%,而且重大的项目有566个,重大服务业项目有550个,这是一定的资产投资的结果。在产业结构方面,原来滨海新区很多新的产业结构是从零开始的。尤其航空航天、电子信息行业,这完全是从零开始。上次光华管理学院组织到滨海新区看过大飞机。大飞机是国家对滨海新区的支持,就因为滨海新区上升为国家的战略。现在大飞机的生产是一次交三架，原来全是法国的人，现在基本上都是中国人，是完全将技术、人员转移给了中国。前两天习总书记到法国签订了第二轮空客 A320 延期十年的条约。他原来签的期限是从 2007 年到 2017 年，合同期是十年，现在再延十年到 2027 年。现在又增加了 U330，而且成为亚洲的空客交付中心和结算中心。这是非常厉害的。这对将来新区的航空产业非常好。现在航空产业产值也在大幅度增长，而且上百家配套企业落户到了滨海新区。

除此之外，可能大家做飞机的知道，欧直公司，直升机、公务机，还有中国的直升机总部都落户到了滨海新区，所以现在航空产业应该说发展得非常好。再一个是航天。说到神州几号空间仓，可能大家想象不到，这些都是滨海新区生产的。现在最大的空间站马上要发射 5 吨以上的火箭，也是在滨海新区生产的。所以航空航天产业也发展得非常好。

再一个是信息产业。说到电子信息，大家看到的手机，三星的手机基本上都是滨海新区生产的，一年生产好几亿部。原来大家买的摩托罗拉，肯定是滨海新区生产的，现在的手机主要集中在三星上。还有汽车。如果你们开的汽车是丰田汽车，我估计都是滨海新区生产的。如果你开的是长城汽车，SUV 车型也是滨海新区生产的。所以汽车产业包括重型装备、海洋装备这些产业也发展得非常好。应该说，这八个产业在新区的发展有的是从零开始，有的是在原来的基础上扩大，比如石油、石化等产业。

另外，这几年滨海新区的服务业的发展也非常好。固定资产投资中对服务业的投资也非常大，包括它的对外港口、对外接待、对外交流等。这些数据显示都非常好。对外开放就是外资。因为滨海新区是一个外向型的地方，现在每年吸引的外资数额大概是 111 亿元，相当于全中国的 10%。外资增长速度是天津滨海新区独有的，而且增长得非常快。现在你看我们的外资增长速度都是在 30% 左右，内资是 30%，外资是 20%。

在创新方面，我们有科技平台、技术平台、科技成果、科技人才。现在科技平台方面，我们有 7 个国家级的基地、10 个行业技术中心、15 个产业联盟，还有新增的 96 个国家级和省部级工程中心、技术中心等。在科技企业方面，天津正在做一个全国非常重视的项目，叫科技型中小企业、小巨人，要"顶天立地""铺天盖地"，即科技型中小企业要铺天盖地、小巨人企业要成长为顶天立地的企业。所以这些企业在新区发展得也非常好。尤其是新区科委的良文同志，他是北大经济学院的博士，是当年公招招过去的,26岁当副处长。对于我们来说,谁是人才就招谁。他现在是正处长,在科技方面做得非常好。

还有科技成果方面。我们的科技成果当然是很多了,最典型的是"天河一号"。大家知道"天河二号"在广州,但"天河一号"在滨海新区,为什么?因为它在扩展,当时中国在世界上最有影响力的两项技术,其中一项是超算,当年每秒能算4700万亿次,当然现在更高。奥巴马到中国只提了两件事,一是"天河一号"超算中心,二是高铁。这两项都在滨海新区,所以当时"天河一号"非常受人瞩目,现在我们跟国防科技大学又进行了新的合作,成果也非常好。另外,"曙光星云"是中科院的,这个效果也非常好。

在科技人才方面,目前整个新区大概有科技人才75万人,两院院士和有突出贡献的中青年专家大概有200人,特聘的海外专家有2 000多人,这是第一大部分。从第一大部分大家可以看出,这几年滨海新区的经济、科技、社会发展得非常好。刚才没有讲到社会方面,其实滨海新区还是全国社会管理创新的第一批试点,社会流动人口的管理、外来的白领和蓝领的落户等政策都走在全国前列。我们建了很多不同程度的蓝白领公寓,专门针对这种流动人口。现在滨海新区大概有300万人,流动人口100多万,量非常大。所以,应该说在过去的几年,新区还是基本上按照党中央、国务院、市委市政府的要求在全面的快速推进之中。第一个阶段的成果还是非常令人满意的。

二 滨海新区创新实践的具体举措

一提滨海新区、一提天津就知道,滨海新区发展速度快,大项目、好项目、高质量的项目多,还有就是这个地方的活力比较强。我正在中央党校学习,到中央党校一提天津市的领导,人家没关心——大家都是省部级的领导,不关心这个,一说是滨海新区的,那几个省委的秘书长、副省长赶快就打听滨海新区是怎么回事儿——他们特别感兴趣。这说明滨海新区在过去几年里,通过大家的共同努力,确确实实取得了成果,引起了大家的注意。

我有好多同学从美国打电话来,说滨海新区经常被报道,所以他们关心。他们就评价了滨海新区的经济增长指数、技术潜力等一套指标。整个滨海新区前一阶段已经初具成果,下一阶段的任务更加艰巨。这就是我下一步要跟大家汇报的。小平同志当时到新区——那时候是开发区,提出"胆子大一点,发展快一点"。那是在 1984 年,可能在座的好多同学还没出生呢。当时江泽民总书记到滨海新区视察的时候提出发展新区的构想。然后到胡锦涛总书记时,就提出要成为发展观的排头兵。习近平总书记 2013 年 5 月 14 号也到了滨海新区。2013 年年底,李克强总理又去到滨海新区。所以在一个区域里,党和国家领导人能够在一年里面去一个地方,我看全国也只有滨海新区,别的地方没听说。总书记来了,总理来了,当然还有很多的中央领导人也来了。所以应该说新区的发展是受到市委市政府、国家有关部委大力支持的,这是我们发展的一个主要动力。

滨海新区的目标是什么呢?到 2015 年生产总值要过万亿元,工业总产值突破 2 万亿元。2013 年我们的工业总产值是 1.6 万亿元,规模一上来工业总产值就超过了整个重庆市,就是这个概念。2 万亿元这个数字,相当于整个长江三角洲的总量,它在整个北方地区的龙头地位越来越显现出来。而且到 2017 年,我们要实现生产总值和人均收入比 2012 年翻一番,要提前三年建成小康社会;到 2020 年要基本实现国家的定位。这是我们的目标。

滨海新区要实现创新,总体思路是什么?就是坚持一条主线,提升三个服务功能,夯实四大环境。这是我们经过长时间论证、通过国际国内的对比,提出的滨海新区将来的发展路径以及实现目标的时间设定。一条主线就是发展实体经济。考虑到新区现在的产业布局结构,在北部地区我们要发展休闲的宜居区这个板块,西部是高新技术这个板块,东部是港口物流,重点是自贸区这一块,中部是金融,南部是化工。同时,我们要做强产业链。现在产业的发展都非常细,我们做了一张图——产业谱系图,另外还有两个库:存量资源库——推动存量企业增值增项,招商引资库——抓龙头项目、配套的项目和细分领域,重点发展战略性新兴产业。另外还要促进两个融合:工业化和信息化融合,超算中心、曙光星云等都是新区的优势,现在要准备和信息化对接起来,电子商务、网络等这些都要加速发展;还有制造业和服务业的融合。

提升三大服务功能,就是金融服务的功能。滨海新区的体制是什么呢?可能刚才没有跟大家介绍:滨海新区现在是新区一级政府,原来的12个功能区调整到了现在的7个经济功能区,原来的29个街镇调整为19个街镇,新区政府直接管理这7个经济功能区。其中有一个经济功能区就是中心商务区。2015年从北京南站到天津的高铁一通,将实现45分钟直达。这个区域主要是发展各类金融——这里所说的金融不是传统金融,而是创新型金融。这是金融的服务功能。

在金融的服务功能里面,我们重点是发展产业金融,这也是自贸区里的一项重要的国家支持政策。针对高端制造业的上中下游不同的环境、融资的需要,发展有特色的生产型的链条。产业基金、创投、担保、租赁……这些都在新区,已经有了很好的发展。

目前我们已经设立了3家产业投资基金,另外还聚集了2/3的股权投资基金,建成了10个创新型交易市场,融资租赁业务占到全国的1/4,成为全国非上市公司场外交易的首批扩充试点。此外就是涉外金融,主要是离岸金融、意愿结汇。据我所知,这个意愿结汇目前在全中国就只在滨海新区有。另外还有跨境的电子商务、人民币结算、利率市场化,现在国家又允许做成了一个在新加坡发行境外的人民币债券的活动,在国内的融资现在面临的都是7%、8%的利率,但是在新加坡融资利率只有1.5%,这样一下子就节省了很多钱,这是对新区非常大的支持。总的来说,这在金融方面确实是一个很好的创新。融资租赁基本上都在滨海新区。在创新型的金融方面,应该说新区做得非常好。

关于航运服务功能,我们主要有一个东疆保税港区,正在推进东疆保税港区向自贸区转型。在上海自贸区还没批下来的时候,国务院就批了,要使东疆向自贸区转型,但就是落实得慢了一点,所以现在正在加快。建设北方国际航运中心的具体举措包括要建设国际船舶登记制度、国际航运税收体系、航运金融、租赁业务、大通关体系、物流网络等,这些是行业金融里面的具体业务。这些政策国家已经给了滨海新区,比如说船舶等级,又放宽了船公司的股权比例、船的限制等准入条件,还包括一些国际的航运、税收政策,比如说航运企业等,都给了很多支持。还有航运金融、融资业务、大通关体系、物流网络等。这可能也是在国内特定的条件下形成的。滨海新区建设了23个无水港。什么是无水港呢?就是实际上没有港口，而是在内地建一个可以直接就办提货单的场所，相当于在这个场所都可以办海关的这些手续。现在已经做了 23 个，最成功的是在宁夏石嘴山市。那个地方做得非常好，它们每年的货物量，即集装箱量也都达到了几百万标箱。

提升功能就是研发功能。研发功能第一是要加快建设未来科技城。中组部、国资委在全国选了四个示范地，即天津、中关村、杭州和武汉。当然这跟高新技术研究院是非常有关联的。未来科技城既有核心区，又有一个拓展区，还有一个居住区。未来科技城现在也是天津市包括国家非常支持和重点发展的一个区域。

研发的功能就是完善研发转化的链条，包括央企、跨国公司的重点实验室。高端制造业企业、科技小巨人企业要建立创业的苗圃，然后通过孵化器、加速器再把它变成产业园。这些都是将中关村先进的成果往天津转移——因为中关村的土地空间有限，成本也非常高，所以基本上都要转移到天津去。这是第三点。

至于夯实四大环境基础，一个是政府的环境，要深化行政审批制度改革——过去都是按照传统的部门，以审批为主。另一个是政府的服务环境，最核心的是转变政府职能，简政放权，这也是国务院提出最多的。但是具体怎么做？简政放权，行政体制改革的核心是转变，但是怎么转？这是滨海新区正在进行探索的，大概 5 月 12 日开始试运行。把传统的以部门为中心的审批行为，转变为以办事对象需求为导向的服务行为。建立"审管分离"的新型服务模式，把所有的审批职能和权限挂出去，成立行政审批局或者是行政许可局——这个局的名字也在讨论之中，实际上应该叫行政许可局，但是大家都习惯叫审批局。要精简事项、优化流程，实现"一口式、一体化"的审批服务。

合并以后的难点是什么呢？是事中事后的监管，按照大部门制的要求构建更加精简的行政管理的架构。滨海新区已经实行了两轮行政体制改革，建立审批部门与监管部门的联动机制，确定每项监管工作的关键节点和流程路线图，建立健全实施监管过程中的各项制度设计。这是完善事中事后结果的一种做法。

当然，虽然说起来就这几句话，但是实际操作起来非常难。难在什么地方呢？一个是难在商务立法上，因为滨海新区 19 个委办局都没有审批，要成为一个局,上面还有国家发改委、商务部,但是下面没有相应的机构,所以这是商务立法上的一个问题。因为滨海新区是先行先试的地区,所以在法律上还是允许的,可其他地区不能这么干。如果把发改委的审批权改为由审批局审批行不行?不行。但是滨海新区可以。这就是因为它是中国改革的实验区,国家给了新区先行先试的权力。只要我们的市委、市政府、市人大一决定,我们就可以执行。否则如果到国家批,耗费的时间很长。所以关于这项工作,我们现在做的还是全力推进制度。

再一个就是完善综合执法。综合执法的任务也非常艰巨。这项任务主要是要理清执法的事项、明晰责任边界、集中执法权限,打造一支队伍管全部、管到底,这是一种新型的执法模式。这个概念是什么?在调研的过程中大家会发现。在中国执法是上面千条针,下面也是千条针。所以给市民和全国造成不方便。而且还有乱收费、执法的标准不一样等问题。那么新区要干什么?新区要解决"上面千条线,下面一根针"的问题。一支队伍管到底,九个大洋帽合成一个大洋帽——这就是现在我们要做的。

这项工作实际上是非常难的。比如从北大毕业以后,旁边是不是有摆小摊的?合不合法啊?谁去监管他们啊?过去可能是工商局的人,可能还有食品药品监督管理局的人。周边开的小饭馆有没有许可证?处理这些是非常难的。但是根据我们现在已经梳理出的结果,有7000项的综合执法职能要进行调整。

说到企业的商务环境,主要是要降低准入门槛,建设投资项目负债清单制度,面向外资和民营企业开放更多投资领域,放宽对注册资本、注册经营、经营场地的限制。"先照后证",完全是自贸区现有的政策,这已经在实行了。

此外是降低商务环境运营成本,包括水、智能电网、节能设施、土地规划等成本。要让人们到新区以后,感觉到这个地方非常宜居。我们还是非常重视环境建设的,包括高铁、地铁都在建设。现在新区的固定资产投资,由过去的1500亿元降到了2014年的1000亿元。

还有一个是要营造公平的市场环境。要通过企业的转让、拍卖、股份制等形式,使国有企业退出一般性经营领域——实际上不仅是退出一般性领域。现在我们大概有几百家国有企业,能卖的卖、能关的关、能并的并、能转让的转让。要求国有企业变资产为现钱,偿还借款,否则就退出。这项工作的力度非常大,这也是滨海新区下定决心要做的事情。2014年要出成果,2015年就得做完。

对整个国家来讲,可能需要一些国有企业,但是对这个区域来讲,可能不是很需要。当然,我们需要水、电、气、热等服务,包括公共交通、轨道交通,这是提供便民服务的,可以让国有企业来提供一些服务,使国有企业保持威力,否则水、电、气乱涨价,居民又到处闹事。这是我们现在思想比较一致的地方:实际到民生的这些东西,还要掌握在政府手里。因为确实是便民的、根本就不赚什么大钱的。如果交给民营企业——它们以盈利为目的,有可能会采取涨价等市场手段,到时候老百姓又会上访。十年过去了,我们发现还是有问题。而对不关乎民生的领域,我们都得视察,而且支持民营企业进入市政局的设施等特许经营领域,并鼓励民间资本参与组建金融机构。

全国组建了五个民营银行,天津市有一个。另外,支持非公有制资本,通过出资入股等形式参与国有企业改造、重组甚至是转让。这些项目可以给民间资本,只要能处理好这些事情。所以今非昔比:过去国有企业改革还存在阻力;现在基本上只要把人安顿好,把员工问题解决好,这些都可以商量。

还有,我们要创造创业的环境,特别是人才环境。现在新区政府每年拿出80%以上的财政基金发展社会事业,建设"十大民生工程"系列,引导企业科研机构推进股权、期权等中长期的激励机制,设立人才发展基金和项目启动资金,设立政府创新创业成果。尤其是整个滨海新区,目前经济发展确实非常快。但是社会事业是我们现在需要加速推进的。所以,这几年我们政府大概投资了300亿元,专门建中学、医院。整个天津市最好的中学全部落户滨海新区,全是我们拿钱建好的。南开中学、天津一中、天津小外、天津昆明路小学……这都是天津市最顶级的学校,全部到滨海新区;天津的医院也全部到滨海新区,全部是我们投资,建完以后请他们来经营。这样才能把人才吸引住。否则,说得再好,在这里如果住得不行、交通不行、环境不行、小孩上学不行、就医不行,人才就没法留住。我们现在就要解决这方面的问题。而且在整个区域内,教育、医疗、卫生、商业,包括文化生活等问题统统都要解决,这样对人才才有吸引力。这些项目2014年一定会全部开工,2014年第一季度26个重点项目已经开工。

2015年开始再用两年的时间差不多建完。2014年9月南开中学就可以招生了。

所以这项工作对天津、对滨海新区的人才吸引非常非常地重要。刚才武院长已经介绍了,我们的市委书记交给我一项任务——他知道我是北大的学生,他说,北大能不能在滨海新区建一个分校?叫北京大学滨海分校。我就想,北大、清华可以来建,别的大学我就不考虑了。当然,别的大学如果来,我也欢迎,但是我不会主动邀请。美国的大学——比如说哈佛、耶鲁,如果来我肯定感兴趣,剑桥、牛津、东京大学来我也感兴趣。但是我们只能选两到三个,不能太多了。然后,在整个滨海新区建一个大学城。

希望我们能够把这事儿做成。北京大学如果设在了滨海新区是双赢的。因为在那里上班,完全可以和在北京一样。在座的同学毕业以后,可能要么出国留学,要么留在北京,但留在北京你买得起房子吗?你肯定是蜗居在北京。你再有才,买房子也没戏。现在的收入都买不起北京的房子,至少一时半会儿你买不起。即使你到了外企,享受高工资,也得有个五年十年才能买房。但是你要到滨海新区就不一样了,这个问题马上迎刃而解——我们有保障房,户口全都给处理好,都不存在这个问题。

户籍制度改革基本上要给北京出台一项专门的政策,天津准备面向北京毕业的大学生出台一项政策:凡是在北京毕业的本科毕业生,如果愿意选择到天津工作,当年就可以落户;如果是大专学生,有两年的工作经验,或者是找到天津对口的单位,也可以落户。这项政策只针对北京。后来我们在讨论这项政策的过程中,有的同学说,我们是上海的,我们还想来呢,你不能光对北京啊。但是我们大家商量了半天,还是决定吸引北京的人才到天津来,因为北京的大学还是非常不一样的。所以我们觉得吸引人才落户,是非常非常重要的。

具体的内容大家可以上网看。户籍积分制改革已经开始了,而且新区的积分制是不一样的。在天津市户籍积分制的整个框架下,新区的积分有加分。有加分并不是说这里条件差,而是因为新区想吸引更多的优秀人才,因为这里人还是相对较少。我家也在北京,可我一到北京就烦。过去我觉得北京确实挺好,现在一到北京就觉得怎么这么堵!到处是人!一到天津,马上感觉生活非常好,也没有雾霾,保证比北京好,另外就是根本没有拥堵的感觉。天津这地方还挺奇怪的,水很多,简直到处都是水。

而且这几年天津市在绿色环境打造方面下了非常大的工夫,市容环境塑造得也非常好,管理的水平也在迅速地提升。所以我觉得天津的环境确实跟过去不太一样。大家过去的观点都是好像北上广比其他地方更好。我今天在网上看到另一个消息,北上广深被成都取代了。但是实际上好多北方的同学——当然南方的同学也是,因为有生活习惯的问题,偏好不一样。但是我觉得至少对于北方的同学,对于你的生活、就业、成长,在天津一点都不比在北京差。我觉得人才的聚集是非常非常重要的。

关于建立生态宜居环境,大家可能知道,天津市正在推行美丽滨海一号工程。该工程是市委市政府抓的项目,天津新区也在落实这个一号工程。一号工程指标体系包括223个控制性指标和4个引导性指标,是生态城的指标体系。因为滨海新区有中新两国的一个生态城,这也是整个世界唯一的两国合作的此类项目。这些指标都会在整个新区推广。

我们主要的任务有"四清一绿":清新空气、清水河道、清洁村庄、清洁社区、美化绿化。另外还要治理整个新区的水系统。我们正在让北大的教授帮我们治理整个新区的水,他说他有这方面的专利,这非常好。天津的水多,但是这些水有的是从河北省流过来的,上游不在我们这里,所以水确实是有问题的;而有的是从其他兄弟区县流过来的。滨海新区是个入海口,所有的水都要汇集到这里。随着时间的推移、财力的不断增强,我们自己要想办法节流,处理这些水。节流的目的不是不让它流,而是水到这里,就先处理。这方面要加大投入。新区自己要拿出一定的资金,解决上游流下来的污水的治理问题,这项工作我们是下了工夫的。另外,投资的项目大概有42个,投资245亿元。目标包括降低2016年的PM2.5含量,建设污水处理厂,发展再生水等。我简单地汇报一下,总的来说,滨海新区在过去的几年里发展得非常好。未来的几年任务将更加艰巨,但是前景看好。

刚才侧重讲的是经济发展,包括国家给予的支持。但是我没向大家详细地汇报滨海新区社会的适应问题,包括社会治理怎么操作、我们整个的体制怎么再往下延续,这些还需要探索。总之,滨海新区是一个比较有创意的地方,我觉得这里比较适合我们北大的思想,比较活跃。它是一个新区,而不是传统的老区。如果去一个老区,应对那里的人大、政协会很麻烦。但滨海新区全是新的,要走老路就不行了,完不成党中央、国务院交付的任务,所以我们的目的就是要在新区不断地创新。

人家做到 60 分就算及格,我们得 80 分可能还不及格,为什么?要求标准不一样。我们不是仅仅在治理天津,也不是为了北京市民,是为全世界、全中国创新,关心的是这里的哪几个领域走在全世界的前列。就像我们的超算中心,为什么它就行?包括 2014 年、2015 年可能要落户的几个项目,至少在全中国绝对是第一。国防科技大学的投资项目是我亲自到国防科技大学选定的。国防科技大学的人给我拿出一个项目单子,一共有 15 个项目,我一个一个地看,最终就选了这四个,给它投了 13 亿元。我就要做这四件事情,为什么?因为滨海新区要有这种引领性项目。说实话,现在的投资阶段跟过去不一样,各级地方干部完全不一样,尤其是滨海新区,不能按照传统的方式来做。如果按照传统的方式来做,那就不叫新区了,国家多这样一个新区或是少这样一个新区没有区别。这不是中国要发展的新区。

我们是希望新区能够发挥创造作用。今天大家都想要美国的绿卡,为什么 20 年、30 年后不能有我们中国的绿卡?在哪里呢?滨海新区。希望到这个地方能够得到某张卡,吸引人们到这里来——得张卡的意思是人家的环境好、吸引人。再过 20 年、30 年,中国应该实现这种目标。那么,滨海新区就得走在全国前列。如果达不到这个目标,那可能国家成立这个新区就没有影响力。

所以我觉得,新区要肩负起国家创新的使命。这不单纯是技术上的创新使命,可能还有管理理念上的使命,可能还包括行政架构的思路,包括未来向前探索的、别人没敢探索的这些新的使命等。所以我觉得,今天有这个机会向各位老师汇报一下情况是非常荣幸的。你们都是优秀的人才,希望你们多关心滨海新区,也欢迎你们到滨海新区来创业。个人创业也行,加入我们的团队也行,包括政府的团队、企业的团队、事业单位的团队,甚至特殊的科技企业,都可以。我参加两会的时候,有好多同志在新华社、人民网工作,他们把家安在天津,在北京上班。为什么对我这么热情呢?我一看,他们在滨海新区买了房子,户口在滨海新区。

我相信,随着 2015 年高铁的开通,只要 45 分钟就可以到滨海新区。现在初步定位是 80 对列车,差不多 10 分钟一趟。到那个时候,两市之间的城际交流就会更好。所以我觉得,这可能对北大的同学也是一个机会。

有的同学可能在网上了解了一些信息，有的可能还没有。你们老师、院长反正都去过滨海新区，欢迎你们也到新区走一走，看一看。现在是五月份，春游的时间到了，到新区可以吃海鲜，还可以坐游艇——我们开发了游艇俱乐部，还可以看航母，吸引大家的地方还是有很多的。所以欢迎大家到新区去旅游观光，也欢迎大家到新区去定居，更欢迎大家去创业。我就讲这么多，谢谢大家。

互动环节

问：我想请教您两个问题。第一个问题是，新加坡好像也弄了一个很成功的生态园，你是怎么看这个问题的？第二个问题是，就你提到的节省，我想问您这是不是直接在互联网上做？很多东西在互联网是，做就没有了条条框框，你们是互联网上做的吗？第三个问题是有关金融的，现在很流行网络金融，你们在做这一块吗？是怎么做的？

宗国英：新加坡这个例子刚才已经提到了。刚才说过，滨海新区里有12个经济功能区，合并以后就成了7个，其中有一个是中国和新加坡共建的生态城，30平方公里，每年有一个总理级的理事会和一个部长级的理事会在这里召开。中、新的投资各占50%。所以从体制上来说，这个生态城是新区目前的一个经济功能区；从它的组织形式来讲，它又是独立于两国的。现在的初期规划是30平方公里，已经基本完成，将近建成的有4平方公里。

至于你说的那个审批局，刚才说到网上审批，我们也学习了新加坡、中国香港的以及全中国的做法。现在它分为两部分：一部分是政府职能的审批，你刚才说的可能是中介服务，比如说咨询中心、项目投标之前的评估等。这些中心要进入新区的公共资源交易中心。这些中心大概有13个大类，需要进入公共资源交易平台。这个平台是透明的，你不需要找，在这个平台上直接去运用即可。

互联网金融我们正在探索，因为这是国家的一项政策，但是还没有做到像网上讲的那样。

问：非常感谢宗市长能来北大跟同学们分享。我是光华管理学院的MBA学生，我想问一下关于新区的航空工业问题。因为从咱们国家航空行业布局来看,目前是落户在上海。中航的发展也非常好。目前来讲,天津可能是整合的一些组装厂,还有零部件的生产配套。我想问一下,天津在将来有没有自我研发的一些战略和策略?有没有做一些研发的战略或者是其他方面的考虑?

宗国英:刚才我介绍了新区的航空产业。它在 2008 年之前还是个零。天津重点发展装备制造业,航空产业还是比较少的。之所以这几年发展得快,就是因为国家制定战略,把大飞机放到了滨海新区。上海那个大飞机是咱们的国家战略。目前天津生产的大飞机是空客 A320 的,所以将来的发展还是沿着研究空客 A320 这条主线往下走。刚才我说到了,比如三月习总书记在法国刚签订的 U330——除了 320 之外,还有个新的机型 U330。这在空客上确实是比较先进的。

另外,就是过去我们确确实实是交付的中国市场。中国政府给空客落户时的基本条件,就是要满足中国的市场。它现在都是订单制。现在的订单三年之后才能交付,关于这个国家在双方谈判的过程中沉了十年,现在又延长了十年。但是这个延长是中国提出的附加条件,就是说我不能再保证完全满足中国的市场,所以它就变成了在未来的 2017 年之后,除了这个空客 A320 以外还有一个 U330,另外还要建设一个亚洲的交付中心。如果它针对整个亚洲市场,这件事情就扩散出去了。

实际上 2013 年也是第一次成交一架空客 A320 机型,所以到 2017 年以后,空客飞机就会先向亚洲进行交付。目前我们自己在成立研发中心——这个研发中心可不是那么简单的,想成立就成立,而是非常复杂的。但是除了空客飞机以外,天津市正在做直升机,中国的直升机总部在滨海新区,叫中航直升机,它的机型都在新区生产。另外,现在已经落户的是欧洲直升飞机公司,这是最大的一家,已经落户在滨海新区。2013 年才签订协议,2014 年大概正在建厂。

还有就是公务机。对中国来说,将来公务机市场的潜在市场非常大。咱们现在国内没人能生产公务机,公务机生产的技术要求比大飞机还高。所以现在我们怎么办呢?就把庞巴迪公务机的生产落户到滨海新区。这项协议已经签完了。再过几年,可能公务机也会在中国生产。

从目前来看,滨海新区的飞机的种类是最全的,虽然规模没有西安飞机制造基地、上海新的制造基地那么大。滨海新区的机型最全,有直升机、公务机,几大客机都有了。我们每两年有一次滨海新区的国际直升机展,已经举办了两届,每次都非常成功。将来南方珠海会是飞机展,滨海新区是专项直升机展,大概每两年一次,所以航天产业将来在滨海新区的前途是非常好的。但是基本上还是引进他人的飞机,我们自己的研发目前还没有达到这个阶段,谢谢。

问:谢谢宗市长给我们分享经验,我是光华管理学院企业管理学的博士,我想问一个问题。您刚才也提到南方有深圳,长江沿岸有上海自贸区,现在有天津滨海新区,这三个特区,尤其是滨海新区的侧重点在哪或者说创新点在哪?跟深圳和上海不同的落脚点在哪?它独特的地方在哪?现在深圳设立了前海新区,上海有自贸区。那么下一步天津滨海新区会有什么战略方面的考虑?

宗国英:我刚才讲了国家的发展战略总体上是由南向北梯度推进,这是个国家大战略。21世纪80年代看深圳,90年代看浦东,现在21世纪要看滨海新区。邓小平在深圳画了个圈,江泽民在浦东画了个圈,胡锦涛在滨海新区画了个圈,大家都是这么讲的。现在大家最担心的就是这三个圈画完了,习总书记是不是接着画?习总书记到滨海新区去的时候就提出"新世纪看滨海"。他还说,新区兴则天津兴,新区强则天津强。这是从整个天津的角度讲的。所以目前看国家战略,习总书记、李克强总理还是继续在原来的基础上前进。

这三个区应该是有联系的,从20世纪80年代、90年代到现在。所以滨海新区首先是继承了深圳、浦东好的做法,所以它们很多产业的特点滨海也有。但是滨海又有完全不同于它们的地方。比如说,新区的空间比较大——整个滨海新区的面积是2 270平方公里,如果加上填海的面积有将近2 800平方公里,相当于1.5个深圳市。深圳市的面积是1 900平方公里,浦东新区是1 200平方公里。

所以首先在产业上与它们不同,因为滨海有空间。而且这些空间全是盐碱地,是原来的盐场,草都长不了,根本就不适合种粮田。这些地方只能发展工业。所以这是滨海的空间与前两个不同的地方。另外就是滨海的产业定位上也有自己的特点。比如说这两个区里面都没有航空,但滨海有。滨海还有重型的、大型的设备,它们没有。这可能是在产业上、定位上非常不同的地方。发展实体经济也是新区要发展的一条主线,也是新区的特点。目前到上海浦东去发展,没地方了;到深圳去发展,也没地方了。考虑到那里的工业成本,根本不适合。浦东现在一亩工业用地需要200多万元,到滨海新区可能二十万元甚至十几万元就够了,这是我们的优势。再有,这两个区有电子信息,滨海新区也有电子信息,全国到处都有。但是细分上有区别。比如说上海浦东的生物医药做得好,滨海新区也在发展生物医药,但是这里的生物医药又跟浦东的不太一样。所以从产业、区域方面来讲不一样,将来再发展的主落脚点也不一样。这就是新区的特点。

你刚才提到的另一个问题是它们这些地方都在创造新的地方,上海有自贸区,深圳有前海。我可以说,现在前海、自贸区的政策都是从新区复制过去的,它们的融资租赁政策就是完全套用滨海新区的方法。但是现在新区在干什么?刚才我讲到了,新区是要有创新的。本来拿出好的政策,就应该让全国人民去复制,这才有示范效应,你复制完我还要再往前走。

在两会期间大家就应该知道,天津的自贸区发展也应该很快。另外一点是李克强总理2013年12月26号去了滨海新区以后专门说的:滨海新区还要建一个投资和贸易便利化综合实验区,把整个滨海新区2 270平方公里全都包括进来。这项工作拨给了国家发改委,也在进行中。

现在最重大的工程是京津冀一体化。京津冀一体化是习总书记未来的一号工程,可能会给滨海新区带来无限的机会。现在你再看看上海自贸区,包括浦东新区、深圳,哪一个地方能同时拥有两个国家战略?只有滨海新区。滨海新区2005年上升到国家战略,还有一个国家战略是经营一体化——这两个战略叠加在一起,全中国只有滨海新区有。还不包括自贸区以及将要设立的国家发改委批准的投资和贸易便利化的中国实验区政策,这两个就只算细分的政策。京津冀一体化是国家最大的战略,而且我相信到未来的20年、30年后,你们差不多也到我们这个年龄了——50岁左右了,一定会享受这个最大的成果的。

问:尊敬的宗市长您好,我是光华EMBA的学生,给您提一个问题。刚才您说中国的经济是从南向北梯度发展,小平同志在深圳画了个圈,江泽民同志在浦东画了个圈,胡锦涛同志是在滨海画了个圈。我们认为习近平总书记提出的是京津冀一体化,总书记在北部画了一个圈。因为我同时也是北京市的一个公务员,所以我想问您:您作为天津市的副市长,如何理解京津冀一体化这个大的发展战略过程中,总书记给北京的四个中心的定位:政治中心、文化中心、科技创新中心、国际交流中心?我想问您,天津市在承载京津冀一体化的过程当中,应该处于一个什么样的地位,或者应该承担什么样的责任和任务?谢谢。

宗国英:咱俩算是碰到一起了,本来就应该合作,因为你是北京的公务员,我是天津的公务员。你提的问题非常好,这也是2014年两会期间比较热的点。这一段时间保定房价涨了很多,其他地方也涨了很多,但天津看起来没动静,这说明天津的定位是正确的。关于京津冀一体化,现在按照国家的总体战略布署,国家可能要出台顶层设计政策。天津首先要积极响应党中央政策,党中央怎么定我们就怎么落实。我们虽然没有宣传,但是事实上天津的各个区,包括各个委办局都在和北京市的委办局对接,中关村在对接,发改委在对接,包括河北省的发改委、环保局、国家的土地局,都在对接。

我觉得天津现在首先要落实国家的政策,主动发挥天津应有的作用。比如说天津的基础设施如何跟北京对接起来?最简单的,是从现在天津的机场、北京的新机场开始。我们认为京津唐高速应该取消收费,京津二线应该改成货运,天津的港口就是北京的港口,这就把天津自身拥有的功能和它的优势发挥出来了。把两个城市之间的距离缩短,光有高铁还不行。因为我家在北京,经常走高铁,客流量太大了——2008年刚开通的时候没多少人,现在一年有2 500万人次,有时买不着票,必须得等。这说明两地的人流量太大,这是过去没想到的。所以要把两地的交通问题解决好,从规划顶层设计上把交通问题解决好。再一个就是把两地的政策拉平。现在推行京津冀一体化,可北京的优惠政策比天津、河北强,人不可能不去北京。我认为除了完善基础设施,首先要实现政策一体化,至少北京、天津、河北的政策是一样的。现在北京的政策这么好,人往高处走,水往低处流,资本是往挣钱的地方走的。所以要把政策拉平。

当然天津要把自己的事做好。打铁还得自身硬,只要种了梧桐树,凤凰一定会来。要看服务环境是不是比北京好。如果北京的服务是五星级的,那天津能不能五星级加啊?如果能,那凤凰自然就来了;挣钱的机会比北京还多,凤凰肯定会来的。所以我觉得天津要把自身的优势发挥出来，把自身的短板尽快补上，这样京津冀一体化自然就容易得多。我们是这么理解的，实际上，目前天津、北京、河北正在积极对接。在这一过程中大家也有不同观点。

增量的企业可能会走，而存量的企业是比较难走的，这不是一朝一夕就能实现的，需要有个过程。但是我觉得大方向应该是对的。北京现在姿态很高，北京市委市政府、河北省委省政府和天津市委市政府都非常支持。包括河北省怎么对接、天津市好多资源怎么转到河北去。天津不是简单地吸引的问题，也有一个往外疏解的问题。总书记这么重视，我们就抓好落实，把事做好，相信京津冀一体化会有美好的前景。谢谢。

（时间：2014 年 4 月 17 日）

第九篇
未来互联网及其应用

张宏科:国家"973"首席科学家、北京交通大学下一代互联网互连设备国家工程实验室主任

尊敬的武院长、蔡院长、邱秘书长,诸位老师、同学,大家晚上好。今天演讲的题目是"未来互联网及其应用"。未来互联网看似很新,实际上我们已经研究了几十年,不是一个很新的东西。它马上就会走入人们的生活工作中。智慧协同标志网络,在未来互联网的下一代网络方面会有很多研究和讨论。现在的互联网发展并不处于这一概念上的讨论和研究阶段,而已经是一个成型的未来互联网系统,也就是新的互联网系统。对于产生的原型和机理,我们给了它一个惯用的名字,叫"智慧协同标志网络"。从名字可以看出新的互联网相关的技术和内涵。未来互联网是一个缺失的含义,能让大家感觉到这个东西是摸得到、看得到、可以使用、有很好的前途的。接下来讨论互联网技术的过去和现状,重点讲未来。

互联网是 1957 年美国国防部组建的高级研究计划,从它的提出开始算,可以说互联网整整有 57 年的历史了。它的机理、原理和机制没有变,只是技术上不断更新。当时正是美国搞核武器竞争的年代,美国为了在 IT 领域占据世界的主导和领导地位,提出 DARPA 计划用于军事。到 1969

年建立了世界上第一个分组网络 ARPANET——四个计算机连成的第一个分布网络,这就是互联网的雏形。现在互联网 IT 实际上是一种分组的科技,也是个分组网络。实际上有很多分组网络,大家如果是做通信专业的,像 ATM,就会有所了解。不是这个专业的人可能不太理解这些名词。分组网络有很多种。经过十年的研究,第一个互联网的雏形诞生了。它的发展分几个阶段:第一个阶段基本上是十年时间,ARPANET 从一个雏形向互联网的标准和产业化推进发展。雏形是实验型的四个计算机连接起来的,早期是单独计算、处理。把计算机连起来进行通信,并不是想象得那么容易。分组网络研究了十年才能正式通信。通信以后,美国在这个原型的基础上投入形成互联网的标准,并进行小范围的推广,这都是国家行动,又做了十年。Vinton Cerf 被称为"互联网之父",1997 年克林顿总统授予了他美国国家科技奖。实际上还有一个人,他是美国普渡大学的一位学者,现在咱们看的 TCT、IT 那一套很经典的书就是他编写的。这个人跟我个人关系很好,也经常交流。这是互联网的第一个阶段,也就是十年标准初步推广示范的阶段。

第二个阶段是 20 世纪 80 年代至 90 年代,研究得到了国家的支持。美国基金会支持建立 3 个计算机网络,是以 3G 计算机网络建成的一个真正由 20 个计算机中心连起来的国家区域网。这个网有主干、区域和校园三个部分,这就是首个由美国几个大学研究中心连接起来的相对大的互联网,是现阶段一个正式的互联网结构。至此,互联网从开始研究的十年,又推进了接近二十年。总共三十年的时间,都是国家政府在推进。

第三个阶段是从 20 世纪 90 年代至今。在这个阶段,政府投资结束,基本研究完成,并且形成了标准推广,进入商业运行。所谓商业运行就是赚钱,大规模建设。面向全世界运用至今,互联网发展改变了我们的生活,改变了科学研究环境和各行各业的状态。大家可以想象互联网对我们现在的社会起着多么重要的作用。

为什么互联网技术,这个新兴的网络技术和通信技术对传统的技术有那么大的冲击?大家知道,现在我们用来打电话的运营商的电话网,实际上它的主干设备基本都是互联网,只是接入有计算机,也有 WIFI 和无线基站,还有各种二代、三代的基网接入。主要的网络已经 IP 化,所以说 IP 网已成为现在通信最主要的网。然而它真正商业化的历史就只有二十几年,非常短。在我们的百年通信历史中,互联网技术对我们现在的网络通信技术冲击很大。传统的通信技术,大家知道,包括一代通信、二代通信(2G)、三代通信(3G)、四代通信(4G),乃至最新研究的5G通信。为什么传统的通信将一代、二代分得这么清楚呢?互联网为什么不定义一代、二代?如果互联网能一代、二代、三代、四代定义得很清楚,就很容易跟国家要钱,运营也很方便,那么互联网为什么不命名为几个代呢?互联网有它的发展内涵。互联网在发展过程中的精髓和实质用八个字反映,这八个字可以说对传统通信的技术影响非常大。互联网文化的精髓体现在开放、自由、公平、务实上。为什么呢?因为传统的通信网络发展由少数精英设计和推广应用,很清晰。第一代设计目标,第三代设计网络,经过随后少量的测试,最后使用,去企业推广,都是这么一个过程。所有过去的通信网推广全是这个思路。而互联网就不是这个思路,它是开放、自由、公平和务实的。互联网中有精英和非精英,任何一个人都可以参与设计。全世界的精英、大众和所有互联网爱好者都可以参加测试,推广运用,全世界的用户使用后,他们认为是好的东西就形成标准,进行推广。在这个周期里,大家想一想,众多人参与测试、使用和完善,当然比精英快得多。比如,马云做互联网应用,他不一定是懂技术的专业精英——当然,也有可能是精英。所以说互联网的发展非常快,取其精华去其糟粕。所以互联网的技术对传统技术的冲击非常大。互联网设计的这一点比较好:全世界都在用,认为什么很好,马上就会形成标准。苹果手机很好,全世界马上用,周期非常快。所以说同样一个新的技术问世以后,互联网由于开放的特征,任何人都可以参加;参加者众多,所以它的效率高,周期短。开放、自由、公平、务实的互联网精神,就意味着今后的通信设备制造商、通信标准都按照这个理念发展,通信产品如果不按照这个理念去发展,很可能竞争不过互联网设备商,产业发展就会受到制约,长期的发展就会受到冲击。

应用方面也是这样。比如说我们的微信、微博等很多互联网应用,出来以后大家马上使用,马上就推广,很快就形成标准。不像过去的电信业,需要得到大家的认可,哪个标准不认可都不能推广。我想了很长时间,为什么互联网对传统通信业有致命性的冲击?为什么互联网发展得这么快?为什么互联网能这么快地改变人类的生活方式?短短几十年的发展历程就创造出今天的辉煌,就是因为它的内涵。社会也是这样,全世界的各个国家,哪个国家按照开放、自由、公平、务实的理念去发展,哪个国家相对的生活水平就是高的。国家是这样,社会也是这样。按照这个规律发展,国家发展得就快。如果按照这个原则,大家长期竞争就是很有意义的;如果不按照这个原则,竞争就会受到约束,从研发性的产品到使用周期和效益,参加的人少就没法竞争。未来永远是进步的,永远向好的方向发展。所以大家可以想象,互联网技术比较难换代,就是因为它随时都发明,随时都创造,没法划分。它对传统通信行业的致命性就在这里。

如果企业家按照开放、自由、公平和务实的精神经营,肯定能做好。如果违背了这个规律,短时间可能会有好运,长时间就会受到规律性的约束。未来的互联网就是要按照这种理念去设计。所以互联网在未来的竞争中,不管是技术方面还是应用方面,都将立于不败之地。关于互联网技术标准大概一年开三次会,互联网技术大会我每年都参加三次,标准真是体现为前面提到的八个字,任何人都可以提,专家可以提,非专家也可以提。提出后就在大会上交流,大会主持会议的主席有两千多人,如果一个专家要发言,要下去跟普通人一起排队发言。发完言,如果在主席会议上要表明自己的观点,也得下去排队——任何人发言都得排队。大家都同意就是标准。互联网大会上没有领导介绍,要么以姓氏、要么按座位排队去介绍。文化就体现在这八个字上。我比较喜欢这八个字,我们搞技术的人也是按照这八个字去进行相应的设计的。通过互联网的历史回顾和对现状的思考,提炼出它的精华,对我们以后的工作(不管哪个行业)都有指导意义,或许对技术行业更有指导意义。

以上是过去和现状,现在我们重点看它的未来。

现在的互联网,严格来说在1957年开始设计的。从1957年到现在,50多年了,机制、机理、原理没怎么变化,只有技术和材料的变化。我们看到,计算机只是技术在变化,机理没改变,因此,它的设计能没有问题吗?50多年前能把现在这么多的用户、这么大的数据考虑周到吗?不可能的。因此,全世界研究未来的互联网都在研究设计和机理的革新,通信网络最受重视。为此,我们本着这样的变革思路来研究、设计、推广、应用,企业和管理层也正应该如此。

首先看那些50多年前设计的东西有什么问题与挑战。

随着互联网或者信息网络的发展,用户数量和应用规模不断扩大,原始的设计思想受到了严重挑战,暴露出很多问题,这是老百姓都能感觉出来的。我相信大家都很明白,比如说资源利用率比较低、用户体验差等。实际上大家都不知道,互联网设计现在还比较死板和僵化。比如说我们白天使用互联网就不用说了,晚上我们东方大部分人也要使用,而西方的互联网处于低能耗的休息状态。我们的移动互联网手机能够做到实时配置,网络做不到,它还要耗能。互联网是很多年前设计的一个死网络,不灵活。按照一个简单的逻辑思考,应该是使用的时候它就工作,不用的时候它就休息。我哪个地方用得多,就让那儿高效工作,要连贯一点,智慧一点。现在的网络不智慧、呆板,首先是利用效率比较低。我举一个例子,国内的运营商数据是保密的,为什么?它向政府要资金,理由是骨干利用率已经达到百分之七八十了,目前已经无法承载,或者用户太多,运转不起来了,要花钱再建。实际上,根据国内的数据统计,骨干的利用率在30%左右,效率比较低。如何在这么大的空间内提高效率呢?只要让它智能、智慧、灵活地使用,效率就可以提高。其次就是能耗高。由于用户多、应用多,网络的传输面临大数据传输,储存意味着大数据储存,但网络机理的很多地方都很不科学。大数据传输的网络运转不起来,因为互联网上应用多、线下网络多,中间都要通过IP,互联网的运转就很困难。这就是可扩展问题,原因就在于网络和储存大数据。举个例子,大型数据库、大的存储器、存储机房设备相当于电子仓库设备,有规律地放,有规律地拿,是能够提高效率的。现在没规律地放,没规律地拿,效率自然难以保证。网络也是这样,现在的机制就是乱存乱放。所以在科技研究方面,有很多问题需要去探索。如果让大型的数据储存遵循一定的规律,随便做一个工作就会有很大的效益。比如,一些历史资料存进去了很多年都不用,就让它休息,用的时候再激活它——目前的机制是24小时都处于使用状态,耗费了很多资源。大机房的耗电量很大,也就是因为低效率,没按规律取,其实按照常规的物流仓库管理方式操作就可以。现在的大数据存储、大数据的网络传输都有问题,随便改进一下就会有很大的提升空间。

现在网络设计的第三个症结就是安全性和可扩展性。大家都知道我们的互联网不安全,这是因为原始设计的时候就没考虑到保护用户和数据的安全。还有移动性。原来的互联网是由电脑直接连通的,很少在无线、移动状态下使用,为固定有线连接状态设计的机理原理,在目前的无线移动状态下就会不适合。要怎么在无线移动环境下使用呢?手机早期的通信都是固定的,然后才到无线,这有一个自然的过程。互联网也是个通信网,现在的互联网在早期也是按照固定有线设计的。因为是50多年前的设计,没考虑到移动性,这是原始设计问题造成的,但无线设计是可以介入移动的。因此,互联网实际上无法从根本上满足社会和经济对网络的迫切需要。急需跨越式、突破性的重新构思,设计一个新的互联网。国内国外为什么都认为这方面很重要?实际上对于不是搞这个行当的人而言,了解这个东西也是很重要的。因为IT行业渗透到各个领域,了解这个领域,对任何其他领域都是有帮助的。所以,新的网络体系机制成为目前这个领域最重要和迫切的核心研究,全世界都是如此。例如,FIND计划、未来互联网的设计(Future Internet Design),以及美国的核武器,这实际上是几个大规划。现在网络面向内容、数据方面,就是这一套设计思路。美国总统奥巴马在2012年部署了互联网技术研究,目的是使美国在这个领域占据主导地位。通过这个简单的例子,可以看到全世界都在做这件事。我国也很重视,比如现在社会上搞的新型网络交换模型(Open Flow)或者软件定义网络(Software Defined Network,SDN)。软件定义网络实际上是从工程师角度提出的一个名词,从科学的角度说就是智慧智能。工程师是通过软件、可编程、虚拟化来实现网络的智慧智能。信息领域几个主要的大会我都参加了,发现这方面确实是国内外研究的热点。作为未来的核心技术,我国也特别重视。这就是国家基础研究"973"项目的课题,是我国的重大基础性研究。"973"项目有两个课题,要从服务和应用层面来研究设计未来网络,属于中科院和同济大学。当然还有清华大学和国内几个这方面研究比较强的单位,它们从网络和无线两个角度来研究未来网络。我的课题是从网络、服务、应用和网络一体化这个角度来研究未来网络。

我早期做过一个比较早的通信方面的"973"课题,现在我们在进行"973"的第二期,基本上反映了国内对互联网研究的一些基本情况。目前来说,我国这个领域基本跟国外在同一水平,甚至在某种意义上比国外做得更好,但我们要谦虚。从一些数据我们看到,2006年我们在"973"项目中就提出了一体化标志网络——就是现在的智慧协同标志网络的前身,引入了网络的服务标识,以及骨干的接入,到目前已经在国内外产业界推广开了。大家看 FI 计划和 IDM,这是国家关于工科的研究,可以看到它的申请书和白皮书。我们在 2005 年左右把申请项目的申请书、白皮书都公布在网上,也把外方的白皮书公布在网上。我们 2005 年左右的设计思想,他们在 2010 年左右还没有集中到一起发布,可见从时间上我们真正超过国外好几年。我们这个方面的研究刊登在 2007 年的《电子学报》上,它是这个领域比较好的刊物。2007 年《电子学报》上连续刊登了 3 篇论文,这 3 篇论文迄今在国内该领域五千多篇论文中引用次数是最多的。而且当初在我们发表时,国内类似的研究一般要推迟 5 年才在国外发表。因为新技术一旦出现,老外就会做得很快,做产品后马上卖给我们,那我们就不合算了。我这个人还比较"土",比较珍惜中国的钱,所以我们有意识地让研究推后,我们 2005 年的成果到 2012 年才在美国出版的一本书里系统介绍,这个报道大家都可以从相应的资料看出来。从简单研究来说,国内在这方面应该说不落后,是比较好的。这跟我读书期间确实不一样——几十年前读博士期间,我国跟外国有 5—20 年的差距。过去在这个领域,我们读博士期间,论文都很难发表。现在我们团队每年都有几十篇文章在国际上发表。而且,现在老外要我的学生,并不是说要我的这些学生,而是要我的理念、想法,要我的这些技术。所以这一方面跟过去完全不一样。

未来互联网的机理研究以及 Open Flow 这些技术在国内外已经初步显现,但至今还没有形成清晰、成熟、有效的综合解决这些问题的思路。这实际上是个世界性难题,有很大的挑战性。设计一个新的互联网,对主设计人的要求非常高,对这个人的知识面以及通信、网络、有线、无线、计算机操作系统软硬件等方面的要求都很苛刻。如果是一个不扎实的人,我认为这是比较困难的。更重要的是,必须了解现在的网络。我刚才讲的那些大问题,是老百姓能感觉到的。找到造成这些问题的原因,找到问题的根源,就找到了解决的办法。一些问题有单个解决方案要好一点,想要综合有效地解决更难,大范围、大系统的智慧协同智能更难。因为设计这个系统是给全世界的人使用的,以后许多年就是这个机制框架。我们设置一个新的体系机理框架,要向全世界开放,全世界都往里填技术,全世界都在开发。我们是一个设计者,并不是说设计一下工作就完成了,而是有一个框架和技术,全世界都可以往里面填技术、修正框架、做应用。必须按照这个理念去设计,才能成功。几十年的研究确实体现出这样的特色。这是刚才我讲的问题和现状。全世界都要做这个难事,迫切需要解决问题。我们这个团队是不是能解决?这对我们是非常大的考验。我今天给大家介绍关于新一代网络的构思,不管是从事技术、管理或者做应用的,这都是非常重要的。从目前来看,以后的技术,不确切地讲,跳出这个架构是非常难的。从目前来说,我们不断跟进研发了几十年,国内也有一些类似的内容——我们2006年提出,他们2010年提出,思路确实跟我们接近。这说明科学研究已经聚焦并达成共识。针对共性的问题,大家都达成了共识,有早有晚,这就说明问题解决了。

我们的现有设计究竟是什么问题呢?实际上,通过长期研究,发现问题在于传统互联网IP地址。在座的应该都明白,互联网用户每天要配置IP地址——V6或者V4的十进制数,每个计算机上都要有一个IP地址,否则就没法上互联网,每个交换机和服务器上都有IP地址。我们到服务器上浏览一个网站,查一个东西,实际是到存放数据服务器的IP地址上,把数据拿过来,就这么简单。IP地址的原始设计有三个绑定,这三个绑定造成了刚才讲的普通用户感觉出的问题,所以必须找到原始设计的根源,解决问题的方法就因人而异了。

我们的课题已经做到一定的程度,今天公开讲关于课题的部分内容,基本上还是比较新的,我记得我2012年年初在国内的一个大会上讲了一下,但是没今天分享得这么细致。因为我们与企业有合作,谁掌握了这项技术,就意味着谁掌握了未来互联网和互联网应用的核心。它有相当大的产业和活力空间,通过技术的管理和应用都会获得很大效益。真正理解之后,我相信会有很大的感悟,不管是哪个层面都会有。

我们上一个"973"项目,设计了一个"三重绑定",即IP地址、身份与位置绑定,我们说的这个IP地址既包含我的身份,也包含我的位置。比如说某办公室的电脑坏了,看哪个IP断了,就知道是哪个楼里的。因为IP地址是唯一的,学校也是唯一的,你在你们学校网络中心哪个位置,肯定都是唯一的。如果不是唯一的,全世界都找不到你,也就无法进行信息传递。美国白宫的网站和位置也是唯一的,要想攻击它,知道它的IP地址就行了。就是因为它的身份、位置绑定,所以我知道位置就知道它了。资源与位置绑定,位置就是我们的服务器,上面放的数据是资源,也是捆绑在一起的。我们浏览一个网站,下载一个电影,实际上都是到服务器那个位置上把那个数据拿回来。资源与位置绑定,再控制数据绑定。我们的互联网之所以晚上不用它也休息不了,就是因为它的控制和数据 IP 包,前面的控制信息和后面的数据信息捆绑起来一起传。要数据信息时,控制信息也出来;要控制信息时,数据信息也来了。而我就让它休息,让它怎么传它就怎么传,控制数据分析,那么网络的效益就可以得到提升。我们第一个"973"项目,让两个绑定同时解决,前面讲的那些僵化的安全性问题和可控性问题就得到了有效的解决。过去比较热的 CCN、NDN、ICN,就是面向设计的未来互联网,或者面向数据、面向服务设计的未来互联网,比较热的思路就是这个。我们说的这些东西是网络同时具有的,管理这些东西是未来的方向,但是未来所有的问题也是同时具有的,不可能一下子就解决。所以说它还没有综合有效解决。现在外面的 Open Flow,只是解决控制数据风险,但是每一个绑定带来了相应的一些问题,单对一个绑定的研究解决问题有局限性。它是未来网络的发展方向,但不是全部。我们的难度在于综合有效解决:提出设计一个新的互联网,把现在这"三重绑定"造成的问题综合有效地解决。我们的智慧协同网络,不是一个一个地解决,而是要综合起来解决。现在所有的技术不是针对这个问题,就是针对那个问题,没有综合有效地解决。其实要从机理上理解很简单,我们找到了问题的本质。而实际上综合有效地解决是比较难的。

接下来解释一下为什么身份、位置绑定造成了网络的安全性、可控可管性、移动性支持差。这个机理很简单。比如说一个用户,前面是 IP 包的包头,后面是数据,从甲方到乙方传输,或者说从一栋楼移动到另外一栋楼。人移动了,IP 地址也会移动。另外一栋楼的 IP 地址和开始这栋楼的 IP 地址不一样,我是通过 IP 地址连接通信的,在移动的过程中,连接断了以后,再重新建立连接。中断了再连接,所以它的移动性支持是差的。我们现在的笔记本连接互联网只是无线接入,从一个地方无线接入上了网,再挪到另外一个地方上网,IP 地址换了,断了以后需要再重新建立连接。如果说换了地方还能够进行通信,机理上行不通。这就意味着现在如果不用新技术,而是用传统的互联网,很多应用在高速列车上、在高速移动的状态下不能使用,不可能在高速列车上通过互联网看视频。我们进口的航空母舰、军队在移动环境下通过互联网联系,从理论上就是断了以后再重新建立连接,它的速度、移动性、安全性是比较差的。所有的互联网接点就完成一个数据包的转发,所有接点上都有 IP 地址。比如说我把原地址和目的地址换个位置,貌似是别人,其实是自己。所以,现在互联网上的骗局很简单,任何一个人都能操作。甲方给乙方发一个地址时,把他的原地址换成别人的,这不是冒充别人干坏事嘛?所以为什么网络攻击能攻击、嫁祸别人?就是因为传统互联网设计有漏洞。攻击完了,你把语言换成别人攻击,相当于冒充别人攻击,现在的技术很容易做到。所以我们现在天天用的互联网,实际上是不安全的。我从来不在网上用我的卡去买东西,虽然说有 U 盾和密码,但从来不用。因为我的两百多个学生都是高智商、能挣大钱的人,他们不干这些坏事,但其实我们搞网络技术的人很容易从网上拿到传送信息来分析谁在传输、传递什么内容,密码很容易破解。所以即使互联网开放,也要制定一些开放规则。让好人可以合法地使用,而我们通过规则不让坏人使用或者阻拦他们。谁要再干坏事,还会通过法律手段惩治。我们开放的原则不等于不安全。开放时,要通过设计一些制度和采取一些措施保证安全性。在互联网使用中,域名就是个 IP 地址,如果你想让一个服务器瘫痪,最简单的方法是往所在的服务器不停地发送信息包,造成这一串路的拥堵,它就瘫痪了。任何人都能做到这一点,非常简单。现在的安全措施也是被动的。抓到我时,把我这个地址封了,最坏的打算就是再申请一个,那还不容易嘛。这个措施不是从本质上解决问题。社会位置风险造成安全性、移动性差,容易受攻击,还有资源与位置的绑定,也是很有意思的。

现在社会在炒作云计算。实际上现在的互联网从理论上讲不是很支持云计算。炒作的云计算的概念,实际上是共享的理念,并不是真正的云计算。现在互联网的资源都在服务器上,资源、位置都捆绑在一起不动了,但是所谓的云是要移动的。比如我是北大的老师,北大的服务器上有这个资源,我就近拿这个资源——它是动的。我不感兴趣这个资源在哪,我感兴趣的是拿来真正的数据化资源。而传统的互联网资源、位置是绑定的。简单地说,服务器的位置就是 IP 地址,资料、图片等有用的数据都在里面放着。解析一下域名,然后再到服务器那里把这个东西拿回来,所有的用户到互联网上完成应用时都遵守这样个规则。就是说,本来北大有的资源反而要离开北大转一圈再拿回来——有可能还要到美国转一圈。所有的用户都要转一圈回来,资源绑定就造成了网络的拥塞,利用率低,用户体验差。

奥运会热点网站为什么拥塞呢?肯定会拥塞啊!本来我在奥运会举办地点附近上网,却要到互联网上转一圈,因为大家都要到互联网上转一圈,搞得网络很拥塞,效率也低。能不能就近获取资源呢?因为你的资源也得就近放,我不感兴趣位置在哪,关心的是资源在哪,为什么要到美国去看那个电影再拿回来放呢?这不经济,不科学。我们设计这个未来网络必须把内在的机理、原理搞透,它本质上就是IP地址的资源和位置绑定,所以绑在一起不能动了,怎么能是很好的云呢?云是要移动的,就近获取,所以未来要考虑云计算,那也是电业、商业运作。

过去的网络模式是一个大的数据中心,把它分布在距离我们近一点的地方是不是效率会高一点?这有它的好处,但还是比较死板的,我们希望的是能够直接面向内容,面向这个数据来直接搜索。这就是未来的网络。这是核心的机理、原理,是科学研究最重要的东西。我这个思想有很多技术,说出来就能赚钱,理念是非常重要的。我今天讲的这个理念,如果你真的理解了,我认为对你的人生会有很大的帮助。

上述是资源与位置方面的内容,还有一个控制与数据方面的内容。这很好理解。现在的IP网络,让它休息,它难休息,让它效率高很难,就是因为IP包。前面是IP包的包头,后面是数据,是捆绑在一起的。如果能够对数据分离进行控制,让它传就传,让它休息就休息,这样就好了。没分开时控制和数据不能分别传送,所以只有将控制的数据剥离开,才能保证资源的利用率,包括使用利用率和节省利用率。这就是问题的内涵,内涵找到了,解决的思路自然就清晰了。思路有了以后设计整体,这就是未来要做的。对于现在的互联网,我自己认为还是研究得比较透彻的,对它的过去和现在,都有一定的把握。洞悉了网络的机理和原理,我们就能设计出未来的通信网络。为什么全世界都在向我们这个思路聚焦呢?这不是谁抄谁,这是科学研究达成共识后的真理。

我们提出了一个面向未来的网络。实际上大家要理解,过去的网络分为两个部分,一个是网络部分,一个是应用部分。现在互联网有很多赚钱的机会,特别是搞应用,因为现在的网络对用户的可控、可管性比较差,所以马云说百度未来能赚钱，客观上是这样的。互联网技术对用户的管控能力比较差，导致了一些技术含量低、门槛低、投入少的企业赚钱了，这本身是科学研究付出的代价。设备制造商、运营商搞应用的技术含量最低，而现在是搞应用的赚钱最多，搞研究的最差——正是因为早期的设计不完善，管控能力比较差，才让大家钻了空子，投入最大的收入最少。互联网建好了我就用，用也不花钱，管控不了，所以百度、Google这些公司能够挣大钱。这不符合科学发展和辩证的规律。我们当今的互联网就要改变这种局面，让付出多的得到的多，这样才比较公正。对于今天跟大家分享的理念，很多经商的人是迷迷糊糊的。如果决策者真能理解这个思念，我认为他绝对是一个优秀的企业家或者科学家、工程师。规律性的东西就是客观的，违背了就会碰壁，这是很简单的道理。所以关键是要认识它的真正的内涵，也就是规律，这非常重要。我研究这个领域50多年了，对这些东西非常感兴趣，好像每天一睡醒睁开眼就思考这些。我当了六七年的院长，竟然叫不出我们学院党委书记的名字，因为我对于记他的名字不感兴趣，我就对记这个东西感兴趣，愿意。当了多年院长，最后觉得这个工作并不适合自己，你们再找别人吧。这就是人类的普遍规律，需要扬长避短。虽然看大家都不像搞科学技术研究的，都是管理阶层的精英，但这些对你们还是有好处的，因为科学技术和哲理实际上是相通的。

前面讲的那八个字，其实社会发展符合那八个字，科学研究也符合那八个字。如果背离了这些规律，终究很难成功。搞科学研究也要积累，也相当于练功，要多少年磨一剑。天上掉馅饼，我认为可能性不是很大。网络实际上就是两个层面：一个层面是网络，基础设施建好了，大家来用；另一个层面是应用和服务。我们现在的网络体验，实体运营的就是心里的这个网络，要把智能、智慧融进去，让它参与决策、优化、进取，把网络从一个死板、僵化的网络变成一个非常灵活、高效运作的网络，而且又要把存在的一些问题解决掉。从目前来看，我们的设计目标还是比较可喜的，我把毕生的精力都放在这些研究方面，看到了一些可喜的曙光。具体来说我们有三个标识，我这就不讲了，这是机理、原理方面的内容。为什么有服务标识？为什么有网络组建标识？为什么要追求标识？以后的网络都按照需求来组织，虚拟网用完了就拆掉。我的网络可以应用于多种服务，统一模式、统一用网络进行传输，中间有一个时态，也就是说应用和网络都有一个接轨。事实上现在的网络都有这个接轨。另外还有互联网应用,比如我们浏览一个网站就是一个应用,里面实际上就是 TCP、UDP 体现一个连接,到了 IP 网络进行交换传输。打电话的网络也是类似的。打电话也是服务,通过拨号建立连接,到交换机上进行交换传输。总而言之,一个业务,一个服务,网络传输中间有一个接轨的东西,它有最少的通信变量。我们标示它,就是为了便于虚拟和灵活,未来的软件经营也是为了灵活。我把大体的机制和机理给大家说一下,这种架构很好。要解决现在网络的这些问题,要跳出我们这个架构,我认为是比较难的,这就是具体的一些模型。我们的思想怎么解决刚才那些问题,这是本质。思想层面解决了,剩下就是技术实现,把这个思想实践一下,那是企业家、工程师做的事。看看我们打电话的网络,发现它的身份和位置信息是分离的,这就是移动,但是互联网不是这样。电话网能做到高速移动,但不能做到高速数据传输;互联网能做到高速数据传输,但不能做到高速移动。我们的设计吸收两种网络类型的优势,克服其缺点。这样将用户对的数据接入进去,传到对方那里再返回来,机制和机理很简单。通过这样的设计,身份和位置就分离了。从宏观上来讲,网络跟这个道理很接近,它的移动性、安全性、可扩展性问题得到了有效的解决,为什么科学研究的机理、原理等基础研究非常重要?因为一旦基础突破,就意味着一场变革。

  从身份、位置分离的角度来说,我在这里拿到信息,但不知道发送者的身份。对方拿到不知道从哪来的信息,不知道发送者是谁,因为这中间只有位置信息和用户信息。所以如果普通用户要攻击发送者,但不知道对方是谁,就无法攻击。通过这样一个简单的机制,就无法实现网络攻击,保证了安全性。而且现在划出了两个独立的域后,就近服务不到,需要去全球的网络上转一圈,网络的可扩大性较小,世界网络已经分成了多个孤立的互相隔离的域,全球已经算不过来了。所以一个简单的机制、机理就可以提高安全性。由于只有位置信息,普通用户进不去,所以从体系、架构、机制上来看就是安全的。网络里面如果有位置信息,若移动几秒钟,比如在高速列车、航空母舰上,就没法上网了。只有分离后,网络具有了移动性,用户移动,没有位置信息,不用通信去中断。我们的这个资源在动态时按需存储:第一个用户到这里将信息拿出去,走这个过程,按照需要储存和支配;第二个用户就近获取,就不需要再去拿了。如果这里是个热点网站——像奥运会网站,大家都到这里获取信息,肯定会拥塞。现在第一次访问以后便按需存储,其他人也就近提取信息,就不用再兜兜转转了,所以提高了效率。就像北京的汽车,大部分都在北京开,运到美国去开或者跑到上海去开的比较少,我们都是就近使用。不用到路上转,网络负担就减轻了,效率也提高了,就近服务效果也好了,这是很简单的道理。

  关于控制与数据分离我就不讲了。按照需求进行资源的配置,让高带宽的工作就在高带宽环境下工作,让低带宽的工作就在低带宽环境下工作,让它休息它就休息,让它干活它就干活,智慧地听人的吩咐,按照需要去工作,这样网络的效率就高,这是理念的变化。把这个理念运用到技术里面,做出系统,这算成功了。现在的网络和通信都达不到上述的状态,如果没有市场前景和挣钱的机会也不可能达到。有清晰的思路后,我们就设计网络和系统,我们在2006年左右就已经研究出来了,而且在部分推广,这是比较典型的国家项目和资源推广。中兴通讯是个大公司,在2008年的时候,中兴要用这种新技术,这肯定是在全世界调研认证后才做出的选择,说明这是国际上全新的未来互联网体系和系统,我们已经取得了重大突破性进展。

  我们总是认为国外的技术好,所有人都不相信国内的东西比较先进。我认为这种观念也在改变。我们有200多人去做面向未来的网络设计,到现在为止广东移动、北京移动、北京经信委等单位已经使用了这个技术,效果确实比较好。它在慢慢地推进。这应该由国家来推动。按照美国的发展规律,我们团队花了10年研究出成果,应该说现在已经形成了标准。国家在推动、示范、推广。但是理解我们搞技术的人的毕竟是少数,大部分人掌握的是传统技术,这个新技术研究成功了,他的饭碗就丢了,所以也会讨厌你。当有好的技术时,企业不会考虑整个网络的事,而是主要考虑如何低成本地运用。国家应该投资推动基础研发——就像美国,推动了十几年,然后交给商业机构去运作。我们是学术人员,在比较务实客观地做一项技术研发。国家也在继续推广。相信是金子总会发光的。毛主席说"星星之火,可以燎原",从目前来看,不管怎样肯定是会燎原的,现在已经燎到了国外,也逐步得到了认可。国外也是学的这种技术。现在国外的CCN或者SDN,实际上体现的也就是我们的部分思想,但没有我们的这么全面。这意味着它要解决上述问题就必须要这样做。我刚才给大家说清楚了,未来网络不是虚的,而是务实的。它已经出来了,已经在应用和推广。那么如果你们在未来掌握了这个技术,不管在哪个层面,管理层面也好,技术层面也好,应用层面也好,对国家都是有好处的。

我们在2011年获得了电子学会颁发的一等奖,2012年获得了教育部的技术发明一等奖。比较客观地说,最终获得国家比较大的一个奖应该不成问题。此外,我们针对网络的解决理念和方案,应该说是一个好东西。研究未来的网络,对国家,对全世界都是一个有意义的工作。我们的体制就需要有这个东西,因为在国外有人给钱,有人要。作为一个技术人员,我的科学研究和团队研究目标很明确,对发好论文并不感兴趣,对申请好专利也不感兴趣,感兴趣的是什么呢?大项目,由所有的研究人员承接下来。企业不是国家。我感兴趣的是只要企业真金白银地拿钱收购,或者投资去做,可能就是好东西,这也是外国的评价标准。我们国内还要讲这个原则:如果它不务实地去做这些事,违背了务实、公平、开放、自由的原则,跟社会发展的大规律背道而驰,迟早会死掉。在上海举办的中国国际工业博览会的几千个项目中,我们拿了一个银奖。我对获奖确实不感兴趣,但IT领域确实需要一个奖项。

我对工业物联网这方面也蛮有兴趣的。过去的通信是人和人之间通信,咱们都是有头脑的。人和人之间通信,人控制物,延伸到人和物、物与物之间进行通信,这就是所谓的物联网。物是个死东西,物联网是由三个要素构成的:一是传感器,二是通信网络,三是某一个行业管控。我们做网络和行业的都明白这三个要素,传感器大家买来就行了,也有这样的研究。但是物联网,比如说农业、交通、简单的环境监测,需要的通信技术还不是顶级的,常规通信足以应付,大部分人都会做。所以物联网方面,虽然好多大学都有研究团队,但实际上大家都差不多在一个水准上。但是有一个行业对网络的要求非常苛刻,哪个行业呢?工业环境下对网络的要求很苛刻。工业环境是什么?如果要焊个航空母舰,一两个焊机要工作多少年才能焊出一个差不多跟北大校园一样大的东西?我从芬兰到瑞典,那个大船感觉就能放好几千人,从一面走到另一面确实有几百米,航空母舰确实有我们半个校园这么大。那么大一个东西,都是金属钢铁焊的,必须有成千上万的人才能完成。也不好布线,只能通过无线。几千个焊机同时焊,那么大的移动网,互相还有干扰,传统的通信技术很难做到。

另外，工作要实时、动态。让你焊你就开始焊，不让你焊就停止。这些都是机械、电脑自动控制的。焊接的质量要马上检测出通过数据来分析，要控制得很精确。因为焊接有很多点，通信过程中就会相互干扰，这对网络的要求就会很高。用我们的网络采取的是控制与数据分离的思想，只要分离了就能做到实时控制。新的通信体制可能会互相干扰。所以我们的这个东西很好，瑞典人评价这是全世界的前五名，这是研究评价，客观地讲我们做的他们还做不出来，事实上我们已经比较高端了。

还有在高铁上，用了前面所说的移动的思想。在高铁上，2011—2012年，在上海到北京试验过很多次。但若要从实验室拿设备装到列车上，老百姓还要等一等，因为要做计划、审批、设计，还要有新的列车安装，不过大家很快就可以在火车上上网了。只有新技术才行，旧的技术不行，国外也没搞出来。我在奥运会的时候，到瑞典、法国和德国，坐它们的高铁，上面的互联网断断续续，网络断了以后重新连就连不上。我是专门花80欧元坐这趟列车来体验的，我带了几个博士生上去，把它们的网调出来，看看里面是什么东西。列车上的网络技术确实不先进，但是能收一些邮件。当时正好是奥运会，我看那个实时画面，列车上使用的网络技术使画面会中断，但如果用我们的技术看画面，高速度时就不会断。未来的互联网在几百公里时速的高速列车上都能用，慢的汽车更没问题，公交上更是小意思。大家看这些设备，高速列车上的设备，公交上的设备，家用的无线路由器设备，其中技术是关键。特别是如果你住别墅，有很多房间，拉线会比较麻烦，线比较多，长了短了怎么办？安装一个小东西，楼上楼下就都可以使用网络。现在我们把它安装在装甲车上，坦克车里也可以放这个设备。这个标准应该说是国内首个IP行业大标准，是专门针对网络方面的标准，表示了网络部分的思想。因为我是主席，所以想把我的整体思想拿进去，但是老外不是很高兴，所以最后我们部分地拿进去了。我们研究出来的这个东西，如果全部放进去那就是国际大标准。上一个星期老外最后的投票是以90%的比率通过，只有一个人弃权——日本的一个公司不理解是怎么回事儿，就投了弃权票。我对投票这类事情的敏感性比较差，记不住，但是我对未来网络相关的事情记得比较清楚。这就说明不同的人要适合不同的环境，找到适合的工作。

我在交大只有20个老师的团队，竟然在通信重点学科上跟那些有上千人的专门学校的成千上万个老师谈判,我们的学科评估在全国学科中排名第四。二十几个人跟人家几千个人竞争,没有一定的实力能行吗?我认为人不在于多,在于精。科学研究有自己的理念和信仰,特别是前面提到的那八个字,看上去简单,领会起来很难,执行起来更难。但是只有那样做,才可能成为成功者。从目前来说,如果违反了这个原则,就可能要走一些弯路。

互动环节

问:张老师,我是学市场营销的,我非常看好新一代网络的商机,我觉得这一块非常重要,我可以从民用、商机上给予指导,可以做您中国和国际上的首席代理商。

张宏科:很好,我不谦虚地讲,同学们回去以后再就我说的这些东西进行一些深入的思考,如果你能领会,我认为不管是从事经济、商业、科学技术还是管理,肯定都会受益。而且掌握得越精,可能收益越快、越大。做企业显然有很大的潜力,能够拉动就业或者具有很大的盈利空间。设备制造商只要按照这个思路去做,市场占有率肯定很大。运营商、网络提供商在做互联网设计时可以运用,运用好以后就可以发展成一个好的企业。

问:张老师,我想请教一下,按照您未来对互联网的规划,我们目前哪几个设备制造商和网络运营商是最有前景的?

张宏科:我认为新的网络没有大规模部署和推广,因为技术设备由制造商研制出来,目前是小范围的生产,从大规模的生产到应用,起码得五年到十年。这个期间做现有网络的应用,是非常好的商机,趁这个机会,赶快做网络的各种应用。它是开放的、自由的,也是比较务实的。

至于长久之计,作为设备制造商赚的钱要比做网络运营商多。因为设备制造商和网络运营商的技术含量高、门槛高、投入多,所以回报多。已经建设好的,付出少、门槛低、回报少,这是比较客观的。所以从长远考虑,现在短期内互联网设计得不理想,有空档,像百度、搜狐等公司短期内拿项目、做应用、做企业,实际上做经济的,应该多想想互联网经济,相对简单、容易。现在互联网就是这样。可以说未来的实体商业肯定会下滑,包括银行业等也会受到冲击,现在这个冲击还是安全性问题。我和武院长聊天时说到,我们人类发展是有集群效应的,古典音乐的历史有 150 年左右,唐诗也有 150 年,现在是信息时代,也是 150 年左右,目前刚刚过了 50 年,比其他各行各业都更明显。因为是信息时代,它的变革和发展改变了社会、人生和各行各业。在 IT 时期我们的信息是有集群效应的,一流的人集中在一流的层面,科学家都要集中,这就是集群效应。这个时候高考分数最高的工科生都在学这个专业。

蔡曙涛:这是两个新的思路。现在新的网络改变了传统的设计,从技术上来讲,我们看到很先进。但有一个问题,就是现在技术网络上的商业运营模式已经基本成熟了,开发商做了很多,设备商也进行了很多投资,它的商业价值还有挖掘的空间。但是对于这个新的技术,虽然从理论上讲它确实有很多新的地方,但是它涉及的具体的商业运营可能有很多问题没有解决。

我们面临两种选择,一是使用现有技术,它已经比较成熟了,虽然强调它有很多弊端,但现在很多人也在解决这个问题。像您说的技术问题,在我们看来基本上很成熟,但是它的风险还比较大。从您的角度来看,您认为现在技术的推广最大的障碍在哪?就是说技术上的原理我们都很清楚了,从商业性来讲的话,从您的角度来看,在商业推广的时候最大的障碍和最大的困难在什么地方?

张宏科:蔡老师提了个非常好的问题,这个问题从我开始设计的时候,就在琢磨。如果这个问题琢磨不透,研究和价值就无法体现。实际上我们在设计这个网络的时候,推广到实际的应用不是一下子全部推广完整的思想,移动性、安全性的或者是部分思想在现有的技术里完善使用。在一些特殊的地方,比如我们在军队讲研制,不说我们研制自主知识产权的未来网络,就从 CPU 到操作系统全部重新建,这个网络设计的是现有网络的互通互联。

我们的标识是很有趣的东西,这个标识我们定义了 128 位,现在的 V6 正好也是 128 位。32 位的 V4 正好是节能的,V4 是 IP 地址的一个特例,我标识的一个特例,那么 V4 网络的所有应用能作为我的特殊标识,却不用。V6 网络的所有应用作为我的一个特殊的标识。因为我的这个标识有 128 位,所以任何一个位数都是我的一个特例。它的应用是特例,很容易跟现有网络建立互动互联,这方面现有的应用也很容易。

你们想想现在上市的三代、四代产品，没听说研究五代，运营商的策略会是什么？它不会跟进，可能有市场时才会使用新的技术。我们在设计的时候就考虑到两个思路，一个是现有的新思想，把现有的事情搞好，另一个是和原来的东西互动互通，它的业务能在这上面运行。这就考虑了一个过渡阶段，让新的、旧的东西可以替代和兼容。如果全部不好，那就全部换。但对一个广州军区，三个团全部上了新网——现在的绵阳开发区也全部都上了新的网络。旧网需要三套网络，电话网一套，互联网一套，视频网一套；如果上一个新的网络，一套就够了。而且一个新建的开发区很适合上新网，尤其对于一些特殊行业更是如此。

蔡曙涛：您的这个新的思路可能适合体验，那些没有任何负担、现在竞争中觉得技术上比别人落后的企业可能使用这种新技术，但是在行业中已经比较领先的企业，可能反而不会去用。

张宏科：华为反而用了我的这个新技术，把它现在的产品再做好一点。有这个技术的，它就用这个新思想，把性能做得更好，效果会更好。也有的企业选择完全掌握这个东西，直接颠覆华为，重新做，因为它的技术比华为的好。有的企业就要掌握这个技术，为了要装载新的网络，对现有的网络升级换代，更新有好处。也有的直接成立一个新企业，有可能运营得好，它设计的时候就考虑到技术金融、应用金融、市场金融等方面。反之，如果你这个东西兼容性不强，谁敢用啊？在设计上我就一直在琢磨。它和现有网络有平滑的过渡，囊括范围广，现有的应用也只能在新网络中用，对你新做的技术也能兼顾，你只是我的一个特例。

我有新的商业运营模式，还有一些新的应用，以前的网络没有。过去的网络用起来挺麻烦，例如群发的垃圾邮件很多，比如我张宏科是个搞IT的教授，是个男的，他可能也会给我推送化妆品，其实推了我也不懂。新的网络则比较智能，针对性很强，商业价值是很有特色的。

主持人：刚才张教授提出了新的技术和理念。未来互联网是颠覆性的创新，在颠覆性创新过程中，现有的技术冲击会很大，有一些企业，比如说刚才提到的华为，可能就会产生试图阻止或者延缓新技术到来的倾向。

张宏科：国内有不少人都知道，我是做IPV6起家的，第一台路由器就是我做出来的。当时给华为公司时，他们很不看好，觉得不可能做。但最后他们还是要了这项技术，虽然并没有马上推广。为什么国家这几年在慢吞吞地推进？因为以前大量建设的 V4 网络钱还没赚够，如果进行技术的更新换代，又要投入很大的成本，例如现在 4G、3G 都出来了，但 2G 还让你用。国内的机制就是这样。咱们去美国，走到一个地方会发现到处都是运营商。但是咱们就这么几个运营商，所以其实应该形成一个竞争机制。

问：我想问一下关于网络的问题，新网络会不会突破网络审查这样一个过程？有没有可能没有限制地被突破？

张宏科：我们设计新网络时一定要保留互联网文化。如果未来对用户和运营商管得很死，互联网文化就没了，市场也就没了。互联网搞技术、业务、管理的人肯定是这样。管制就相当于社会上制定了各种规章制度，警察、制度是用来约束人的行为的，一旦越界，马上进行惩处。但是开放、自由、公平、务实的精神肯定是要遵守的。我认为互联网的产生要对人类的生活、工作有用。研究要有价值，要让人感到有用。我们研究的项目，首先要考虑为什么做，怎么做？目的是什么？效果怎么样？这些都要考虑清楚。

问：张教授您好，我想问一下，中国人口这么多，互联网能解决中国百分之多少的人口就业？互联网对就业的影响如何？谢谢。

张宏科：我觉得像互联网技术，实际上是信息领域的核心技术，它对每一个行业、每一个部门都有影响。从国家层面来看，很多通信的网络设备正常，现在从应用到设备和运行，基本上都是这个领域的，人员就业比例还是比较高的。我也不知道到底有多少人，但感觉比例比较高，而且就业率或者工资待遇也是比较高的。

问：张老师您好，您刚才说你们二十几个人在学科评估中取得了全国第四名的成绩，您认为您取得成功的原因有哪些？对我们做科研什么启示？谢谢。

张宏科：严格地说我们学院有三百多个老师，拿到成果的就二十几个人。其他的比如北外有几千人，但是拿到成果的也是二十几个人。因为评估这个学科要有高质量的 20 篇论文，高质量的项目（比如"973"项目），高质量的产业推进、学科影响、国际交流、国际认可度或者相关奖项。所有这些都是硬指标。我们人少，三百多人而已，主要的一些成果也有其他老师做出来的，但我这个团队多一些，专利多一点。评估起来，其他一千多人、两千多人也同样是用这个标准评估的。所以这就说明了无论人的多少,国家评估学科的标准都是一样的。比如说整个大学的一个专业和我们行业部分专业要的东西是一样的,同样的东西这几个专业比较时,都是以这个为标准的。

科研人员一定要务实、敬业地去做事,不能浮躁,现在我们有的科研工作者比较浮躁。科研经费一定要给比较敬业的人。例如,有些科研工作者并不了解 SDN 为什么好、为什么要做这个东西,简单地说他的目的不明确,他只是跟着感觉走,别人做他也做,而不去分析为什么。所以科研要有科学的问题,首先是为什么,或者是什么问题,怎么解决,效果怎么样,给人带来什么益处,给社会带来什么益处……要把这些东西想清楚。此外,我的体会就是要尽心尽责。

今天我跟大家分享的内容,不是我一天两天做出来的,相当于我一辈子的结晶。在其他地方没人告诉我互联网的精髓,我做了这么多年才发现它为什么好,它为什么能行。一个原则就是要静心琢磨和思考,不要盲目地去做。还有,科学研究能成功的,一般是基础扎实的。比如 1+2=3,若搞一个 1+2=4,就说明基础不扎实。举一反三的能力就可以用来考验基础扎不扎实。若基础很扎实的话,发挥能力就很强;理论基础不扎实,就不敢举一反三,因为举一反三的结论自己也拿不准。

武常岐:谢谢张教授。在今天连续两个小时的讨论中,讨论议题是未来的互联网和它的应用,主要内容是技术和创新。实际上还讲了治学或者做研究的根本原则,当然也有互联网思想:公平、开放、自由、务实。很多研究者写文章,就是想着怎么容易发表,这样想问题就走歪了,实际上应该是思考有意义的科学问题,我们做研究最重要的是问题,而不是发表文章,或者得个什么奖项。

张宏科:我的一个体会是,如果你把自己的定位定在发表论文上,那就错了,也不可能有很大的成功。情况往往是,当你的东西真正地在全世界内解决了问题,也就自然成功了。人们自然会认可你、知道你,成功也是自然而然的事情。如果搞一篇论文没人看,搞一个专利也是一个垃圾专利,怎么能成功?你写出的论文,东拼西凑,如果你不当官没人找你;等你当大官了,一看那些都是东拼西凑的,到时候可能就会倒霉了。

(时间:2013 年 12 月 19 日)

第十篇
建设智能电网,服务经济社会发展

栾军:国家电网公司副总经理

一 电力生产过程

电力是一个特殊的能源转换、生产、使用、消费过程,它和别的商品有很大的不同。它虽然是物质的生产,但具有看不见、摸不着的商品属性。开篇我想和大家一同回顾一下电力生产的过程。它是为国民经济、人民生活提供基础支撑和服务功能型的事业,它对一次能源进行转换,变成电力——我们所说的二次能源,然后通过它自身的生产过程送到千家万户,供大家使用。所以电力本身包括发电过程,就是通常所讲的发电厂,接着把发出的电输送出去。因为发电厂远离使用电力的地方——我们所讲的负荷中心一般是远离的。虽然大家在城市能看见发电厂,但是无论多少家,其主力大型电厂都在偏远的地方。因为那里有一次能源,那里有水、煤、风。它要把电输送过来,这需要输电;接着要变电,把电压降下来;再接下来,在进入千家万户之前还要进行一次配电,就是通常讲的城市配电网,最终到城市用户的终端。统筹这个过程的这么多流程需要进行实时指挥、调度,所以在电力的整个流程环节中还有一个调度环节。这就是电力生产的过程。

　　大家都知道,我国有诸多的发电品种和发电形式。首先是火力发电,就是烧煤电厂,也包括烧油电厂,以煤炭、石油这些非可再生能源为原料。这种电厂容易做到大规模,并且能比较快速地建设起来。但是它有排放污染。水力发电厂是一个转换清洁能源的发电类型,但是它的发电量受丰、枯水期的限制:丰水的时候比较多,枯水的时候比较少。相比水力发电,核电的发电能力比较稳定。风电分布比较广泛,取之不尽,用之不竭,但是有间歇性和随机性:风大就发得多,风少就发得少,不随用电量而增加和减少。半夜的时候,工厂停工,工人回家睡觉了,但其实半夜时风是非常大的,一般后半夜风很大。这和我们整个的调节是反向的。太阳能发电也有这个特点,它是清洁的、不消耗燃料的,但是也有阴晴,来一块云,发电量就下降了,所以也是间歇式和随机性的。生物质发电是刚刚起步的发电模式。还有各种各样的生物质发电,包括麦秸秆、造纸废料等,这是发电的诸多品种。那么要把发出的电输送出去,就需要输电。一般来说,输电方式有直流输电和交流输电。在任何国家,直流输电的应用范围都不是很广,现在组成的电网都是每秒 50 赫兹的交流电网,包括现在用的电,都是交流用电设备。输电时有架空线和通过地下等不同的输送渠道。接着就是变电。变电依靠变电站,它把电压由低变高,或者由高变低。电网有一个升压降压的过程,一般经过一次升压几次降压。电压越高,传送的距离越远,传送得越经济。因为功率是电流和电压的乘积,所以只要我们把电压抬高了,功率就能达到输送标准;抬高电流也可以输送功率,但是大功率的造价会比较高。因此我们一般以提高电压为首选。在电输送到终端之前,要把电压降下来几次,承担这个功能的就是变电站,同时,还要进行一次配电,就是通过大家见到的马路旁边的电线杆来传送。这些电线杆传送一万伏的电压,组成了城市网。在到终端之前再把电压降下来。到冰箱、彩电、洗衣机、电冰箱的插座时,就变成了 220 伏。这就是能量的产生、传输、配置的过程。统筹这些过程需要一个 24 小时不间断的指挥中枢,从发电一直控制到终端。怎样使整个过程安全、经济、合理、高效,就是调度。调度是实时的,有一整套计算机统计和自动化技术。调度是统计、计算等的复合体。对统计人员的素质要求也是最高的。

我们国家分为五级调度：国家级调度、区域网调度、省级调度、市级调度、县级调度。

二 我国电力工业概况

我国现在的发电装机总规模或者总容量居世界第二位，这是2009年的数字。美国有11亿千瓦的装机容量，我国有8.74亿千瓦。超过2亿千瓦装机容量的有日本和俄罗斯，其他西方国家在1亿千瓦左右。所以我国现在的发展速度是极快的，是世界第二大电力生产、消费国。这些年发电的结构变化很快，水电、火电、核电占我国整个装机的比例分别是22%、74%和1%。所以从中可以看出我国现在还是以燃煤为主要发电形式。核电占得很少，现在就900多万千瓦，只有五六个核电厂。但增长速度都是很快的，每年以百分之十几、百分之二十的速度在增长，中国每年装机能够达到将近1亿千瓦。"十一五"期间的发展速度在人类历史上是从来没有过的。巴西的总装机量是一点几亿千瓦，也就是说一年就装了世界上一个中等发达国家的容量。发电量也是一样。我国还是以火电为主，水电、火电、核电分别15%、81%和1.9%。这几年风力发电比例开始有一席之地，2009年占了0.7%，是可再生新能源。

我国电网的形态实际上由几大电网组成。从区域上讲，有东北、华北、西北、华中、华东电网，新疆电网实际上是西北电网的一部分。除了南方电网以外的电网都是国家电网公司的经营区域，南方电网公司覆盖了五个省区。中国电网的发展是区域电网独立自主发展的历史过程。现在这些电网发展滞后，但已经形成了大区电网之间的互联。东北电网和华北电网用直流电背靠背连接。在2009年年初，华北电网和华中电网通过山西的晋东南电网在湖北金门连起来了，这是世界上首条投入商业运营的交流线路。华中电网和华东电网之间通过直流线路连接起来，南方电网和华中电网通过江陵、鄂城实现了联网，西北电网中的新疆电网和西北电网实现了交流电网连接。正在建设的"电力青藏公路"，叫电力天路，由拉萨到青海的格尔木，几乎就是沿着青藏铁路。这段路长1 000公里，正在施工。届时，西藏电网也将和大陆的主网相连。现在南方的海南和广州地下的50万伏交流电已经连起来了。我国输电线路的长度和变电容量每年都在高速发展。我国输电线路长度已经是世界第一了,就像我国高速公路和快速铁路一样。因为我国的能源长距离输送比较多,所以需要的输送电路也比较多,这样总里程就比较长。

三 新能源的发展

2009年,我国风电的容量居世界第二位,第一位是美国。美国是3 500万千瓦,我国是2 600万千瓦,接着是德国、西班牙和印度。2009年年底我国风电总装机达到2 601万千瓦,连续四年每年翻番,发展速度非常快,新增速度处于世界首位。2006年、2007年、2008年、2009年增长率都在100%以上。我国的新能源发展速度非常快,这是对那些攻击我国在遏制全球气候变暖方面行动不积极的言论的最好回击。我觉得从电力新能源发展来看,我国是一个对环保很负责任的国家,是一个积极行动的国家。我国风电能源分布在东北、西北、华北,风力资源比较丰富。关于理论技术开发量有几个调查,距地10米高大概有2.97亿千瓦的陆上风电资源,就是3亿千瓦的装机可开发能量;根据不同的调查结果,距地50米高的地方有十几亿千瓦,也有说有二十几亿千瓦的开发能量。总之,我国现在可开发的能量是很多的。这些如果都开发出来,比美国现在全部的装机量还要多。我国新能源取之不尽,用之不竭。未来风能资源开发将主要集中在河北、内蒙古西、内蒙古东、吉林、甘肃、新疆、山东等省区,这些是我国后续风能资源开发的潜力地区。到了2020年,我国风电开发潜力是1.7亿千瓦,2030年是3亿千瓦。美国现在才装了5 000多万千瓦。到2030年,把这3亿千瓦开发出来的话,风电就相当于美国的6倍。各个国家也在大力发展风电,欧盟在2030年的风电装机将达到3亿千瓦,风发电量占电力消费的25%。美国也将达到3亿千瓦,占20%的消费。2020年,全世界风电装机将达到19亿千瓦。这个发展速度还是相当快的。

光伏发电。2009年我国的光伏发电量是30万千瓦。这个数字还没有完全统计上来,也是每年翻番增长。我国太阳能热水器的面积居世界首位,约占全世界总量的2/3,当然这个数量还是很小。到2020和2030年,世界光伏发电将分别达到2.78亿和18.64亿千瓦,发展速度非常快。世界并网的核电机组共436台,总装机量是3.73亿千瓦。现在全世界的核发电量占总体发电量的15%，这还是比较多的。在我国，这个数字只有1%，核电今后也有很大的发展潜力。世界核电装机总量有3.7亿千瓦，我国现在才860万千瓦。目前我国在建的核电装机比较多，有1700万千瓦，而其他国家在建的寥寥无几。所以今后世界发展核电的主战场还应当在我国。我国现在有908万千瓦的装机容量，大家比较熟悉的是秦山核电站的一、二、三期，大亚湾核电站等。从大亚湾开始，我国的核电进入了"单机百万"时代。其他的发电方式还有生物质能发电、地热、海洋能等。因为我国也是农业大国，在生物质发电方面还有很大的潜力。但是现在成本比较高。如果没有政策引导，生物质发电都是亏损状态。我国有一些地热能源，潮汐发电也有一些潜力。但沿海的潮汐能源力度和北美、欧洲相比较弱，潮汐发电能力也比较弱。到2020年、2030年，我国还是以煤炭为主要的一次能源——现在占68%，到2030年会占55%。所以今后国家化石燃料占能源消费终端的比重还是会比较高，环保压力还会比较大。

国内外电力的比较。我国的发电装机结构还是以煤电、水电为最多；美国是以气电、煤电为主；德国煤电也比较多，风电占13%；西班牙现在的风电已经占到18%。德国、西班牙现在新能源发电比例比较高。尽管我国是第二大能源产品的消费国，但是人均消费量不高。我国每年的人均发电量只有2 600度，仅为发达国家的1/2或者1/5。人均装机也很少，只有600瓦，这也和世界发达国家差很多。消费也是这样。我国人均能源消费量和世界平均水平也相差很大。美国、加拿大人均每年消耗标准煤量都在10余吨以上，我国现在只有2吨左右，只比印度、巴西略高，还不及世界的平均水平。所以节能确实是我国在能源上要做的一个重要方面。中国有13亿左右的人口，人均占有量要是达到了世界水平，或者达到了美国的水平，那是非常了不得的。现在我国每年产煤30亿吨，是世界第一大产煤国，但是人均还是不够。我国说要产到50亿吨，但是现在产30亿吨就发生了这么多事故，产50亿吨的安全任务很重，所以节能确实是很大的问题。能量传输过程中要有损耗，一摸电线发现是热的，这肯定就是能量的损失。我国现在平均损失是百分之六点几，这些年下降得比较快——从2000年的7.8%降到百分之六点几。这几年我国的线路损失治理力度还是比较大的，在世界上属于中流水平。

四 国家电网公司概况

国家电网公司在我国26个省份经营,覆盖国土面积的88%,客户数是10亿人,年售电量2万多亿千瓦,员工人数150万,2009年销售收入12 600亿元。按照2009年的世界福布斯财富500强排名,国家电网公司居第8位,是全球最大的公用事业公司。在南方是南方电网公司,经营区域覆盖云南、贵州、广东、广西、海南5个省区。2002年,我们进行了一次电力体制改革,改革之前是国家电力公司,2002年改革时成立了国家电力监管委员会,把原来国家电力公司的资产分成多个公司,其中2个电网公司、5个发电集团,还有一些工程设计施工的辅业。国家电网公司有5个区域公司,即东北、西北、华北、华中、华东,再加2个省级公司。2000年,公司在世界500强企业榜单中居第83位,2009年是第8位。公司输电电压是一个比较各国电网的标志性指标,20世纪50年代比较低,从22万伏、33万伏、50万伏、75万伏,发展到2009年的100万伏,这是世界上首条100万伏的电网。我国也投入了世界上的首条直流输电线路,就是从四川的宜宾到上海,是为了输送金沙江水电的电力而建设的,在世博会前投入运营。这两条是我国在电网建设上的骄傲,别的国家都没有。进入500强的电力企业很多,我国有国家电网公司、南方电网公司、华能、神华、华润、大唐、国电。

为什么要建设智能电网?首先,什么是智能电网?我理解的智能电网就是更加现代化的电网。在比较长的时间以前,欧美提出了智能电网这个概念。美国电力科学院在1998年就提出了复杂交互式网络,然后在2002年提出了智能电网。美国能源部分别在2003年、2004年、2005年发起了这方面的倡议,奥巴马在2009年将智能电网提升为美国国家战略。欧洲也是这样,分别在1998年、2005年、2006年、2007年之前提出了智能电网发展战略。虽然智能电网在国外提出得比较早,但是真正大规模付诸实施的还是我们国家。它们只是在局部领域、局部试点上做了一些工作,真正在电力生产全过程进行全面建设的就是我国国家电网公司。简而言之,智能电网综合了一些国际上的概念和说法,是将先进的传感测量、信息、通信、控制、决策等技术与物理电网高度集成的现代电网,是一个能够实现自动化、信息化、互动化的电力网络传输系统;它覆盖了电力生产全过程,能够监视、控制每一个用户及节点,实现电能和信息在任意点之间的双向流动。这些都是传统电网所不具备的。

发电企业把电能送到输电网。有了能源流之后,还要构建信息流,然后把变电站变成智能化的变电站。智能化变电站与现在的传统变电站相比有很大的质的提升和飞跃,特别是在配电和用户方面,广泛地采用了自动化技术;还有一些新能源的分布式接入,使得我们身边传统的电能使用方式和信息交互产生了很大的飞跃。随着智能楼宇、智能家居、智能电表的使用,我国整个用电领域夹杂了大量智能化的东西,中间就有一个调度机构在这里进行统筹。关于智能电网现在有一个说法:第一次革命是以汽轮机代替了手工劳动,第二次革命是以电力传输使能源生产规模化,第三次当然就是计算机、互联网,我们普遍认为第四次技术革命就是低碳经济革命。在低碳经济过程中,智能电网推动了能源发展方式的转变,带动了全世界产业结构的调整,特别是它能促进新兴产业发展,改变人们的生活方式,或者部分地改变了人们的生活方式。在低碳经济中处于核心地位的,就是大家讲的新能源和智能电网。

要建设什么样的智能电网?美国和欧洲结合发展需求,觉得现在的电网在适应新能源的接入上是远远不够的。原来都是主要发展化石能源、石油,今后有新能源的介入,包括太阳能、风能,由于新能源的间歇性,现有的电网肯定是承受不了的。特别是风电,电力产生20%以上的时候,传统电网是肯定不能胜任的。因此奥巴马提出,要把东西海岸建成一个坚强的通道,适应新能源的发展。欧洲感到,国与国之间要把电网坚强地联系起来。再就是北非,再往南走,撒哈拉沙漠的风能、太阳能储备非常丰沛。要想把非洲的能源输送到欧洲来,这个电网本身来讲不强壮是不行的。所以国家电网公司也提出要建设坚强的智能电网,这才能适应大规模、长距离能源的接入。

现在我们来比较一下智能电网和传统电网。首先,在发电上,传统电网大部分采用了先把煤输送到用户附近的地方,再转换能源的方法,智能电网今后要适应我国煤炭资源、能源资源和负荷是逆向分布的情况,要远距离输送,这就有一个本质上的区别。原来的传统电网只能小规模接入可再生能源,智能电网就要求大量的分布式电源都能接受。根据传统的规划,到2020年,全国优化配置交换能力要达到2亿千瓦左右。最近我国提出建设坚强的智能电网,2020年时配置的资源要超过4亿千瓦,相当于现在装机一半的能源要实行区与区之间的互存。今后自动化水平会大幅度上升。现在城市电网哪里出了问题基本上是看不到的,今后随着配网自动化的发展,首先要能自动判断、自动处理故障,就是要有自愈系统。从用电上来讲,现在用户是单向接受电网服务,就是用电交钱,从表里可以看到剩余电量是多少,今后这种信息是远远不够的。今后,随着峰谷电价、季节电价等,客户可选的范围还是很多的,但是现在都满足不了这些要求。这些都是我国建设智能电网的内容。关于运行方面,原来只能调度小范围的电网,今后要调度大范围的电网。原来绩效比较差,抵御自然灾害的能力比较弱,电网可靠性不高。智能电网都要解决这些问题。

我国现在的装机容易已经达到8亿千瓦了,到了2020年,我国的装机容量还要翻一番,这样的增长速度是非常快的。我国现在装机容易达8亿千瓦的是传统电网,下一个8亿如果还是以老路子走,那是不行的。如果以新能源为主,传统电网是承受不了的,所以面对未来翻番的装机能力,就是要建设智能电网。我个人认为,由于现有电网的自动化水平比较低、效能比较差等缺点,现在的电网肯定不能再这么建设。建设智能电网首先就要提升接纳清洁能源的能力。到2020年,我国的风电开发规模按1.5亿元计算,其中一半(约7000万千瓦)将留在三北地区自行消费,另一半送到东部的京津塘、长三角甚至珠三角地区。这就要实行跨区电网消费。怎样把这么大规模的风电接纳下来还要送得出去,是我国建设智能电网要应对的一个问题。再就是水电。西藏的水电和西南的水电都离负荷中心2000公里以上甚至3000公里,人类历史上从来没有这么远输送过能量。怎样把它送过来?大家知道,我国现在第一条特高压直流输电线路已经成功。它已经能做到从宜宾——金沙江下游送电到上海,全长1940多公里,这是人类历史上最长的一条线。这些都是建设智能电网的内容之一。前面讲到水电。我国的水电主要蕴藏在西南,2020年我国水电开发规模将达到3.5亿千瓦,现在才2亿千瓦。今后像三峡这样的电站我国会有若干座,怎样把它送出来?这都在智能电网建设的规划之中。我国的其他水电开发基本上都饱和了:东北、松花江等开发了92%以上;黄河也差不多了;长江中下游已经没有了。现在就剩怒江、金沙江、雅砻江、大渡河、澜沧江,包括西南地区的河流。这里山高林密,距离远,怎样送出来?任务艰巨。要建一两个像三峡那么大规模的电站。三峡现在是1 820万千瓦的装机规模,建设智能电网要提高接纳这些可再生能源的能力,促进能源资源的优化配置。刚才说我国用电主要在东部地区。美国以烧气、烧油为主,基本把气和油运到负荷中心就地燃烧,所以它跨区之间运送、传输电的距离比较远。我国没有办法,是逆向分布的。所以在建设智能电网过程中都要考虑这些问题。主要是煤电,也都是两三千公里的距离。新疆的这些煤电、火电怎样送到负荷中心?内蒙古的一些煤电怎样送到负荷中心?整体来说,我国是一个西电东送的格局。

智能电网的作用就是创造多姿多彩的幸福生活。智能电网在用电端的信息化、通信技术的提高使被动用电成为历史。用户可以选择电价,也可以通过电力的互动来丰富生活。比如,用户自己也可以发电:在自家房顶上面弄一个太阳光板,也可以往电网送电,只要划得来,建一个发电站也行。今后智能电网要将分布式的电源都收集起来,还有电力光纤入户,服务三网融合。电力再加上光纤,双向互动用电、智能电度表都在智能电网的考虑范围内;还有智能楼宇、智能小区,每家有个终端,就像社会信息终端一样,可以上网来订餐,物业管理、小区广播等都可以通过它实现,这个终端还可以支持水表、气表、网络家电,今后用手机就可以操作家里的电饭煲、洗衣机、空调——现在还不可以,因为还没有实现网络化。为了实现整个网络化,我们需要和国内的有关厂家进行研制,研发出来就能提高我们的生活品质。智能电网还可以促进低碳经济和环境的发展,我国的现实就是2020年需要超过45亿吨标准煤,所以我国的能源压力还是很大的。智能电网可以支撑新能源的发展,促进低碳经济和环保发展。通过建设智能电网,在2020年可以实现二氧化碳减排15亿吨,排放强度也降低8%。总之,智能电网的建设将对国家的节能减排做出比较大的贡献,特别是减少二氧化硫、氮氧化合物的排放。比起常规电网,智能电网的建设能够有一个很好的节能减排的贡献。智能电网还可以促进技术创新和产业发展。随着智能电网技术的不断研发,可以拉动各个行业制造能力和研发水平的提升。无论是基础、共用性学科还是专业紧密性学科、支撑性学科、关联性学科,对它们都有拉动作用。所以这就是为什么现在各界都关心智能电网,都觉得在智能电网规划建设中,企业和行业有商机,都能够分一杯羹,特别是对于现在的制造业、研发业。因为智能电网涉及的产业太多了,这么多相关技术的产业,都可以在智能电网的建设中有所作为。首先可以拉动上游产业,其次是发电侧的产业、电网侧的产业、用电侧的产业、信息通信产业、下游产业等。原来传统电网的很多东西都用不上,因为传统产业很少采用先进材料,但是现在很多产业都可以加入到这个建设过程中。

到2020年,随着智能电网的发展和初步建成,和传统电网相比每年带来的各项效益折合人民币有1 800亿元。首先,能够产生440亿元的环境效益。当然这些都是一种测算、计算,可能是有形的,也可能是无形的,但是通过建设智能电网可以体现出来。发电环节节约450亿元;电网环节节约200亿元;降低线损、降低复合,用户环节节约320亿元。其他社会效益包括创造就业、产业升级、减缓煤炭运输压力。现在我国基本上还是以输煤为主,今后将实现输煤输电并举。与传统电网相比,智能电网每年需要增加投资500亿元,到2020年带来的投资效益将有1 890亿元。其中,电网环节只能收到200亿元,社会效益占1 690亿元,应当说对社会是有比较大的贡献的。

五 我国智能电网建设实践

我国把智能电网的建设分为三个阶段:第一个阶段是2009—2010年,主要是规划试点阶段。具体工作是编制规划、制定标准和管理规范,开展关键技术的研发和设备研制,并且从发电一直到用户的六个环节进行全面的试点,每个专业都要搞试点。第二个阶段就是2011—2015年的全面建设阶段。两端的电网现在比较薄弱,一个是特高压电网,一个是城乡配电电网。要加强这两端的建设,初步形成智能电网互动的服务体系,关键技术设备实现重大突破。第三个阶段是2016—2020年,要基本建成坚强的智能电网,使电网的资源配置能力、安全水平以及效率等有显著提高。这就是国家电网公司智能电网三个阶段的规划。

2009年8月,国家电网公司就实施第一阶段的重点项目进行了发布。一是规划发布,接着是基础建设,还有专项研究、试点工程,同时在标准制定、专题研究、试点工程、基础建设等方面全面开展了工作。首先,公司编制了智能电网的规划,将关键设备研制的规划、技术标准体系,都对国内外进行了发布。在世界上,这是首次发布这方面的专业规划,还配套了一些其他的规划。规划中包括了诸多的技术领域、技术专题、关键设备的规划等。其次,进行标准体系的研究,有8个专业分支,26个基础领域,92个标准系列和若干项具体标准、规范。

二是试点建设。从发电一直到调度等各个环节全面进行了试点建设。大家都知道世博园,我们把世博园整个供电电网建成了一个智能电网。2009年5月1日,随着世博园的投入,智能电网也建成了,在发电、蓄电等环节都进行了协调。变电、配电主要依靠自动化来实现,把智能电网调度起来,在用电信息采集系统、电动汽车充放电站这些领域全面进行了建设。2010年年初又建设了第二批,在天津生态城建设了一个智能电网的综合示范工程。这些都是试点内容,现在有些部分已经建成。举几个试点工程的例子,一个就是电动汽车充电试点工程。对于充电站的建设,国家电网公司也发布了11项关于电动汽车充电的公司企业标准,到2010年年底在我国26个省份建成75座公共充电站和8 209个交流充电桩。2010年10月已经建成24座充电站和1 062个充电桩,并投入了运行。为电动汽车充电是我国电力发展前所未有的实践,电动汽车目前的数量虽然比较少,但是它今后发展的趋势是现在的汽油车不能抗衡的。今后在常规的交通工具上,电动汽车将会取代汽油车。大家只知道它是零排放的、环保的,但是究竟是一个什么样的概念?根据目前国内外电动汽车的实测绩效来看,一般充十几度电就能跑100公里。在家充十几度电约6元钱,北京居民电价是每度0.48元,6元跑100公里,加汽油跑100公里却是将近60元钱,同样跑100公里,电动汽车的成本(比较极限的情况下)就相当于汽油车的1/10,如果打一半的折扣,就相当于1/5。从这个观点上来看,电动汽车有不可抗拒的生命力,一定会取代汽油车。所以今后充电站的建设会是一个新的浪潮,这里讲的充电站实际就是快速充电站。比如,在家充完电出来,跑了多长时间没有电了,要用比较短的时间充电,一般15—20分钟充完。目前的充电技术要比充汽油慢得多。现在还有一种模式就是换电池,电池拿下来一装就走,比较快。前面讲的75个公共充电站,就是指快速充电站。充电桩比较慢,它使用交流电充。可以预见,今后充电桩将到处都是,可能就像电线杆一样到处都是,整个的营销模式可能会发生革命性的变革。

　　第二个试点就是光纤入户。就是在电线里加一根光缆,使家庭整个的通信产生革命性的变化。目前,我国入户用的都是绞线,速率比较低。光纤入户后就使家庭整个的生活发生了质的变化。目前,光纤还没有铺到老百姓家,但以后视频、VCD 等点播都没有问题。国家电网公司在这方面进行了试点:在 14 个省 20 多个城市开展了光纤入户,入户了 36 700 家。在电线里加一根光纤,以后的智能家电就全靠这项技术了。你早上把米放锅里,晚上八点半回家,一输入"晚上回家",饭就做好了,衣服也洗好了。现在北京莲香园小区搞了电力光纤入户,整个信息就应用得很多了,用电信息、用电互动、上网、电话、视频、电视全解决了。这种带宽到家里就太方便了。我们在重庆建设了一个智能小区,采用电力光纤到户之后,整个三网的应用都通过光纤入户加以实现。重庆试点做了一千多户,很多功能都在这里实现了,包括水表、气表集中抄收等。

　　还有一个例子,就是用电信息采集系统。北京还好一些,其他地方还是登门抄表,这种方式今后也要彻底革命,要实现自动化。同时要也在这 26 个省份开展试点,装上 220 万块智能电度表,这也要在 2010 年年底前全部完成。鼠标一点,几百万户的用电信息都能掌握,这样对整个用电的掌握和优化能源配置都是非常有好处的。现在智能电网中一个很重要的内容就是智能电表。它和传统电表有什么区别呢?原来是单向计量,现在改成双向计量;原来只能计量、显示电量,现在能够计量、显示多种用电信息;原来是人工抄表,现在是多种方式,用了电后,信息直接传输走了;原来工作很单一,现在可以实现互动,还可以传播升级等。今后用电的大量信息,都可以通过智能电度表告诉用户。比如,几点到几点电价是多少,提醒你现在是不是要用电,是不是便宜等。又如,丰水期水电便宜,这时可以多用点;冬天是枯水期,建议家庭少用电。此外,智能电表的界面也会比较友好。

　　在试点过程中,国家电网公司还着重于研究检测中心的建设,分别在南京、北京建了多个新能源的检测和研发中心。比如,在南京建立了国家能源、太阳能发电研发中心,在北京建成了大型风电并网系统的研发中心,在南京还有用电技术研发中心。最近,国家能源局又批准分别在北京和南京建设国家能源智能电网研发中心,有些已经建成,有些还在建设。2009年和2010年又开展了专项的专题研究,分别确立了将近200项重点研究专题,包括发电、输电、变电、配电、用电、调度等层面,这些专题都是在智能电网建设中要解决的重大技术问题。关于对外合作交流有两个例子:一个是和中国电信,一个是和中国科学院。在智能电网建设中签署了战略合作协议的不止这几个部门单位,比如和上海、北京的一些单位或公司以及国际上的GE等都有广泛的交流合作。

纵观智能电网的建设,任重而道远。从世界上来讲,现在智能电网的建设方兴未艾,世界各国智能电网方面的研究普遍来讲还比较多,但真正实施的并不多。每个国家都针对自己的特点选择了部分环节、部分项目作为智能电网建设的尝试。比如阿姆斯特丹,在和他们的相关人员交流时,他们表示也在建设智能电网。但是中国特别是国家电网公司提出建设智能电网是一个全领域、全方位、全过程的建设理念。我们付诸实施的项目最多,涵盖了整个电力生产的各个环节。2009年、2010年是打基础、定规划、定标准和试点,2011年开始就进入了大规模的建设阶段。所以在智能电网的研究、部署力度、推进强度方面我们是走在世界前列的。我国电力的很多方面都走在了世界的前列。我国单台发电机的容量能够制造的能力也是很大的,三峡单台发电机无论从台数还是质量上看都是最大的。我国的电网是最大规模的;我国的控制技术、通信技术、自动化技术,有一批在世界上是非常著名的;我们还有让国外非常羡慕的研发人员、制造能力和研究科学院。国家电网公司有五个不同类型的科学院,它们的研制成果在世界上都是领先的。还有特高压电网的建设,世界领先,现在俄罗斯、巴西都要求国家电网公司能对他们国家电网的技术改造和建设输入技术及经验,他们也存在远距离输送的问题。西伯利亚的电力怎么送到欧洲?所以我认为现在我国是世界上的电力大国,也初步做到了电力强国,当然我国在进一步提高素质、水平方面还有很长的道路要走。相信通过智能电网的建设,特别是到了2015年、2020年我国会进一步在世界电网的建设运营上处于前列。

互动环节

问:栾总您好,向您请教三个问题:是一个是国家电网和南方电网的格局有何利弊?第二个是您在演讲中说,今后像三峡这样的电站会有若干座,那这些电站会建在什么地方?会以何种形式存在?第三个是制约中国坚强智能电网建设的瓶颈问题有哪些?如何有效地解决这些问题?谢谢。

栾军:首先,管理体制方面。现在国家是两大电网公司。为提高效率、进一步管理的产物,国家进行了电力体制改革。这些年来两家公司运营发展得都比较好。南方电网公司也建成了一条直流线,西电东送,把贵州的电送到了广州。其次,像三峡电站这样一千万到两千万级的电站我国还有几个点。溪洛渡、向家坝两个水电站之和超过三峡,再往上走还有乌东德、白鹤滩,这两个水电站也距离三峡不远。

瓶颈问题是目标很宏伟,同时也意味着会有一些困难。首先,建设智能电网是一个需要政府主导、全社会参与的宏大系统工程,在这里也需要政府、社会,包括在座的各位给予支持。温家宝总理在2010年年初的政府工作报告中已经把建设智能电网提出来了。所以主要是政府积极引导,各个行业积极参加,刚才讲了许多行业,任务和工作也很多。

问:栾总,我来自三峡新能源公司,今天听了智能电网和国家电网公司的介绍我们确实有很多收获。刚才听到您说已经开始了风光储输的实验,我想问一个储能方面的问题,据了解现在的储能有多种方式,请问您认为哪一种更有潜力,或者哪一种在国内的智能电网建设中更有成功的希望?谢谢。

栾军:储能是人类今后面临的必须要突破的一个技术障碍,但是现在全世界的储能装置研究还处于初级阶段,一些理论成果离付诸于大规模应用还有一定的距离。前面讲的锂电池、液流电池、燃料电池等都是局限于一般的实验室和小规模应用。我所看到的比较大规模的应用就是钠硫电池,是在日本。它是和风电一起配合的,六万千瓦的风电配备四万千瓦的钠硫电池。不管风怎么来,间歇的也好,忽大忽小也好,都通过储电的钠硫电池调节。风小就发电,风大就去电,使电网有一个比较平滑的功率输出。这对于今后解决风电的间歇性、随机性储能的问题是非常重要的。它现在是世界上应用工程里面最大的的装置,技术上一点问题没有,唯一的问题就是造价比较高。我估计它现在的造价和核电差不多,甚至比核电还略高。在整个应用上,无论对哪一个企业或者用户来讲,从经济性上比较难以选择。下一步要降低它的造价。液流电池会在比较短的时间内突破。钠硫电池工作要发生反应,离子进行反应的话,工作温度要达到360度,据说美国现在已经降到90度,技术发展得非常快,前景很好,还有一两步之遥。

问:栾总,您好!为了配合智能电网的建设,通信网络的策略是什么?是建专网还是和运营商合作?

栾军:都有,专网建设和运营商建设都不可偏废。

问:大概会偏向于哪一个?规模大概有多大?

栾军:现在来看初期应该以中央为主,今后随着更加深入地普及,公网发展程度提高,特别是如果公网的保密问题能够解决的话,下一步公网的应用会更加广泛。

问:无线多一些还是有线多一些?

栾军:我个人倾向于有线,因为今后光缆是不贵的,保密性好。

问:按照您前面的介绍,我感觉对于国家今后的发展,除了保持原有的火电和水电以外,风力发电、核能发电会成为主要的方向。我想了解一下风力发电和核能发电各有什么优势和劣势?它们存在的主要问题在哪个方面?

栾军:刚才讲风力的问题就是间歇性和不稳定性,优势是属于可再生能源,取之不尽,用之不竭;再就是分布非常广泛;并且技术壁垒比较低,技术上也比较容易达到;现在成本也在逐步下降。劣势主要就是间歇性和不稳定性带来的新挑战。核电首先是安全问题;再就是变动速率比较低,忽而多发忽而少发确实是难为它了;反应很慢,调风性能比较差。核电能源不消耗化石燃料,这是它的优势。

问:刚才谈到风电成本问题,您能不能大概介绍一下?比如我做一个十万千瓦的风能电站或者太阳能电站,初期的固定投入大概在多少量级?运行每千瓦维护的成本是多少?还有配套的措施,我们要有哪些储能的装置?或者配套做火力发电的装置,成本大概是多少?

栾军：风电造价现在基本上和火电造价差不多了，但是要把它配套起来的话储能造价会比较高，一个千瓦要2万—3万元，风电维护量也并不大。

问：现在大家都说，HR尤其强调年轻人要做职业生涯规划，我们也注意到您的履历，是从最基层做起的。我想知道在您一开始工作的时候，是不是就立了一个宏伟的目标，要做到电网的副总经理？您是因为什么原因坐到这个位置上的？第二个问题涉及垄断行业，这是大家都比较敏感的问题，只要和电沾边的工作岗位收入可能都比较高，我想知道国家电网吸引人才的一个最核心的东西是什么，难道就是薪酬吗？谢谢。

栾军：国家电网吸引人才就是感情留人、事业留人，谁工作也不会想到今后能做什么，唯一要做的就是好好工作。

问：我来自北京双节电器股份有限公司，刚才听到您关于智能电网的描述我很兴奋。因为我服务于电网公司，所以更加激动。刚才您提到每年建设智能电网要增加500亿元的投资，我想问一下这500亿元是怎么分配的？配网有多少钱？谢谢。

栾军：这有专门的数字，我记不太准，而且几个环节都有。这并不是说哪个地方要刻意多拿点或少拿点，都要根据特点和当地的实际需要来决定。

问：刚才提到的是一个投资方面的问题，我想问一个回报方面的问题。智能电网建设前期成本非常高，我们是不是通过涨电价的形式来实现投资回报？第二个问题，我们知道智能电网越坚强，用户的信息可能就越透明一些，那么应如何实现用户信息的隐私保障？

栾军：先说用户信息保障。这是必须要做到的。就像银行知道你存了多少钱，但你并不担心银行会对你怎么样；我知道你用多少电，也不会对你用电产生猜疑或者怎么样，我们一定会保护用户的用电信息和其他信息。用电信息的档级也并不高，不像存款信息那么重要。投入肯定要增加。这种投入增加不是我们非要为了增加而增加，刚才讲了是为了迎接可再生能源时代，拓展新的用电领域，如电动汽车等。与传统电网相比肯定会带来一部分的投资增加。首先，这个增加是必要的也是必需的，否则我国几个亿的风电如何接进电网？如何被利用？所以投资增加是应当的。对于电力企业和智能电网的建设，大家都是参与者，都会极力地降低造价、降低成本。至于今后的回报、盈利方式,这需要在下一步的工作中进一步研究和探讨。前面讲需要得到社会各界的支持也是这个意思。也不一定非要涨电价,但涨价是一个趋势,能源是实实在在的。举一个例子,用手机打电话一分钟两毛五,这些基本上是量和物质,只要网络建成了,两者是不挂钩的。电能不一样,用了一度电,实实在在地消耗了500克煤,这是实实在在的物量消耗。大家知道能源是短缺的,今后更是稀缺的,稀缺商品的使用今后是靠什么来调节,大家都知道。我就觉得通信挺快,以分钟计算,打两分钟电话就需要5毛钱;40瓦的灯泡工作25个小时才收取0.48元,而且这个电力还实实在在地消耗了500克的煤。

问:随着煤层气、天然气的发展,有专家说21世纪以发展天然气为主,中国大规模建设气网,天然气也可以进家庭、进汽车、进船。能不能分析一下气网和电网在整个过程中的互动关系?另外一个是燃气电厂。虽然天然气比较贵,但是调控比较好,您认为中国在什么样的地区和电网结合起来配置燃气电网比较合适?

栾军:从调风的快速性来讲,哪个电网都需要建燃气发电厂,因为燃气带负荷能力和减负荷能力还是比较快的,确实比较需要。各种能源都需要发展,不是说发展了煤电就排斥气电,这也不现实。但是我感觉今后我国的气究竟储量多少、究竟能开采出来多少、开采出来之后如何在国民消费中进行分配是比较大的课题,起码现在我看到建的燃气发电厂都"吃不饱",迎峰渡夏最热的时候开一阵,不需要就停掉了。我感觉燃气今后是一种化工燃料,不见得要把它烧掉发电。风总刮,气却不是总有。所以恐怕在使用方向上要进行优化。

问:您刚才提到了电动车方面的应用。但是您也提到现在中国整个能源结构中烧煤占了75%,到了2015年也只能达到50%多。整个煤到电的过程中还有很多能源损耗,您是否认为发展电动汽车并不一定是真正的清洁能源?如果源头是煤占主要的话,可能要比烧油更不清洁。您觉得发展智能电网从发展电动汽车方面来讲是否真正促进了清洁能源的使用?

栾军:我认为发展电动汽车是清洁能源的出路。首先,用电,电也要消耗燃料,也有排放,这个不假。但是现在我们国家大力发展洁净煤燃烧技术,虽然用煤发电,但是对它的排放有苛刻的要求,比如对二氧化硫排放的限制，对粉煤灰排放的限制，对脱硫、脱硝的要求，所以今后的新燃煤电厂将和老燃煤电厂有很大的区别。电动汽车使用之后某种程度上也是所谓的污染转移，但是大大减轻了城市压力。现在城市主要的污染源还是汽车尾气。一方面，应通过清洁燃烧技术把发电再做好做精，使排放尽可能地少；另一方面，也把电用在电动汽车上，我觉得这是应当走的道路。今后可以大幅度提高可再生能源的比例，电动汽车也可能使用风电、太阳能，这就更没什么可说的了。

（时间：2010 年 12 月 2 日）

第十一篇
支撑日本经济的电力事业
——不断创新的北陆电力

新木富士雄:日本北陆电力株式会社董事长

北京大学不仅是中国的最高学府,它的教学水准在国际上也享有盛誉。今天我来到北京大学,十分荣幸与肩负着中国未来希望的学子们进行交流。刚才杨河老师和武常岐老师跟我分享了很多北京大学以及中国的现状。接下来请允许我在北京大学这一优秀学府的讲台上作简短演讲。

2008年,《中日和平友好条约》缔结刚好30周年。在这样一个日中关系飞跃发展的年份,我突然接到三井物产株式会社社长的邀请,让我到北京大学演讲,当时我十分惊讶。但是考虑到三井物产对中国所倾注的热情,以及希望能够以我的经历对飞速发展的中国的未来尽一份微薄之力,我欣然接受邀请。在我看来,大家都是我的邻居。

在我出生的日本富山县,从8世纪开始就在能登半岛、敦贺及被称为"客馆"的迎宾馆与渤海国交流。现在北陆地区三县中,在海外发展业务的公司约有600家,其中有300家在中国设有工厂。即使从整个日本来看,北陆地区也是与中国的关系非常密切的一个地区。2007年,中国与日本的战后贸易额首次超越与美国的贸易额。日本现在依托与以中国为主的大中华圈以及东南亚诸国的贸易关系来构建产业结构。2007年，日本出国人员中前往中国的人数超过前往其他国家的人数，前往日本的中国人数在第二次世界大战后也有极大的增长。无论是从物流还是人员的流动方面看，日本与中国的联系都相当紧密。今天，北京大学的优秀学子济济一堂，我想借此机会分享自己从初入公司到2008年刚好满50年这一段时间所经历的变化、所见所闻、所感触到的东西，并从个人的角度谈谈对未来的展望。

近30年中国维持了年均约10%的GDP增长率，而日本在近20年经历了发展低迷期。中华人民共和国前驻日本国的全权大使王毅先生曾表示：中国一方面拥有巨大的内需市场，另一方面拥有丰富的人力资源。基于这两大特征，中国的经济增长虽然可能会波动，但是应该能够维持较高的发展速度。只是随着经济的发展会产生各种各样的问题。其中需要面对的一个重要问题就是能源问题，以及能源问题中的电力问题。这里简单介绍一下日本电力事业的概况实际上，从北部的北海道到南部的冲绳，日本的电力事业分为十家电力公司。各个电力公司在自己的供电区域内履行职责。当然，也有供电区域之间相互协作的情况。

一　日本电力事业概况

1. 日本电力特征、标准和品质

日本有十家电力公司，除了冲绳之外其他全部由输电线连接在一起，这是一大特征。在中国电力的频率是50赫兹，而日本有两套标准：西部是60赫兹、东部是50赫兹。这就导致虽然电网是连通的，但在输电上却存在瓶颈。为什么会出现这种状况呢？是因为最初引入发电机时，从德国引入的为50赫兹，而从美国引入的为60赫兹，从而造成现在的局面。这是一个败笔。顺便说一句，日本还有一大败笔就是铁轨的轨距偏窄。这是日本的两大败笔。这作为反面教材也证明了基础设施的规格标准对一个国家的重要性。

下面我们谈谈电力的好坏问题。如果不涉及这个问题，进行各种讨论的时候就可能会偏题。首先，电力是有品质的。有人可能会问电力难道也有品质吗？是的，主要有三个方面：电压稳定、周波稳定、无停电。达到这种标准则为最高品质的电力。另外,从原理上来说,电力可以储存。但一般来说,电力是无法储存的,发电之后就立即消费掉了。因此,当电力的需求为100而供给只有90的时候,会出现电力供应的中断。而电力不足是非常令人担心的问题,因为电力不足时,为了维持供电系统的平衡,大家的供电会纷纷被切断。这是电力的一个特征,也就是说当电力不足时不得不停止供电。

2. 日本电力事业历史

日本的电力事业诞生于125年前。在最初的40年发展出多达700家电力公司。我们北陆电气也是诞生于百余年前、装机容量仅120千瓦的时候,当时的发电设备为美国通用的发电机。之后电力事业步入竞争时代。1925年出现了世界性的经济恐慌,1929年又爆发世界性的经济危机。在这样的背景下,日本的电力事业竞争日益激烈,出现一个用户被接入多家电力公司的电线这样的重复投资的情况。为此,国家修订了《电力事业法》,主要认可了电力企业对供电区域的垄断和价格卡塔尔,由此开始了国家对电力事业的管理。首先,建立了日本发送电株式会社,这是一家集发电和输电于一体的国家政策性公司,之后也建立了配电公司。但是,在开发新的电力来源上一直未能取得进展。1945年第二次世界大战结束,由于美军的空袭,日本的工厂遭受了毁灭性的打击。但是随即开始了复兴建设。随着复兴的加速,在战争结束两年后电力不足的问题开始显现。随后开始了电力的配给制度,这项制度从1947年起持续了6年。这一事实说明,电力供给能力的提升需要较长的设备投资周期。按照一般的经济原理,供给增加则价格会下降,而价格上升会导致供给增加,在价值规律的作用下供给和需求会趋于一致。但是在电力事业上却存在滞后性,这一点希望大家能够理解。

20世纪30年代,日本电力步入国家管理时代。今天第一次听说北京大学的校徽使用的是鲁迅先生写的字,而我们北陆电气所在地恰好是鲁迅先生的老师藤野先生的出生地。现在当地依然保存有藤野先生的纪念馆,馆中存有许多与鲁迅先生有关的展品。如果有客人到北陆,只要时间允许,我总会招待他去地处福井县偏僻之所的藤野先生纪念馆。因为许多人都不知道藤野先生纪念馆,我一般都会带队去参观。通过藤野先生,我们与北京大学原本也就存在联系。

二 北陆电力发展历程

1. 北陆电力的发展阶段

北陆电力的发展阶段可以分为初创期、石油火电开发期、向煤炭火电的转换期、原子能电力的开发期、电力自由化时期。接下来我将以此为基础展开说明。

首先是初创期,北陆电气于1951年开业。日本战败后接受GHQ（General Headquarters,盟军最高司令官总司令部）的管理,被要求解散政策性电力公司,与之相应的配电公司也被解散。之后就出现了九家电力公司,形成了现在的电力公司架构。电力公司的地区垄断是主要特征之一。在中国,发电厂与电网是分开的,而日本是发电、输电、配电一体化。对于供电区域,在自由化的地区可以跨区域供电,而对于30%的未自由化部分来说,只能由该区域的公司供电。对于电价,自由化的区域实行市场定价。这可能有些难以理解：日本现在自由化的区域约为70%,没有自由化的部分约为30%,主要是家庭及偏远地区,仍然维持长期以来处于管制之下的状况。在北陆电力创设初期,火电约占全国总装机容量的33%,而北陆电力的这一比例仅为2%,98%为水电。这是因为北陆地区的年降水量为中国各地平均水平的4倍,而且刚才也提到了,北陆地区还下雪,雪大的时候厚达四五米。说到北陆电力初期的业务形态,几乎都是营业时间（高峰时间）供电,因为是水电所以价格比较低。因此,在北陆地区也分布有化学工业、钢铁工业等基础产业。即使我们公司的电力资源丰富,在开业之初可以支配的电力仍然不足。这是因为虽然北陆电力公司拥有丰富的电力,但是电力会大量调往关西地区,由关西电力支配,用于保障大城市的电力供应。为此,我们大量开发水电资源,水电装机容量在三年间增长了五成。在此期间,我们建造了可以与关西电力公司的黑川第四发电所相匹敌的有峰水坝水电站。相对于没有水坝的水力发电站,建造了水坝后可以通过蓄水在枯水期发电。在这个过程中我们采用了许多新技术。例如,采用钢筋混凝土衬砌工法建设导流隧道,这种工法尽管现在很常见,在当时却是很先进的；采用高张力钢板制造的大型水压钢管；采用了国内最大的涡轮机叶片,当时日本还无法制造,是从当时的联邦德国进口的;当时输电技术也取得了划时代的进步,采用了重量轻的铝合金作为输电线,现在也几乎在用。有峰水坝项目所投入的资金换算成现在的资金相当于500亿日元,当时的资金来源为世界银行提供的贷款。这个大坝的最大蓄水量约为2亿吨,也为富山县35万人提供饮用水。

2. 输电和配电设备升级

当时北陆电力通过提高输电电压来降低输电损耗率。我们把输电损耗率由20%降低到了10%。这是非常了不起的事情,相当于把发电量增加了10%。此外,我们还开展公益运营,这个大家可能没有听说过。举例来说,我们在临近的关西电力的火力发电所附近建设水力发电所,将电力与关西电力在北陆电力辖区内的水电站的发电量互换,从而避免输电带来的损耗。

接下来介绍石油火力发电。建造有峰水电站之后,水电开发逐渐饱和,我们的重心转向石油火力发电。我们发现,在这一时期户均年用电量在增加,洗衣机等家用电器在1980年基本普及。电力需求量达到了顶峰,仅仅依靠水电逐渐无法满足用电需求。另外,也不可能在枯水期停止供电。因此,我们开始建造不受自然条件影响的火力发电站。当时一个基本的想法是促使石油的输入与火力发电联合,将炼油厂精炼汽油后剩余的气体和重油作为火力发电的燃料。这一方法有效地降低了成本,促进双方互惠互利。在这之后火力发电获得了很大的发展,大约在1970年完成了"水主火辅"向"火主水辅"的转变。

这一时期还发生了火力发电技术革新,即所谓的"加压通风方式"。通过省略锅炉与烟囱之间的通风机来减低热量损失,将涡轮机的运转和点火器也变为自动化。这一时期对电力品质的要求也大幅度提升。在刚开始的部分我们介绍过电力品质的标准,即电压稳定、周波稳定、无停电。伴随着家用电器的增多,人们对电力的品质要求极大地提高了。如果发生停电,我们会被用户严苛地指责,这甚至成为我们每天生活的一部分。我们也不得不说明停电发生的原因。首先要做的是减少停电的发生。正如刚才杨老师所介绍的,北陆地区是日本主要的降雪区域。针对降雪环境的输电对策是非常重要的,如采用可靠的输电线、加固输电铁塔、将木制电线杆更换为钢筋混凝土制电线杆、采用铝合金中心布有钢丝的轻而结实的输电线。电力方面,我们还大量采用电压调节器。

此外，我们还大力推进自动化。首先，115 所水电站全部实现无人值守；其次，输电设备采用超高压输电线；最后，配电电压从 3 000 伏提高到 6 000 伏。中途进行这样的变更意味着大客户不得不更换变压器，为此我们主动为客户提供变压器。关于设备的现代化，主要有气体绝缘开关、真空开关的使用等。气体绝缘开关所占用的空间为常规设备的 1/20，这一特点很好地适用于日本建设用地紧张的状况。例如，在东京等地的高层建筑的地下安装有紧凑型的变电设备，气体绝缘开关在其中起到了重要作用。通过直升机巡视检查输电线，提高了巡视的效率。业务的电子信息化是常识性的内容，在此省略。1973 年的生产效率相比 1960 年提升了近三倍。

接下来谈谈环境保护意识的提升。大家可能听说过四日市哮喘，这是一种因企业向大气中排放有害气体引发的类似哮喘的疾病。相关诉讼发生在 1967 年，四日市的居民将企业告上法庭并胜诉，虽然原告只有九名，但给当时的日本社会带来了很大的冲击。作为被告的六家企业联合体放弃上诉，接受判决结果，并向原告支付赔偿。与此同时，政府以此为契机制定了《公害对策基本法》。尽管这件事过去了四十余年，我依然认为这是一个划时代的事件。在此之后，日本开启了对环境公害的严厉管制。我们也开始努力参与公害防治事业，或者说我们不得不参与其中。我们在公司内部设立了防止公害委员会，与各地方自治体签订公害防止协议，引入除去化石燃料中所包含的硫黄成分的技术。脱硫的原理是对含硫的粉尘烟雾喷射液体，使之产生化学反应，生成石膏，从而除去烟雾中的硫成分。这一工艺在 20 世纪 70 年代就已经投入使用，其开发大约花了七八年的时间。脱硝是指除去氮氧化物中的氮，这一过程需要使用氨，通过氨与氮的化学反应实现氮与氧的分离从而消除氮氧化物。

从 20 世纪起爆发了两次石油危机，期间原油的价格上涨了十倍。现在的状况与石油危机时有些类似。现在回过头去看，觉得每桶 50 美元的价格很便宜。这首次使得日本步入严重的通货膨胀。由此日本结束了高速增长，步入低增长期。物价上涨了两倍，电力事业也遭受了巨大困难。如果过分依赖石油火力发电，可能无法继续维持经营。因此我们开始考虑煤炭火力发电，减少经营了十余年的石油火力发电。这一时期国家的态度是不认可石油火力发电。对于这一新举措，新的火力发电厂的布局进展缓慢。后来,作为一种尝试,我们将煤炭火力电站与水泥厂结成联合体,将煤炭火力电站产生的残渣用作水泥厂的原材料,这让煤炭火力发电站的布局变得容易起来。

电站的设备使用率也就是电力的负荷率。随着空调的普及,夏天出现了用电高峰。夜间的电力负荷率相比白天明显下降。为了调节电力负荷率的波动,我们推出分时电价,比如将夏季的电价提高10%、降低夜晚的电价等。通过这种价格手段平衡各个时间段的电力需求。此外,为了提高业绩还给予优惠以吸引企业用电。还有其他提高经营效率的手段,在此就不一一介绍了。水力发电无人值守的逐步推进极大地提高了生产效率。从1985年到现在的20余年时间,这种状况一直在持续。

在经历了水力发电、石油火力发电、煤炭水力发电后,日本电力事业步入原子能发电的新时代。我们的核电站一号机组是在40年前公布的建设计划中,但直到15年前才完成建设。仅仅是一号机组的建设就耗费了近30年的时间,由此可见核电站建设涉及的各种谈判的艰难。由于日本的土地使用制度,我们获取建设用地很困难。当地的渔民也担心核电站排出的热水会影响海洋鱼类的生长,为保护捕鱼权开展了反对运动。当然,实际情况是核电站排出的热水吸引了更多的鱼类,导致捕鱼更加便利。之后我们也开始了二号机组的建设,并于2006年开始运行。

随着谈判的推进,新的煤炭火力电站的建设也取得进展。由于技术进步,新电站的能源利用效率提高了41.5%。而以LNG(液化天然气)作为燃料的热机燃气轮机—蒸汽轮机联合循环发电,最高实现了56.7%的LNG能源转换效率,我们能达到41.5%。最新建设精良的火电站能源效率能达到约45%。随着核电和煤炭火力发电的增加,我们的电力结构转变为水电、火电、核电各占1/3,我们称之为最佳混合结构。电力的供应有一定的特点和规律,要满足高峰时期的供电——高峰期约占30%,夏季是用电的最高峰。水电和核电的发电量一般稳定在一定水平,不利于调节;火力发电可以根据实际情况在一定范围内增减;而抽水式发电站可以在夜间用电低谷时用电力抽水,蓄水用于白天高峰时发电,这一过程中有30%的电力损耗成本略有增加,不过是一种有效地满足高峰供电的方式。在输电的过程中会出现一部分损耗,这种损耗与电压的高度成正比,电压越高,损失越小。我们在将输电电压上升至50万伏之后输电损耗逐渐降低,现在为4.5%,接近世界各国的平均水平。中国采用了100万伏的输电电压,也建设有超高压输电线路,在这一领域处于世界领先水平。

从整体看,现在除了台风时期停电较多,其他时间基本没有停电的情况。我们设置的户均年停电时间为20分钟以内(包含因电力作业而暂停供电的时间),户均年停电次数为0.22次以下。

正如刚才所介绍的,从1995年起日本电力事业步入自由化时代。接下来将以此为中心展开介绍。20世纪90年代初期日本的经济泡沫破灭,此时出现了质疑日本电价过高的声音,认为电价虚高约两成。我们也想像其他进口原材料的行业一样,以当时的汇率作为理由来说明这一问题。但是,认为电力行业这样做不妥,因此我们坦率地接受了这一要求,开始考虑如何提高效率、降低成本从而将电价降低两成。同时,电力的自由化也逐步推进。1995年,首先在发电环节引入竞争,截至目前,约七成已经自由化。日本的电力事业是将发电、输电、配电一体化进行自由化的,发电的竞争会导致输电线路的变更,即使这样会产生高额的费用。在中国,发电与输电是相互分离的。对于是否应当分离,日本现在也有两种声音。电力生产出来后瞬间就被消费,难以向普通的商品那样将发电与输电分开。尽管从经济学的角度看是可能的,但从实际情况看不应当分离,这里面会涉及如何划分发电企业与输电企业的责任问题。当发电机进行调整的时候,输电、变电各环节就像有机整体,均会受到影响。正是考虑到以上因素,日本的发电输电一体化的体制才得以保存下来。从这个角度说是一种保护,当然持反对意见者可能无法认可这一点。

现在的《能源政策基本法》吸纳了电力自由化的重要原则,实现"Economy、Energy Security、Environmental"三者的调和。当然,这些原则有丰富的内涵。原子能发电的主要特征为安定性。铀虽然也是有限的,但分布均匀。因此原子能会越来越重要。日本与中国不同,核电经历了30多年的发展。在进行核电站的施工时,前期的谈判交涉相当耗费时间,投入运营后事故几乎难以避免,如果不能有效应对社会对事故的反应、获得充分的理解,核电站将难以及时地重启运行。关于核燃料的再处理,日本在青森县六所村的核原料再处理工厂即将竣工。在核燃料被使用后,占总量3%—5%的铀燃料仍然剩余1%。如果能够回收这1%则能够促进核燃料的和平利用。接下来日本还将建造5—6所核电站,在10年内增加

1 000万千瓦时的装机容量。中国建有秦山核电站和900万千瓦时的大亚湾核电站。广东核电集团在两年前公布的五年计划中提出,要在2020年将装机容量增加到4 000万千瓦时。这是一个高效率的宏大计划。

三 电力事业的特征

我个人认为电力有一般财产和公共财产的两面性。从表面上看,电力属于一般财产,但是其内部又包含了公共财产的特征。如果不立体地看待这一特征,不理解这一点,可能就会误认为电力事业也可以完全适用市场原理。我虽然不是经济学专业出身,但是在实务中还是体会到虽然亚当·斯密提出了"看不见的手"的观点,但是他还提到了正义。对于电力事业来说,正义意味着稳定的电力供应,即使发生事故也应当尽快地恢复供电。电力供应绝对不能中断,应当持续稳定,这是我们的使命。即使是在市场经济条件下,这也应当是亚当·斯密"看不见的手"存在的前提。这种正义对电力公司来说是十分重要的,因此作为电力公司的员工,即使遭遇台风、在崇山峻岭中发生事故也应当奔赴现场。对于我们来说,保持电力的稳定持续供应是使命,一直在公司中贯彻,我们要求员工有这种使命感。在电力自由化的过程中,我们公司十分重视安定供应和环境危机问题。

关于电价的竞争层出不穷。在竞争中,我们作为商业机构,提供的服务也是十分重要的。我们为客户提供各种咨询服务,如防治雷电的对策。由于高新技术公司对电压要求严格,因此我们要帮助客户应对瞬间电压降低的问题。为了应对地球变暖问题,电力公司整体提出了日均二氧化碳排放量相比1990年要降低20%的目标。煤炭火力发电每千瓦约排放1千克的二氧化碳,而核电能够大幅度降低二氧化碳排放量。在2006年核电约占全部发电的23%,我们计划在未来将核电的比例增加到50%。而按照我前面的介绍,中国到2020年核电所占比例将达到5%。至于可再生新能源,法律强制要求所占比例不得低于1.35%。而在中国,到2020年,发电企业的可再生新能源发电量比例将要达到5%以上。由此可见,中国采取了严厉措施,要求电力公司开发风力、太阳能等可再生能源。此外,我们将木屑等作为生物燃料用于火力发电。除了在发电的时候减少二氧化碳的排放,现在还出现了回收利用二氧化碳的技术,即二氧化碳热泵。简单地说就是通过压缩二氧化碳从而释放热量。如果日本所有的热水供应设备全部更换了二氧化碳热泵,则每年可以减少1.3亿吨的二氧化碳排放,约占现在每年日本排放的二氧化碳总量13亿吨的10%。这可以说是一项划时代的技术。我们正在与政府部门以及其他公司合作开发纯电力驱动的小型巴士,可以实现在30分钟内快速充电50%,实现完全充电约需要8小时。这一项目正处在试验阶段,没有实际生产。现在已经有油电混合动力的汽车面世。前段时间丰田汽车的前社长奥田声称汽车将步入原子能时代,让大家很惊讶,人们都觉得用原子能驱动汽车太不可思议了。这存在误解,实际情况是利用原子能发电,给汽车充电,利用电池储存的电力驱动汽车,这将是一种清洁能源汽车。在不久的将来,或许将出现纯锂电池驱动的乘用车。

今天的讲座是作为三井物产企业社会责任(CRS)的一部分而开展的。我认为作为能源企业,在未来为所在区域做贡献是非常重要的,应当在这方面增加投入。例如,通过发生地震时派出志愿者等方法来增强所在区域对我们的信赖。如果没有这种信赖,许多设备会无法安装,对于核电来说这种信赖尤其重要。如果没有信赖,出现事故时无论如何解释公众都会觉得我们是在撒谎。这和人际关系是一样的。我们在成为一家高透明度公司的同时,还要致力于获得所在地区公众的信赖。现在我们公司的副社长及夫人居住在位于能登半岛志贺镇的核电站里,之所以这样做也是因为信赖。以前这无法实现,但是现在我们要让那里适合居住,要与所在区域共同发展。

汉代学者董仲舒曾说"正其义不谋其利"。我认为这句话非常有价值,应当制定根本的方针计划,不仅仅追求利益。即使没有眼前的利益,如果是在追求"义",利益也会随之而来。今后我将继续履行自己应尽的职责,在电力事业从"开发时代"转向新的"环境时代"的过程中继续奋斗。我的演讲到此结束,谢谢大家!

互动环节

问:谢谢会长先生的精彩演讲。大家都知道,中国目前正处于电力改革的关键时期,电网公司到底何去何从、如何拆分等各方面的问题还在探讨。尤其是去年冬天雪灾的影响造成大面积停电事故,部分基础设施也被损毁。会长先生作为电力行业的老前辈,您认为中国的电力业还有哪些不足?需要在哪些方面进行改正?作为电力公司应该把发展的重点放在哪些方面,以确保即使再次遇到雪灾也能够保证为百姓提供平稳的供电?

新木富士雄:这个问题很好,刚好是我想说的内容。输电线是电力的重要基础设施。这次中国发生的供电线路积雪(导致停电)的事情我们也经历过。我们曾经历过用于运输电煤的铁路中断的事情。通常会在有煤炭的地方建火电站,但是如果没有输电线路,就无法把电力输送出去,这就没有任何意义了。这也证明了电网的重要性。三年前,从核电站向外输电的50万伏高压线路受到严重损坏,但是幸运的是这条线路是双重线路。这条线路建设时双重建设的方案曾遭到强烈反对,被认为是重复投资,尤其是在电力自由化的背景下这种反对更强烈。虽然遭受强烈反对,但最终这条线路还是按照双重设计方案进行建造。幸运的是,在后来的事故中,一条线路遭受破坏,另一条线路仍能正常工作。这启发我们,在进行电力设施建设时应当采用双重线路建造方案,形成网络化。对于输电线路,如果形成网络化,当某一点被切断时,也能在瞬间通过其他合适的路径进行电力的输送,如果依赖单一的路径则做不到这一点。这就如同人体的血管所形成的多重网络。比如,人体内的许多静脉形成网络,即使其中的一根出现问题,血液还可以通过其他路径回流。网络结构的作用不难理解,但是在进行电力设备投资时考虑到竞争等因素,有观点认为应当避免重复投资,这就涉及如何在电力供应的稳定性与经济性之间维持平衡的问题。讨论这一问题需要认真考虑电力所具有的一般商品与公共产品的双重特性。不知道这样回答是否可以?

刚才所谈到的遭受雪灾的线路的修复是很棘手的问题,也令我们很苦恼。为了避免在修复过程中线路因失去平衡而发生连锁倒塌,我们会采取类似安全爆破的方式进行拆解。

问:感谢您的演讲,对于刚才您演讲的内容我有三个问题想请教。一是现在国际原油价格已经突破100美元/桶,达到约105美元/桶。我想知道原油价格的上涨会不会给日本国内电价带来上涨的压力?又将如何应对？二是刚才您提到北陆正在大力发展清洁能源,清洁能源在国际上面临的一个共同问题是其成本一般高于普通能源,请问在市场经济条件下如何保证清洁能源发展的顺利推进？三是刚才您讲到北陆电力正在大力发展核能,核电站产生的核废料应如何处理,是在日本国内处理还是在国外处理？是永久性处理还是暂时性处理？

新木富士雄：首先是关于原油价格位于100美元/桶之上与电力价格的问题。在日本,电价的构成中包括发电燃料的价格。以三个月的燃料价格为参考确定电力价格,燃料价格的上涨可以转嫁至售电价格。当然,火力发电也不全是煤炭发电,例如还有LNG火力发电,所以原油成本上涨向电力价格转嫁的比例是按照原油发电在总发电量中所占的比例来确定的。这种以三个月为单位根据燃料成本调整电力价格的价格规则有利于促使电力公司稳定经营。当然这种调整也是存在上限的。

第二个问题,清洁能源的成本确实比较高。太阳能发电的成本约为50日元/千瓦时,风力发电为10—11日元/千瓦时。此外,清洁能源发电,如风力发电只是在有风的时候才能够发电,如果电力的使用能够与之相对应当然最好,但如果没有风的时候还有用电需求,则必须有其他设备来保证供电,从设备成本来说是双倍。然而为了削减二氧化碳排放,不得不在一定程度上采用清洁能源发电。但是将清洁能源作为削减二氧化碳的主力是不可能的。目前法律要求清洁能源发电占总销售电量的1.33%,即使这一比例被略微提高,其所带来的成本增加也只能通过全体来消化。从根本上说,削减二氧化碳还要依靠核电。

第三个问题,关于核电的核废料,目前在六所村正在建造核废料处理工厂,即将进入运行状态。除了国内处理之外,一部分核废料是在海外处理。关于核废料的处理分为低级处理与高级处理,低级处理已经确定可以在日本国内进行,关于高级处理目前还没有明确的办法。

主持人：这里我想补充一点新木会长刚才提到的中国的电价形成机制,这也是热烈讨论的一个问题。中国的电价形成机制与日本不同。中国的电价目前仍然由国家发改委确定。目前有关于煤电联动机制的讨论,中国的电力构成中有很大一部分是以煤炭作为第一能源,煤炭价格的上涨会给发电企业带来很大的成本压力。所以发电企业提出了这样的设想:就像日本原油条款一样,当原油价格上涨时电价会自动进行相应的浮动,中国的煤炭联动是指当煤炭的价格上涨时电价也相应进行调整。这一方案目前在讨论之中,但还没有定论。目前的电价调整仍然由政府部门来确定。我想提一个问题,电力的监管特别是电价的调整是一个有挑战性的问题,我想知道在日本电价的调整是由政府部门与发电厂共同确定还是由发电厂自行确定?

新木富士雄:由发电厂自行确定。基本的规则和成本构成比例是确定的,在此基础上由电力公司自行申报,在日本这种申报基本等同于批准。但由于各电力公司之间存在竞争关系,因此都不会任意提高电价以避免削弱自身的竞争力。日本的电力市场仍然有约30%没有实现自由化,即使是没有自由化的部分也不能任意提高电价并降低自由化部分的电价,因为九家主要的电力公司会时刻关注竞争对手的动向以制定竞争策略。与政府的管理部门商谈时,政府的态度一般是批准电力公司的申报,全部实现自由化之后这一点也不会改变。

问:第一个问题与您个人的背景有关。我知道您是法学出身,但是您却选择了电力专业作为自己的职业。另外,您没有电力和工程方面的背景却把一家电力行业领导得这么好,这有什么诀窍吗?第二个问题,我注意到您的PPT的片尾是一片非常广阔的大海,说明您是一个心胸很宽阔的人。您也说了要"正其义而不谋其利",但是我们在现实生活中发现好多企业、好多人却是唯利是图,一切以利益为中心。您认为怎样让这些小的企业在规模小的时候就能达到您所理解的这样高的境界?还有一个问题是,日本是否也存在偷电、盗窃电网设备的现象?如果遇到这种现象是如何处理和避免的?

新木富士雄:这确实是非常有趣的问题。其实作为法律专业的毕业生,我当时找工作的时候经济非常不景气,求职四处碰壁。当时还有劳动省,劳动省下令公益性企业招人以增加职位供给,就这样我才得以就业。当时招聘名额是5人,最后录用了7人,我也不知道具体会做什么,更没有想到后来会成为社长、会长。我当时的直观感受是,觉得只是能赚钱的公司并不是那么有趣,因此想进入社会贡献度更高的企业,如公益企业、电力企业等。我很喜欢输电线路,这其中的美感无可比拟。在入社时的新员工培训中,我为前辈建造有峰水电站的开拓精神所感动,在后来建造志贺核电站的困难时期,我总是用有峰水电站的建造来激励自己。建造有峰水电站时大家把铅笔都用到非常短,即使是节约一支铅笔、一张纸也是在节约,正是这样的精神使有峰水坝的建造得以完成。正是前辈们把钱用于设备投资才有了我们今天的事业,对此我一直心怀感激。

现在确实有拜金主义的风潮,这与市场主义、竞争主义的时代有关,在某种程度上说是不可避免的。在北陆地区有北陆经济联合会,我现在担任会长,这是经营者的联合团体,其主要职能是商讨地区所面临的各种问题,如制造业如何发展、如何促进区域发展等。作为会长我曾经对大家说,请把你们能量的十分之一拿出来用于为地区、为社会做贡献。有"自利利他"这样的说法,仅仅考虑自己的利益是不行的,要兼顾自己的利益和他人的利益。可能有点像儒家式的表达,但是如果这样做我们能得到更多的东西。相反,如果一味地考虑自己的利益、一味地考虑如何赚钱,则有可能步入歧途。关于偷电的问题,过去无论是在我们公司还是在其他公司都曾发生过。偷电主要是利用电网的漏洞。对策主要是从硬件入手,让人无法对供电设备做手脚。

问:我有两个问题。一是北陆电力在火力发电的环境保护措施方面有哪些困难?二是中国有一家企业叫中国博奇环保科技,在日本东京证券交易所上市,不知道您是否关注过?这家企业主要致力于火电的脱硫、脱硝工程。不知道贵社是否使用过这家公司的产品和服务?此外,您能对中国的电力企业在环保方面的工作提供一些意见和建议吗?谢谢!

新木富士雄:烟气脱硫装置、脱硝装置、电力集尘器和废水处理是火力发电四大主要公害的处理对策,但是这需要投入资金。比如烟尘脱硫装置大概需要100亿日元,脱硝装置大概需要30亿日元,电力集尘器大概需要25亿日元,废水处理装置需要15亿日元,一个工厂大概需要投入近200亿日元的环保装置,确实会导致成本增加。但这是必不可少的设备投资,并不是可有可无的,在法律上也有明确的规定,如果没有这些设备,火力发电厂的建造是无法得到批准的。最初由于是机械设备,所以难免出现无法正常运转的情况,为了应对故障我们提高了技术人员的水平,现在已经不存在这些问题。有关中国的环保事业,我刚才提到的四个主要的公害处理对策是最好的环保技术,接下来应该逐步导入以解决环境问题。

如果迟迟不能采取这些对策,则无法应对环境问题。中国的火电厂众多,如果按照一定的顺序、从性价比较高的方面入手,效果或许会更好。

问:请问日本电力行业的工资与其他行业有何差别?比如说与汽车行业的丰田公司相比、与制药公司相比。

主持人:问这个问题的背景是中国特定情况下的电力行业的工资,按我的理解是高于其他行业的平均工资的。

新木富士雄:首先从劳动者的构成看,汽车行业的流水线上的操作工非常多,而电力行业则不存在这样的员工。从事电力监控的员工很多,通常都需要一天三班倒。而女性员工则基本没有,与其他行业相比女性员工所占的比例非常低。在工作一定年限之后,工资与学历基本没有关系。但对于新员工,工资与学历还是正相关的。在商社中,工资与学历的相关程度更高。至于与丰田汽车公司的比较,我不太了解。与过去相比,电力行业的工资在逐步降低。在电力自由化之后,因为不再是垄断企业,所以工资进一步降低。我们现行的人事制度要求员工在50岁之后去关联企业工作,工资会下降约一半,而不像过去那样一直到60岁退休工资都不断上涨。这一制度打破了过去的年功制度,新员工入职后如果不努力,即使成为老员工,工资仍然原地踏步的情况也是存在的。

问:谢谢会长先生。我想问一个有关环境保护的问题。您刚才的演讲中提到日本有一段时间发电比较依赖煤炭,日本在20世纪60年代也发生了几次比较大的环境污染事件。而中国现在的煤电约占总发电量的70%,请问中国应当如何处理火力发电带来的环境问题?第二个问题是,日本的火力发电技术非常先进,处于世界领先地位,请问贵公司或者日本电力行业的其他公司是否与中国公司有这方面的合作?有没有一些比较高端的技术转移?转移过程中是否遇到了一些难题,如政府的限制或者公司层面的问题?

新木富士雄:中国的煤炭火力发电非常多,与之相关的烟尘脱硫、脱硝、煤尘处理等相关设备中国应该也有。问题是应该如何导入这些设备。如果一次性导入会带来巨大的成本压力。正如我刚才提到的,在建造新的发电厂时必须导入必要的环保设备。对于旧的电厂,如果其在未来没有太大的价值,则没有进行环保设备投资的必要;如果未来利用价值较大，则应当优先进行环保改造。此外，关于技术转移的问题，如脱硫、脱硝、煤尘处理等技术由相应的专业公司掌握，我们是将工作委托给这些公司。如果中国有这方面的需要，只要接洽这些公司肯定能获得这些技术的商业应用，不存在任何限制。

（时间：2008年3月10日）

作者简介

蔡洪滨 现任北京大学光华管理学院院长、教授、博士生导师。1988年毕业于武汉大学数学系并获学士学位,1991年获得北京大学经济学硕士学位,1997年斯坦福大学经济学博士学位。1997—2005年任教于加州大学洛杉矶分校。2005年至今任教于北京大学光华管理学院,曾任应用经济系系主任、院长助理、副院长。2010年12月至今,任北京大学光华管理学院院长。蔡洪滨教授长期致力于博弈论、产业组织、公司金融和中国经济等领域的研究并取得了丰硕的研究成果,在经济学、金融学国际顶级刊物上发表二十余篇论文,并有众多的中文研究成果发表在国内顶级学术期刊。领导完成多项国家部委委托的重点课题。2006年获教育部新世纪优秀人才称号。2007年获国家自然科学杰出青年科学基金。2008年被聘为教育部长江学者特聘教授。2011年当选为世界计量经济学会会士(Fellow),并于2012年被选为理事会理事。蔡洪滨教授为全国人大代表、北京市政协委员,担任民盟中央经济委员会副主任以及民盟北京市副主委、国家审计署特约审计员、中国联通公司独立董事、中国石化集团外部董事等社会职务。

佐佐木香 著名女性企业家,株式会社 woman 总裁兼首席执行官,株式会社 UNICUL International 总裁兼首席执行官,美国纽约州艾玛拉学院名誉文学博士,国际女性商务会议执行委员会委员长。曾在日本企业、省厅、地方自治体和学校等进行超过 1000 次的演讲和培训,主题涵盖市场营销、多样性经营、时间管理术、干部培养等诸多方面。她也多次受邀到国外进行演讲,也曾在 OECD(经济合作与发展组织)和 APEC(亚太经济合作组织)上台发言。此外,她还在多家电视、广播、报纸、杂志担任评论员,同时著有《必定会做出结果的人传授的技术》《活用记事本设定工作目标》等书籍。从上至大学外语系毕业后,创立了株式会社 UNICUL International。目前该公司作为一家可支持 70 种语言交流的咨询公司,正提供口译、笔译、会议策划与运营、培训等服务。佐佐木香从 1996 年起举办"国际女性商务会议",已成为日本最大规模的会议,每年夏天都有 1000 名左右志存高远的职场女性前来参加这长达 10 小时的会议,参加者的满意度为 99%,非常之高。2000 年 3 月创立了株式会社 woman,倾听职场女性的心声,提供新产品开发、品牌重塑新概念提案等服务,崭新而具体的提案正获得一致好评。通过其网络平台销售的抗氧化健康辅助食品"Melon Repair"已成为畅销产品,销量突破 20 万箱。此外,根据佐佐木香自身的管理经验总结而成、能调动自己并提高满意度的时间管理术讲座及实现该时间管理的记事本"Action Planner"也备受欢迎。

李育才 1949 年 1 月 24 日生,山东单县人。教授级高级工程师。1966 年加入中国共产党。中共中央党校在职研究生毕业。1967 年开始在单县徐寨公社李庄大队任职。1973 年毕业于山东省菏泽地区农业专科学校,同年 8 月参加工作。历任单县计委办事员、人事局副局长,李半庄公社党委副书记、管委会主任、党委书记、县委常委。1984 年任山东省成武县县委副书记、县长,1985 年任山东省成武县县委书记。1988 年 1 月任山东省林业厅副厅长、党组成员,1990 年 4 月任林业厅厅长、党组书记。1993 年 6 月调林业部任综合计划司司长,1993 年 12 月任林业部党组成员,1995 年 4 月任林业部副部长,1998 年 3 月至 2010 年 2 月任国家林业局副局长、党组副书记(副部长级)。1997 年 9 月至 2002 年 1 月,于北京大学环境科学中心在职攻读博士学位研究生(环境科学专业),获博士学位。2003 年 4 月至 2005 年 4 月,于北京大学环境学院从事环境科学与工程学科的博士后科研任务,博士后出站。曾出版著作五本,包括《中国天然林保护工程》《中国退耕还林工程》《绿色长城——中国的三北防护林工程》《中国北方地区退耕还林工程效益检测与分析》等,在各类学术刊物发表论文40余篇。现任中华环保联合会副主席、中国林业经济学会理事长、中国生态文明理论研究与促进会副主席、中国绿色碳汇基金会常务副理事长等。先后被中国人民大学、浙江大学、西安交通大学、中国农业大学、西南大学、北京林业大学等知名高校聘为客座教授。

仇保兴 高级规划师,原任国家住房和城乡建设部副部长、党组成员、中纪委委员、国务院汶川及玉树地震灾后恢复重建工作协调小组副组长、国家水体污染控制与治理重大专项第一行政责任人、中国城市科学研究会理事长、中国城市规划学会理事长、国际水协(IWA)中国国家委员会主席。历任浙江省乐清县县委书记、金华市市委书记、杭州市市长等职。先后就读于杭州大学(现浙江大学)、复旦大学、同济大学,获经济学博士学位、工学博士学位,并在哈佛大学肯尼迪政府学院作为访问学者专题研究城乡可持续发展。现兼任同济大学、中国社会科学院博士生导师,并担任清华大学、北京大学、南京大学、浙江大学、复旦大学、中国人民大学等大学的兼职或客座教授。迄今已出版著作十多部,发表几百篇学术文章。其中,《和谐与创新——快速城镇化进程中的问题、危机与对策》已被翻译成英文在欧盟出版发行。

张有会 原天津市政协副主席,曾任中共天津市东丽区委书记、第十一届全国人大代表、天津环渤海城市发展研究院理事会副主席。曾长期担任区县主要领导,有丰富的农村工作经验,关注统筹城乡发展、研究"三农"问题,并积极探索城乡统筹发展新路径,推进华明示范镇宅基地换房新实践,荣获了2010年度中央电视台"'三农'人物"创新奖。与中国人民大学叶剑平教授合著《一样的土地 不一样的生活》一书。

宗国英 现任天津市副市长,兼滨海新区区委副书记、区长。宗国英于成都地质学院本科毕业,于南开大学经济研究所政治经济学专业研究生毕业,获得经济学博士学位,并任研究员。1986年大学毕业后,先后任中国地质工程公司营业部干部、驻巴基斯坦办事处项目代表、工程项目组副经理、公司营业一部副经理、驻巴基斯坦经理部总经理、公司总经理助理。从1996年起,先后任中国地质工程集团公司副总经理、天津新技术产业园区管委会副主任,期间曾挂职任山东省德州市委常委、副市长。从2006年起,先后任天津市委新技术产业园区工委副书记,天津海泰控股集团有限公司党委书记、董事长、总经理,市新技术产业园区管委会主任,市委滨海新区工委副书记、管委会副主任。从2009年12月起,任天津市滨海新区区委副书记、区长。2013年1月起,任天津市副市长,滨海新区区委副书记、区长。

贾敬敦 1980—1984年于山东工程学院农机系农业工程专业学习。1984—1987年,就读于北京农业工程大学机械化系农业机械化专业,获硕士研究生学位。1987—1992年,担任农业部农业机械化司干部。1984—1989年,赴北京市顺义县木林乡政府锻炼。1992—1994年,任农业部农业机械化管理司项目办副主任。1994—1996年,任农业部农业机械化管理司项目办主任。1996—1998年,担任国家科委农村科技司正处级干部。1998—2000年,任科技部农村与社会发展司调研与协调处处长。2000—2001年,任科技部农村与社会发展司农业科技处处长。2001—2006年,担任科技部农村与社会发展司副司长。2006—2010年,任科技部农村科技司副司长。2010年,任国家科技部中国农村技术开发中心主任。

张宏科 北京交通大学博士生导师、教授,北京交通大学下一代互联网互连设备国家工程实验室主任。国家"973"项目,"一体化可信网络与普适服务体系基础研究""智慧协同网络理论基础研究"首席科学家;国家自然科学基金第十届信息科学学部学科评审专家组专家;中国电子学会、中国通信学会理事;国家"863"计划项目"通信主题IP网络技术"任务专家组专家;高等学校电子信息科学与工程类教学指导分委员会委员。曾先后获得詹天佑科技进步奖、2003年度茅以升科技进步奖,2005年获得北京市科学技术进步一等奖,并于2004年入选全国"首批新世纪百千万人才工程国家级人选"。在学术方面先后撰写学术论文一百余篇,分别发表在《中国科学》《电子学报》《通信学报》《电子科学学刊》和 Chinese Science Bulletin 等国内外重要刊物和学术会议上。撰写了《移动互联网技术》《路由器原理与技术》等理论与技术书籍。

近年来,承担了多项国家"973"项目、"863"项目、国家自然科学基金项目、攻关项目等国家级科研项目,取得了一系列重要的科研成果,包括:Ipv6 路由器(2000 年,国内第一台,已经转化给企业产业化);BJTU Ipv6 无线/移动路由器(2005 年获得北京市科学技术进步一等奖);Ipv6 微型传感路由器(2005 年 12 月会议通过卡尔基成果鉴定)。近年来,申请发明专利六十余项,并向国际标准组织 IETF 提交标准建议数十项。

周寄中 中国科学院研究生院管理学院教授,中国科学院研究生院管理科学学位委员会副主席、中国科学院研究生院管理学院学术委员会副主任,中国科技指标研究会常务理事、中国软科学研究会理事,《管理评论》《科研管理》编委。从事技术创新管理和科技政策研究,曾获得国家科技进步奖三等奖、国家科委科技进步二等奖、中国科学院科技进步奖三等奖、北京市科学技术奖三等奖、中国图书奖、宝钢教育基金优秀教师奖、中国科学院教学成果二等奖等奖项。主持国家自然科学基金重点项目、面上项目、国家社科基金重大项目子项目、国家软科学计划项目多项。出版了《创新兴国——创新管理与国之兴衰》《科学技术创新管理》等多部著作。

栾　军 国家电网公司副总经理。1982 年毕业于东北电力学院发电厂及电力系统专业。1982 年,就职于东北电力管理局调度局;1993 年,任东北电力管理局调度通信中心系统运行处副处长;1996 年,任东北电力管理局企业管理处副处长;1998 年东北电力管理局调度中心主任;1999 年国家电力公司东北公司副总经理;2001 年,任北京供电局局长;2002 年 1 月,任华北电力集团公司副总经理;2004 年 12 月,任国家电网公司国家电力调度通信中心主任;2006 年 5 月,任国家电网公司总工程师;2007 年 6 月,任国家电网公司总经理助理;2007 年 11 月,任国家电网公司副总经理。

新木富士雄 日本北陆电力株式会社董事长。1937 年 2 月出生,

1959年3月毕业于金泽大学法文学系法学专业。1959年4月进入北陆电力株式会社工作,1993年4月升任北陆电力株式会社董事、福井支社长兼立地环境本部副部长,1995年6月任北陆电力株式会社常务董事,1997年6月任副社长,1999年6月任社长,2005年6月至今任董事长。其他社会团体公职有:2005年5月任北陆经济联合会会长,2003年7月任(社)日本经济团体联合会常任理事,2005年6月任(社)日本电气协会理事、北陆电气协会会长,2004年4月任金泽大学经营协议会委员,2007年1月任北陆圈广域地方计划协议会准备会会长。

后 记

在"北京大学三井创新论坛系列丛书"第三卷、第四卷即将出版之际,我们要特别感谢朱善璐书记、吴志攀教授、李岩松教授、杨河教授、张国有教授、于鸿君教授等北京大学校级领导给予的大力支持。在论坛期间,他们多次主持论坛、会见论坛嘉宾,为论坛的成功举办付出了辛勤的劳动。同时,我们要特别感谢北京大学光华管理学院和北京大学国家高新技术产业开发区发展战略研究院的陈丽华教授、蔡曙涛副教授和邱文江同志为论坛所做的贡献。北京大学光华管理学院的唐孝文博士在丛书组织编写过程中投入了大量心力,在此表示衷心的感谢。我们也要感谢参与编写和校对工作的北京大学光华管理学院的李季博士、高照军博士、蔡文源同学、马晓白同学、王是业同学、张林同学、张竹同学、周咏龙同学和周之恒同学,以及为"北京大学三井创新论坛"的组织实施付出辛勤劳动和奉献智慧的宗柳女士、于鸿嵋女士和朱峰女士。

最后,我们要特别感谢北京大学出版社的贾米娜编辑和赵学秀编辑,她们的辛勤工作为本书增色不少,并使之得以最终出版。

编者

2015 年 1 月